Gudrun Schneider

Weben

Handwerk und Hobby

Otto Maier Verlag
Ravensburg

Ergänzende Bildliste

S. 10 Musée de l'Homme, Paris

S. 11, 20, 21, 22, 26, 27, 29, 33, 34, 36, 43, 55, 59
Ciba-Rundschau, Ciba-Geigy AG, Basel

S. 18, 19, 28
La Baume: Die Entwicklung des Textilhandwerks in Alteuropa, Verlag Rudolf Habelt, Bonn

S. 24 P. Horner, Museum für Völkerkunde, Basel

S. 40 Lanckoronska: Wandteppiche für eine Fürstin, Societäts Verlag, Frankfurt

S. 56 Schlabow: Gewebe und Gewand der Bronzezeit, Wachholtz Verlag, Neumünster. Textilmuseum Neumünster

S. 75, 80
Allgemeine Kunstgewerbeschule, Basel

Originalausgabe

Umschlagfoto: Manfred Bauer
Illustrationen: Gudrun Schneider, Wolfgang Weber
Fotos: Volker Schneider
Gesamtherstellung: Appl, Wemding
Printed in Germany

85 84 83 82 81 5 4 3 2 1

ISBN 3-473-43081-1

Inhalt

Einführung

„Am Anfang trugen die Menschen keine Kleider, da sie nicht weben konnten. Der erste Weber war ein Mädchen mit Namen Hambrumai, die diese Kunst von dem Gott Matai lernte. Sie saß am Fluß, beobachtete die Wellen und imitierte sie in ihrem Gewebe. Sie lag im Wald und blickte hinauf in die Verflechtung der Baumzweige. Von Farnen, Pflanzen und Blumen lernte sie neue Muster. . .“ So eine indische Sage.

Von den Göttern lernten die Menschen das Weben, so erzählen viele Sagen und Mythen der unterschiedlichsten Völker und bringen ihre Achtung für dieses uralte Handwerk darin zum Ausdruck.
Im Laufe der Jahrtausende entstanden mit einfachsten Hilfsmitteln in den alten Kulturen wahre Meisterwerke. Erst als starre Zunftgesetze und die Spezialisierung im ausgehenden Mittelalter eine Weiterentwicklung verhinderten, als sich die Bildweberei in der Imitation der Malerei verlor, als schließlich der Webstuhl durch technische Verbesserungen zur Webmaschine wurde, finden wir das schöpferische Weben auf einem Tiefpunkt.
So klagt der Engländer Thomas Carlyle schon im Jahre 1829: *„Überall werden die lebenden Künstler aus ihren Werkstätten getrieben, um von einem schnelleren seelenlosen Gerät ersetzt zu werden . . . Die Menschen werden mechanisch im Kopf und im Herzen wie in der Hand. Sie haben den Glauben an die Fähigkeiten des Individuums verloren.“*
1861 gründete sein Landsmann W. Morris eine Firma, in der Handwerker als Künstler wirken konnten:
„Habe in Deinem Haus nur Dinge, von denen Du weißt, daß sie nützlich sind, oder von denen Du glaubst, daß sie schön sind.“
Auf seine Ideen ging die Gründung der ersten „Arts and Crafts“-Gesellschaft im Jahre 1888 in London zurück, die sich die Ausstellung und Förderung guter Handwerksarbeiten zur Aufgabe machte. Skandinavien und die Vereinigten Staaten schlossen sich der Bewegung an und verhinderten ein Aussterben der alten Techniken. Die Handweberei entfaltete sich, vor allem unter dem Einfluß nordischer Volkskunst, aber auch die Lehrer des Bauhauses, 1919 in Weimar gegründet, gaben Anregungen zur Entwicklung neuer Ausdrucksformen.
Inzwischen hat das Handweben als schöpferische Betätigung viele Freunde gefunden. Diesen möchte das Buch Anregungen geben und Un-

entschlossene zu einem Versuch überreden: Wir beginnen mit einem Blick auf die Vielfalt der Webgeräte und die Meisterwerke verschiedener Kulturen, geben eine Übersicht über die Techniken des Bildwebens. Besonderes Gewicht legen wir auf eine Einführung in den Umgang mit Webrahmen und Handwebstuhl. Es folgen dann Anregungen zum Gestalten von Stoffen, praktischen und modischen Textilien für viele Gelegenheiten.

Allen, die für das vorliegende Buch Fotos und Gewebe zur Verfügung gestellt haben, sei herzlich gedankt, vor allem Frau Arlette Wehmer, nicht nur für die Gestaltung eines großen Teils der Gewebe, sondern auch für ihre guten Ratschläge, ebenso meinem Mann für das Anfertigen der Fotos.

Von der Vielfalt der Webgeräte

Anfänge

Pflanzliche und tierische Fasern verrotten und zerfallen. Das ist der Grund, warum man so wenig Zeugnisse des Webens aus früheren Zeiten kennt. Nur äußerst günstige Umstände ließen Stoffreste die Jahrtausende überstehen: Aus den heißen, trockenen Sandwüsten Ägyptens, aus versunkenen Pfahlbauten in Schweizer Seen, aus Mooren und Eichensärgen in Grabhügeln Nordeuropas konnten Gewebeteile und -reste, oft nur noch einige Zentimeter groß, geborgen werden. Diese Funde zeugen schon von einem sehr hohen technischen Können. Daher nimmt man an, daß das Weben schon seit der Steinzeit bekannt ist.
Hinweise auf das Aussehen der ersten Webgeräte fehlen völlig, stammen doch die Zeichnungen in ägyptischen Grabkammern und auf griechischen Vasen ebenfalls schon aus Blütezeiten der Weberei.
Völkerkundler haben einen anderen Weg der Erforschung der Anfänge beschritten: Durch Beobachtungen bei Naturvölkern, die in Abgeschiedenheit leben und kaum mit der Zivilisation in Berührung gekommen sind, fanden sie heraus, wie es zur Erfindung des Webens gekommen sein könnte. Dabei ist es sehr wahrscheinlich, daß verschiedene Völker unabhängig voneinander gleiche oder ähnliche Ideen verwirklichten.
Die Entwicklungsschritte bis zur Herstellung gewebter Textilien stellt man sich so vor: Die ursprünglichsten Kleidungsstücke wurden aus Fellen und Häuten hergestellt; auch Blätter wurden benutzt. Besonders in Polynesien verstand man es, aus der Bastschicht von Baumrinden durch Wässern und Klopfen „Stoffe" herzustellen. In vielen Völkerkundemuseen kann der Besucher die Feinheit dieser „Tapas" bewundern.
Eine weitere Möglichkeit zu flächigen Gebilden zu gelangen, bestand im Flechten. Aus langen Blättern, Gräsern, Stengeln entstanden Matten, Hauswände, Körbe und auch Röcke. Bei einer dieser Flechttechniken ordnete man mehrere Materialstreifen parallel nebeneinander an. Mit ihnen verkreuzte der Handwerker andere Streifen im rechten Winkel. Dies geschah meist mit der Hand, bei feineren Fäden mit einem Holzstift, der wie eine Stopfnadel geführt wurde.
Zunächst flocht man auf dem Boden: Damit die parallel liegenden Materialstreifen – wir nennen sie heute die *Kette* – nicht durcheinander gerieten, wurden sie mit Steinen beschwert. Steine dienten auch als Gewichte,

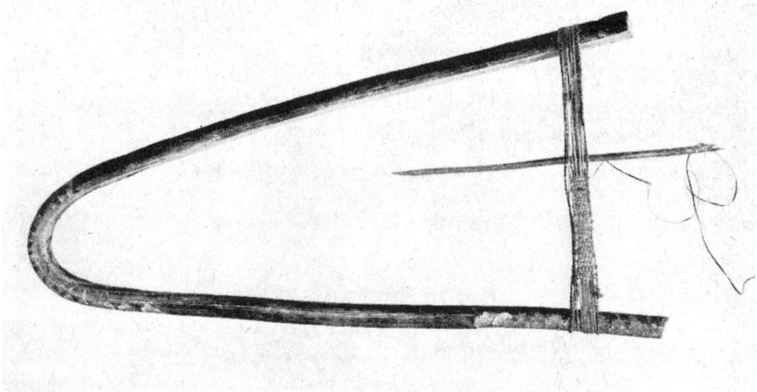

Einfaches Kettgerät aus einem zusammengebogenen elastischen Rohrstück (Bougainville, Salomonen). Auf der endlos gespannten Kette wird mit einer Holznadel in Leinwandbindung gearbeitet. (Museum für Völkerkunde, Basel)

wenn die Kettfäden an einem Ast angebunden waren. Man spannte die Fäden aber auch zwischen einer Astgabel oder zwei Holzstäben, die die in den Boden geschlagenen Pflöcke im richtigen Abstand hielten.

Auf einer so geordneten Kette konnte in verschiedenster Weise gearbeitet werden: Der *Eintrag* ließ sich über die ganze Breite hindurchstopfen, indem man ihn über und unter bestimmte Kettfäden legte. Verschiedene Materialien flocht man nur stückweise ein und erzeugte so geometrische Muster und Bilder, wir nennen diese Technik heute *Wirken.* Kettfäden wurden mit einem einzelnen Faden umwickelt (*Sumak* s. S.80) oder mit einem Fadenpaar umschlungen, das man nach jedem Kettfaden verkreuzte *(Zwirnen).*

Aus der Fülle dieser Techniken erwuchs die entscheidende Idee, die das Weben begründete: Es ist ja sehr mühsam, jeden Kettfaden einzeln zu heben oder zu senken. Hat man jedoch die Möglichkeit, die jeweils gewünschten Kettfäden über die ganze Gewebebreite auf einmal zu heben, braucht man den Eintrag nur durch den entstandenen Zwischenraum zwischen gehobenen und gesenkten Fäden, durch das Fach, hindurchzuschieben oder zu „schießen". Aus dem Eintrag wird also der *Schuß.* Im nächsten Arbeitsgang müssen die zuvor liegengebliebenen Kettfäden gehoben und die anderen gesenkt werden. Es entsteht ein zweites *Fach.* Erst mit der Erfindung dieser Vorrichtung, die es erlaubte, durch abwechselndes Öffnen von wenigstens zwei Fächern den Schußfaden über die ganze Breite des Stoffes auf einmal einzulegen, spricht man vom Weben.

Webstuhltypen – eine Übersicht

Wie sah nun die technische Verwirklichung aus? In die gespannten Kettfäden flocht man einen Holzstab, den *Trennstab,* ein, der alle ungradzahligen Kettfäden, also den 1., 3., 5. usw., hebt und die gradzahligen liegen läßt. So entstand ein erstes Fach. Ein zweiter eingeschobener Stab, der die gradzahligen Fäden hebt, würde ein Arbeiten unmöglich machen, da sich die Stäbe gegenseitig behindern würden. Diese Schwierigkeit tritt jedoch nicht auf, wenn die unter dem Trennstab liegenden Fäden in Schlingen hängen, die durch die oberen Kettfäden hindurchführen, und an einem Stab, dem Schlingen- oder *Litzenstab,* befestigt sind. Schob man nun den Trennstab möglichst weit vom Gewebe weg, konnte durch Anheben des Litzenstabes ein zweites Fach gebildet werden. Zum Anschlagen des Eintrags und Erweitern des Fachs diente ein sogenanntes *Webschwert.*

Diese *Litzenwebgeräte* sind bei den verschiedensten Stämmen und Völkern auf der ganzen Welt bis heute in Gebrauch, alle bedienen sie sich eines Trenn- und eines Litzenstabes zur Bildung der Fächer. Nach der Methode wie man die Kette anordnet und spannt, unterscheiden wir Gurt- und Gewichtswebstühle, waagerecht und senkrecht gestellte Webgeräte.

Weberin am Gurtwebstuhl (Foto: Robert Leclerc)

„Webstuhl mit Weber" von Vincent van Gogh, Mai 1884. (Reichsmuseum Kröller-Müller, Otterlo/NL)

Die technische Weiterentwicklung der Litzenwebgeräte führte zum Trittwebstuhl und schließlich zum Zugwebstuhl. Der *Trittwebstuhl,* bis heute das Arbeitsgerät der Handweberei, entlastete die Hände von der Aufgabe, die Fächer zu öffnen. Trenn- und Litzenstab verwandelte man in *Schäfte,* die, über Rollen miteinander verbunden, durch Zugschnüre nach unten mit den Füßen bewegt wurden. Der *Webkamm* – auch das *Blatt* genannt – war ebenfalls eine Neuerung. Er übernimmt die Aufgaben des Anschlagens – ersetzt also das Webschwert – und sorgt gleichzeitg für das Einhalten der Webbreite.
Das Einsetzen zusätzlicher Schäfte vereinfachte das Weben von Mustern, freie bildliche Darstellungen konnte man damit nicht verwirklichen. Hierfür entwickelten die orientalischen Seidenweber einen Zusatz zum Trittwebstuhl, den Harnisch.

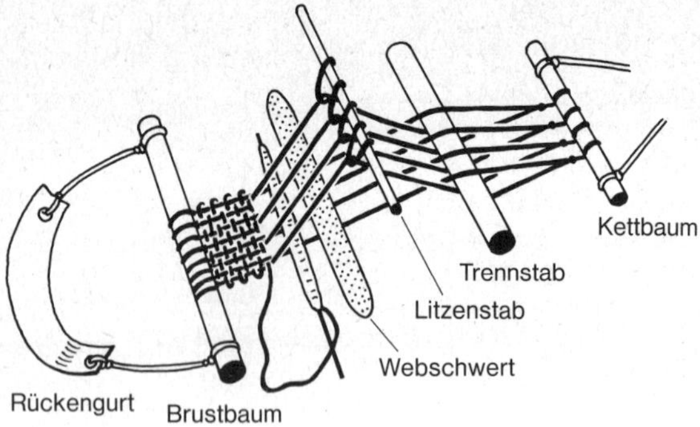

Litzenwebgerät (Foto Seite 12)

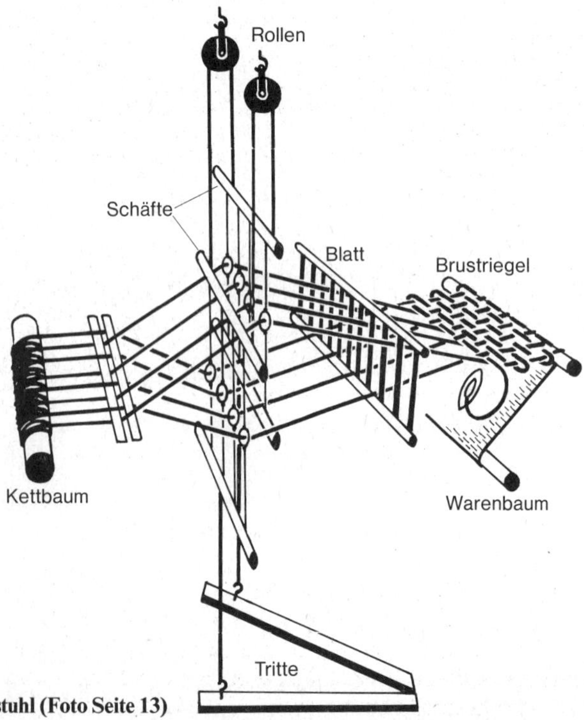

Trittwebstuhl (Foto Seite 13)

Ein Satz in den Webstuhl gehängter Litzen, einzeln bewegbar, konnte je nach Muster zu Gruppen verbunden, durch Zugschnüre von einem Gehilfen des Webers bedient werden, während der Meister den Schußfaden einlegte und bei Bedarf mit Hilfe von Schäften ein Grundgewebe für den Halt der Musterfäden webte. Dieser *Zugwebstuhl* ist noch heute in manchen Ländern Asiens in Betrieb. In der westlichen Welt hat der Zugwebstuhl eine Weiterentwicklung durch die Erfindung Jacquards (1805) erfahren: Beim Jacquardwebstuhl ist die Aushebung der Kettfäden durch eine Lochkarte programmierbar.

Zugwebstuhl (Foto: Robert Leclerc)

Seit Jahrtausenden bewährt: Litzenwebstühle

Die für die Herstellung von Stoffen so umwälzende Erfindung – nämlich die Einführung des Trenn- und Litzenstabes – wird mit dem Übergang von der Wirtschaftsform der Sammler und Jäger zu der der Ackerbauern und Viehzüchter zusammengefallen sein. Für den Mittelmeerraum legt man diesen wichtigen Zeitpunkt ins 6. bis 4. Jahrtausend v. Chr., für Mittel- und Nordeuropa ins 4. bis 2. Jahrtausend v. Chr. Der Anbau des Flachses und die Schafzucht konnten dann genügend und geeignetes Material zum Weben liefern.

Gewichtswebstühle bei Germanen und Griechen

Die ältesten in Mitteleuropa gefundenen Stoffreste stammen aus der Jungsteinzeit und sind erhalten geblieben in Pfahlbausiedlungen, die im Morast an Schweizer Seen versanken.
Die dort geborgenen Leinengewebe sind Zeugen einer erstaunlichen Kunstfertigkeit sowohl in der Behandlung der störrischen Faserpflanze als auch im Umgang mit der Webtechnik. Wie sahen die Stoffe aus? Wie waren die Kett- und Schußfäden verkreuzt? Der Weber würde fragen: Welche Bindungen kannten die Menschen der Jungsteinzeit? In der Regel sind die Stoffe in *Leinwandbindung*, der einfachsten Verkreuzungsmöglichkeit von Kette und Schuß, gearbeitet. Dazu hebt man immer abwechselnd die ungeradzahligen und geradzahligen Kettfäden (s. Abb. S. 17, oben).
Schlägt der Weber so fest an, daß der Schußfaden die Kette ganz verdeckt, oder spannt er die Kette so dicht, daß der Schuß nicht zu sehen ist, sprechen wir von *Rips*. Auch diese Technik fanden die Forscher an den alten Geweben. Man musterte die Stoffe mit verschiedenfarbigem Garn und webte sogar schon Borten, bei denen Musterfäden, die mehrere Kettfäden überspringen, in ein leinwandbindiges Gewebe eingelegt werden (s. S. 17).
Der Sitte, die Toten im Sonntagsgewand in ausgehöhlten Eichenbäumen zu bestatten, verdanken wir im Norden Europas zahlreiche Kleiderfunde aus der Bronze- und Eisenzeit. Die Gerbstoffe des Eichenholzes „imprägnierten“ die Gewebe aus grober Schafwolle und schützten sie so vor dem Zerfall. In der Bronzezeit, die hier um 1800 v. Chr. begann, herrschte die Leinwandbindung vor. Später, in der Eisenzeit, traten kompliziertere Verkreuzungen von Kette und Schuß auf. Allen Geweben ist jedoch die Herstellungsweise gemeinsam: Sie wurden als Einzelstücke gearbeitet und nicht von Meterware abgeschnitten. Das erkennt man vor allem an ihren Anfangs- und Endborten.
Mit Hilfe unzähliger Gewebeuntersuchungen rekonstruierten Forscher das Webgerät: Unsere germanischen Vorfahren benutzten einen senkrecht gestellten Webstuhl mit Trenn- und Litzenstab. Die Kette hing an einem Balken, der in zwei astgabelartige Stützen gelegt war. Angehängte Gewichte sorgten für die Spannung der Kettfäden. Die Gewichte, die man als einzige Überbleibsel dieser Webgeräte fand, bestanden entweder

Bindungen der germanischen Frühzeit

Leinwandbindung

Köper

Rips

Verziertes Gewebe

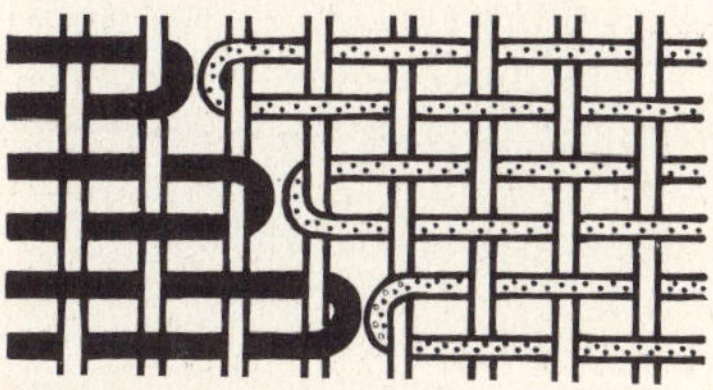

Wirktechnik

„Thorsberger Prachtmantel“, der um 400 n. Chr. entstanden sein soll. (Rekonstruktion aus dem Textilmuseum Neumünster)

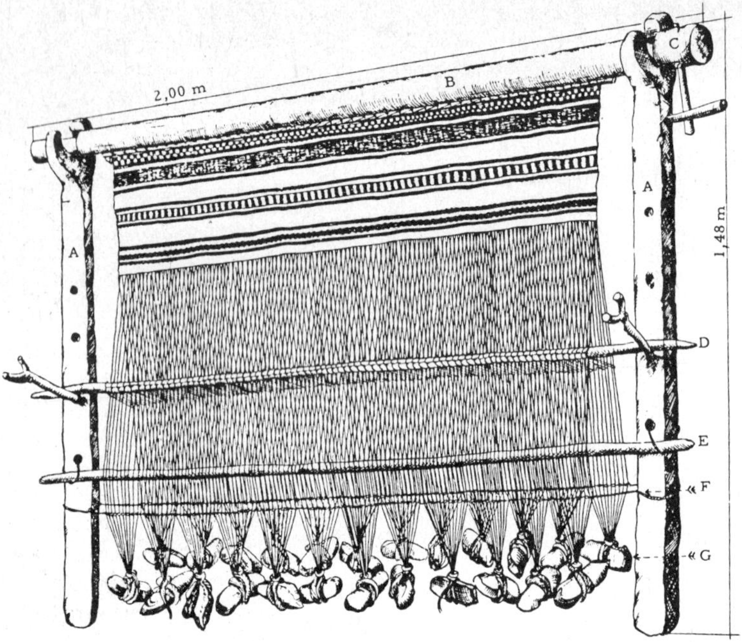

Gewichtswebstuhl (Rekonstruktion K. Schlabow)
A = Stützen, B = Kettbaum, C = Kurbelwelle, D = Litzenstab, E = Trennstab, F = Kettenordner, G = Webegewichte (Steine)

aus zurechtgeschliffenen Steinen oder waren aus Ton gebrannt. Sie nahmen auch eine gewisse Kettreserve auf und ermöglichten so das Weben längerer Stoffstücke. Durch Schrägstellen der Pfosten erweiterte man das natürliche Fach. Den Schuß trug man mit einer Art Spule ein und schlug ihn wahrscheinlich mit der Hand an. Die Weber arbeiteten von oben nach unten, das fertige Gewebe rollten sie auf den Tuch- oder Warenbaum. In der Eisenzeit muß eine raffiniertere Ausführung des Gewichtswebstuhls in Gebrauch gewesen sein: Um die gefundenen Köperbindungen weben zu können, ersetzte man den Trennstab und den einen Litzenstab durch vier Litzenstäbe.

Typisch für die Gewebe der Bronze- und Eisenzeit sind die erwähnten 2–3 cm breiten Anfangsborten. Sie entstanden als Bänder auf einem besonderen Gerät, wobei die Weberin die Kettfäden des späteren Gewebes als Schußfäden des Bandes benützte. Das fertige Band nähte man an die

Lochleiste des Tuchbaumes. Diese Anfangsborte hatte mehrere Vorzüge: Einmal ordnete sie die Kettfäden in der richtigen Breite. Ferner war ein Webanfang ohne Abfall möglich, gleichzeitig wurde ein Ausfransen des Anfangs verhindert. Schließlich bekam das Gewand eine haltbare und dekorative Kante. Das Gewebe endete in der Regel ebenfalls mit einer Borte, bei der die Kettfäden zu Fransen verknotet wurden.
In der Eisenzeit hat man diese Technik perfektioniert und stattete besonders kostbare Umhänge auch mit breiten Seitenborten aus, die als *Brettchengewebe* in einem Arbeitsgang mit dem übrigen Stoff entstanden. Während die Alltagskleider mit den natürlichen Farben der Schafwolle auskommen mußten, finden wir bei diesen Prachtmänteln mit Pflanzen gefärbte Wolle verarbeitet.
Der Gewichtswebstuhl war in Germanien bis zum Beginn des Mittelalters der einzig bekannte Webstuhltyp, der sich in abgelegenen Gegenden Nordnorwegens, auf Island und den Färöer-Inseln bis in unser Jahrhundert erhalten hat.

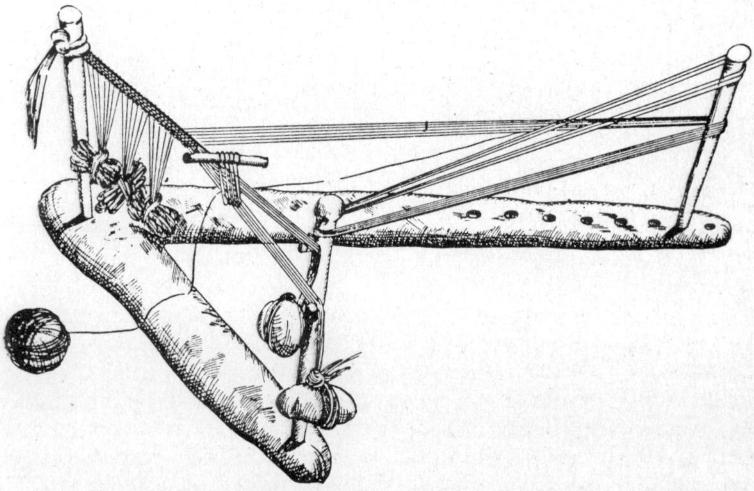

Kett-Scherbock zum Gewichtswebstuhl, gefunden in Lappland (nach Schlabow)

Es ist überraschend, daß dieser Webstuhltyp auch von den Griechen im Altertum benutzt worden ist, während im gesamten übrigen Mittelmeergebiet andere Geräte üblich waren: Zeichnungen auf griechischen Vasen sind die einzigen Abbildungen des Gewichtswebstuhls, die wir besitzen.

Griechische Frauen beim Weben und Spinnen auf einem schwarzfigurigen Vasenbild aus dem 6. Jahrhundert v. Chr. (Metropolitan Museum of Art, New York)

Aus den griechischen Sagen erfahren wir, daß die Weberei eine sehr geachtete Kunst war und, wie wir es von Germanien wissen, auch dort zu den Aufgaben der Frau gehörte, daß sogar Göttinnen dieses Handwerk ausübten. Am bekanntesten ist die Erzählung vom Webwettkampf zwischen der Göttin Athene und der Lydierin Arachne, der für die hochmütige, die Götter reizende Menschenfrau mit der Verwandlung in eine Spinne endet, verdammt dazu, für alle Zeiten spinnen (und weben) zu müssen.

Bildliche Darstellungen als Wandschmuck und zur Verzierung des Kleides scheinen nach den Sagen eine griechische Spezialität in der Weberei gewesen zu sein.

Seit dem 5. Jahrhundert v. Chr. gab es in Athen auch fabrikähnliche Werkstätten, die für den Export arbeiteten. Auf dem Lande hat sich aber die häusliche Weberei, das Weben der Aussteuer für die Töchter, bis in unsere Zeit erhalten.

Vielseitig – und weit verbreitet: der Gurt-Litzenwebstuhl

Von der Webkunst in Alt-Mexiko und Alt-Peru

„Was er zu vernünftigen Preisen verkauft ist neu, gut, dauerhaft, mit Mustern versehen, sind gemusterte Mäntel, kleidsame Mäntel. Die mit dem Gertenschläger, die mit dem Ballspieladler, die, wo die Sonne darauf ist, die mit dem Sonnenmuster, die Jaguarmäntel, auf denen Jaguar und Adler stehen, die mit Federn übersäten, die mit Steinscheiben verzierten, die mit Blumen überstreuten, die mit Blumen gepflasterten, die mit der Schlangenmaske bemalt, dem Blick sich zeigen." So schildert der Franziskanerpater Bernardino de Sahagun das Lager eines mexikanischen Gewandhändlers zur Zeit der Eroberung durch die Spanier (1520).

Zu dieser Zeit muß die Weberei in Mexiko, die Verarbeitung von Agave- und Baumwollfasern weit verbreitet gewesen sein. So verzeichnet eine erhalten gebliebene Tributrolle, der Codex Mendoza, was dem letzten Aztekenherrscher alle 80 Tage abzuliefern war: 1328000 Mäntel, 72000 Röcke und 96000 Hemden, *viele reichlich dekoriert mit farbiger Baumwollstickerei, mit Federn seltener Vögel und Tierfellen,* dazu 4000 Ballen Baumwolle und eine beträchtliche Menge Hanf als Rohstoff für die Weber der Hauptstadt.

Mexikanische Weberin (aus einer alten Handschrift, Codex Mendoza)

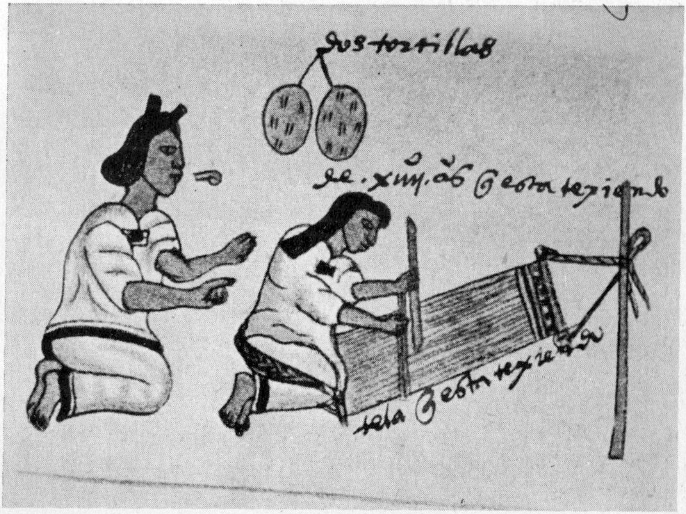

Beruhen unsere Kenntnisse der mexikanischen Textilkunst nur auf den Berichten der Eroberer, auf Bildhandschriften, den steinernen Zeugnissen auf Reliefs und Plastiken und auf dem, was an Techniken bis heute überlebte, so sind im trockenen, sandigen Küstengebiet Perus viele Stoffreste erhalten geblieben.
Aus der Erforschung dieser Funde wissen wir, daß die Webtechnik bei einigen Kulturen dieser Gegend im 1. Jahrtausend n. Chr. einen unglaublich hohen Stand erreichte. Man verwendete fast alle uns bekannten Bindungsarten, erzeugte Muster durch Einlegen von Musterfäden, beherrschte die Herstellung von *Doppelgeweben*. Dazu legten die Weberinnen

Leinwandbindiges Doppelgewebe in beiger und brauner Baumwolle aus Peru. (Ehemals Sammlung Fritz Iklé, St. Gallen)

zwei verschiedenfarbige Ketten übereinander, der Eintrag hatte die Farbe der jeweiligen Kette. Wenn das Muster es erforderte, kreuzte man Kettfäden und Schuß, so kam die Farbe der oberen Kette ins untere Gewebe, die des unteren ins obere. Das Ergebnis waren Stoffe mit gleichem Motiv auf beiden Seiten, jedoch mit umgekehrten Farben. Die komplizierten Musterungen entstanden durch Einstopfen von Musterstäben in die Kette, für jede Schußreihe des Musters las man mit einem Stab die Ketthebungen auf. Waren alle Musterstäbe eingefügt, begann das Weben durch Anheben des vordersten Musterstabes. Nach dem Eintrag des Schußfadens entfernte die Weberin den Musterstab und legte ihn hinten wieder ein, falls eine Wiederholung geplant war. Auf die gleiche Weise arbeitete man mit den übrigen Stäben, bis die Musterpartie beendet war. Schleierartige Stoffe entstanden durch Verkreuzen von Kettfäden, Kleidungsstücke formte man durch Verbreitern oder Verengen der Kette. Weltberühmt ist die Feinheit der Wirkarbeiten, die geometrische Figuren, aber auch Gestalten der Mythologie darstellen. Forscher zählten bei den feinsten Geweben 105 Schußfäden pro cm, ein Vielfaches mehr, als die feinsten europäischen Tapisserien aufweisen.
Voraussetzung dafür war ein überaus dünn gesponnenes Garn. In der Frühzeit verarbeiteten die Indianer Perus Baumwolle, später kam die Wolle vom Lama, Alpaka und Vikunja hinzu. Ein Doppelfaden der feinsten Ausspinnung von Vikunjawolle erreichte eine Länge von 338 500 m je kg. Das ist zwei- bis dreifach feiner, als wir heute mit Maschinen spinnen können.
Auf welchen Webgeräten entstanden nun alle diese Meisterwerke? Die Kette wurde zwischen zwei parallelen Hölzern gespannt, von denen das eine mit einem Seil an einem Haken an der Wand oder einem Baum befestigt wurde, das andere an einem Gürtel, den sich die Weberin um den Rücken legte und so mit ihrem Körper die Spannung regulierte: dies war der Webstuhl der Indianer Süd- und Mittelamerikas. Wir nennen ihn *Gurtwebstuhl*. Das Fach bildete der Weber mit Trenn- und Litzenstab. Die Kette konnte endlos um die beiden Hölzer laufen, so entstand ein Schlauchgewebe. Bei einfacher Kettführung wickelte man in der Regel das fertige Gewebe auf das vordere Rundholz und verlegte den Sitzplatz mit Fortschreiten der Arbeit auf das Kettende zu. Eine Kettreserve aufzurollen ist nicht üblich gewesen. So war die Länge des Gewebes begrenzt, aber auch seine Breite, denn die Weberin mußte das Schiffchen oder die Spule mit ihren Händen erreichen können.
Ungeachtet dieser Einschränkung entstehen bis heute auf dem Gurtwebgerät überaus raffinierte Gewebe. Er ist nicht nur in Südamerika verbreitet, sondern auch in China, Korea, Tibet, Japan, Malaysia, Indonesien und auf den Philippinen.

Gĕringsing-Tücher aus Bali

Auch heute noch entstehen auf Gurtwebstühlen unvergleichliche Meisterwerke. Im balinesischen Dorf Tĕnganan weben die Frauen Tücher in einer der schwierigsten Techniken der Textilkunst. Nur hier und im indischen Patan beherrscht man noch die Technik des *Doppelikat*. Die Musterung der Gewebe entsteht durch Färben der Kett- und Schußgarne. Dazu spannt man beide – in Länge und Breite des Tuches – auf einen Rahmen und umwickelt alle Stellen, die später rot oder weiß sein sollen, mit angefeuchteten Baststreifen. Als erstes erfolgt eine Blaufärbung mit Indigo, dann löst man die Abbindungen an den Stellen, die rot werden sollen, und eine sehr aufwendige Färbeprozedur folgt. Danach können auch die Baststreifen von den Stellen entfernt werden, die weiß bleiben. Die große Kunst besteht darin, die Abbindungen so vorzunehmen – die Frauen von Tĕnganan machen das ohne Vorlage –, daß Kette und Schußmuster genau übereinander passen. Da immer etwas Farbe unter die Abbindungen läuft, erscheinen die Farbpartien etwas verlaufen, was Ikatgewebe von Druckimitationen unterscheidet. Das Weben geschieht auf einem Gurtwebstuhl mit endloser Kette in Leinwandbindung. Mit langen Fingernägeln und einem angespitzten Knochen wird jeder Schußfaden in die richtige Lage gekratzt. Die Arbeit an einem Tuch dauert, vor allem wegen der Färbemethoden, fünf bis acht Jahre.

Gĕringsing-Weberin

Warum haben die Frauen des Dorfes an dieser langwierigen und schwierigen Kunst festgehalten? Das Leben der Dorfgemeinschaft wird getragen vom Bewußtsein, als unmittelbare Geschöpfe des Gottes Indra für nichts anderes als die Verehrung der Götter und göttlichen Ahnen sowie die Fernhaltung schädlicher Geister und die Reinhaltung des Kultes dazusein. Hier spielen die Gĕringsing-Tücher eine wichtige Rolle, nicht nur als Abwehrmittel gegen Krankheiten. Sie gehören zur Zeremonialkleidung, die zu tragen bei allen Kulthandlungen Vorschrift ist, und dienen auch als Opfergaben. Ihre Herstellung geht auf Gott Indra selbst zurück, der sich an Mond und Sternen so sehr freute, daß er beschloß, sie von Tĕnganans Frauen und Mädchen weben zu lassen. Früher mußten alle Mädchen das Ikatten lernen, 1972 gab es aber nur noch zwei ältere Frauen, die sich darauf verstanden. Inzwischen sollen wieder mehrere jüngere die Kunst erlernt haben, um die Tradition des Dorfes aufrechtzuerhalten.

Ein Erbe Ägyptens: der waagerechte Litzenwebstuhl

Der Ruhm altägyptischer Weber beruht auf der außerordentlichen Zartheit, der von ihnen gewebten Leinenstoffe. Sie sollen so dünn gewesen sein, daß man sie durch einen Siegelring habe ziehen können. Schon Gewebereste aus der Zeit um 3000 v. Chr. weisen 64 Fäden pro cm in der Kette und 48 Fäden im Schuß auf. Funde aus dem letzten vorchristlichen Jahrtausend sind um ein Vielfaches feiner: Hier zählten die Forscher 130 Kettfäden je cm. Die Starrheit des Leinenfadens verhinderte, daß die Schußfäden ebenso dicht angeschlagen werden konnten, was den Geweben ihren durchscheinenden und erotisch wirkungsvollen Charakter gab. Diese „Byssusstoffe“ blieben so über drei Jahrtausende hindurch bei den Vornehmen der damaligen Welt begehrt. Die besten Stücke wanderten in die königlichen Schatzkammern.
Nicht nur die Lebenden kleideten sich im alten Ägypten ausschließlich mit weißem Leinen, dem Sinnbild der Reinheit, auch die Körper der Toten umwickelte man mit Binden aus diesem Material. Erst zur Zeit des Neuen Reichs, das um 1650 v. Chr. begann, treten Verzierungen an den Kleidern auf. Im Grabe des Tutanchamun entdeckten die Forscher Stikkereien mit Keramikperlen und Goldplättchen, Borten aus kleinen Glasperlen und Wirkarbeiten, bei denen Symbole und Ornamente mit Wollfäden in Leinenstoffe gearbeitet waren.
Grabzeichnungen aus dem Mittleren Reich (2040 bis 1650 v. Chr.) geben uns Hinweise über den Bau der altägyptischen Webstühle, ja sogar Modelle sind vorhanden. Eine Expedition des New Yorker Metropolitan

Modell einer altägyptischen Webstube (Metropolitan Museum of Art, New York)

Museums entdeckte im Grabe eines reichen Thebaners, der um 2000 v. Chr. starb, das Modell einer ganzen Webstube:
Links an der Wand sitzen drei Frauen, die den Flachs für die Spinnerinnen vorbereiten. Diese arbeiten mit Spindeln. An der rechten Wand entstehen die Ketten für die waagerecht am Boden liegenden Webstühle. Sie bestehen aus zwei Balken – Hinterbaum und Vorderbaum –, die von in den Boden geschlagenen Pflöcken gehalten werden. Am Hinterbaum ordnet eine Schnur die Kettfäden. Das Fach entsteht durch Trennstab und Litzenstab, ein Webschwert dient zum Anschlagen. Die Weber knieten am Boden neben dem Gerät, meist arbeiteten sie zu zweit, da die Gewebe ziemlich breit waren. Man schätzt eine Breite von 1,60 m bis 1,80 m.

Der Papyrus Anastasi schildert die soziale Lage der ägyptischen Weber in düsteren Farben: „*Der Weber im Hause ist schlimmer dran als irgendeine Frau. Seine Knie sind an der Stelle seines Herzens. Niemals kostet er die frische Luft. Wenn er wenig schafft am Tage seines Webens, wird er geschlagen wie der Lotus im Teich, er gibt den Türhütern Brot, damit er das Tageslicht sehen darf.*"
Dagegen erfreuten sich die Weber der königlichen Werkstätten unter Ramses II. (1290 bis 1224 v. Chr.) größerer Achtung: Ihnen sagte der König Essen, Kleidung und monatliche Bezahlung zu, zusätzlich noch verschiedene Parfums, um alle 10 Tage die Köpfe zu salben.
Heute benutzen noch verschiedene Nomadenvölker, vor allem im Nahen Osten, in Nordafrika und im Orient, den auf dem Boden liegenden Litzenwebstuhl.

Nomadenfrau am waagerechten Litzenwebgerät

Der senkrechte Litzenwebstuhl: das Arbeitsgerät der Wirker und Knüpfer

Die ägyptische Tradition

Im vorchristlichen Jahrtausend tritt in Ägypten eine andere Form des Litzenwebstuhls auf: Die zwischen zwei Hölzern gespannte Kette wurde an einem senkrecht stehenden Rahmen befestigt. An den sehr großen Geräten arbeiteten meist zwei Personen von unten nach oben. Die Forscher nehmen an, daß das fertige Gewebe auf dem unteren Holz, dem Warenbaum, aufgerollt werden konnte, während man den oberen Kettbaum durch einen Seilzug herabließ, um eine bequeme Arbeitshöhe zu behalten. Da ein Aufrollen der Kette nicht üblich war, hing die Größe der Gewebe von der Größe der Webstühle ab. Die Zeichnungen in den Gräbern stellen sehr oft Männer als Weber an diesen Geräten dar. Schon seit dem Mittleren Reich scheint neben der häuslichen Weberei, von Frauen ausgeübt, eine in Werkstätten betriebene getreten zu sein, die für den Export arbeitete.

Hatten die Ägypter über Jahrtausende hinweg das weiße Leinen als Material für die Kleidung bevorzugt und galt Wolle in dieser Zeit als unrein, so veränderte sich diese Einstellung zunehmend im Neuen Reich, und

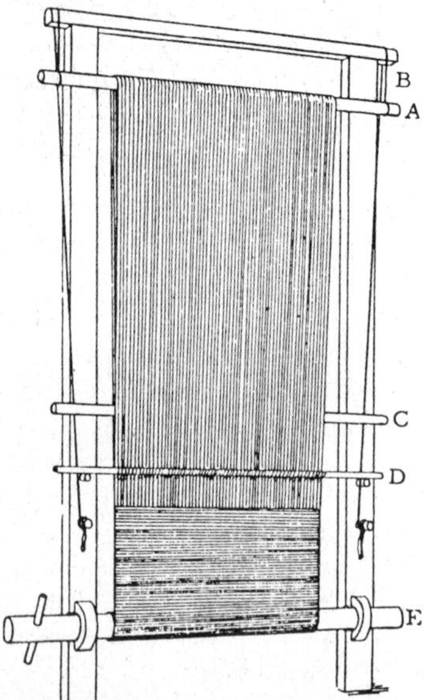

Altägyptischer stehender Webstuhl (Rekonstruktion nach E. Vogt)
A = Kettbaum, B = Seilzug,
C = Trennstab, D = Litzenstab,
E = Warenbaum

Ägyptische Wirkarbeit aus koptischer Zeit (4. bis 6. Jahrhundert n. Chr.)

bis in die ersten Jahrhunderte unserer Zeitrechnung schmückten farbige Verzierungen die Gewänder. Zu den kostbarsten gehörten bunte Bänder und Medaillons in Wirktechnik (s. S. 76/77), die mit Wolle oft gleich in das Leinengewebe eingearbeitet wurden. Bei diesen bildlichen Darstellungen führte man die bunten Schußfäden nicht durch die ganze Breite des Gewebes, sondern immer nur so weit, wie es das Bild erforderte. Als Bindung benützte man den Schußrips (s. S. 75), der die Kettfäden ganz abdeckte. Dabei ist es für die ägyptischen Arbeiten typisch, daß die Schußfäden auch schräg durch die Kette gelegt wurden, um z. B. Rundungen zu formen. Als Material für diese Arbeiten diente Wolle, da sie elastischer als Leinen ist und sich zudem wesentlich besser färben läßt. Erst in späterer Zeit verwendete man auch Seide.

Es ist sicher kein Zufall, daß die Einführung des senkrechten Webstuhls mit den ersten Arbeiten in der Wirktechnik zusammenfiel. Wegen der guten Übersicht und der großen Webbreite blieb dieser Webstuhltyp bis heute das bevorzugte Arbeitsgerät in der Bildwirkerei.
Auf die alten Wirktechniken seines Heimatlandes griff der ägyptische Architekturprofessor Ramses Wissa Wassef zurück, als er 1952 in Harrania, einem kleinen Dorf am Nil, seine Webschule gründete.
Dort durften Fellachenkinder, unbeeinflußt von Erwachsenen und Schule, ihre Erlebnisse und Vorstellungen direkt in Bildgewebe umsetzen. Als Material bekamen die jungen Weber pflanzengefärbte Wolle. Disharmonien wurden so von Anfang an vermieden, ein Verlieren in bloße Farbigkeit verhindert. Wissa Wassef hoffte mit seiner Methode, die kindliche Spontaneität ins Erwachsenenalter zu retten. Das Weben schien ihm dafür besonders geeignet. *„Ungeschulte Kinder können flüchtig irgend etwas mit dem Pinsel malen. Aber das ist zu einfach. Beim Weben sind sie gezwungen, langsam zu arbeiten. Sie setzen sich mit sich auseinander und entwickeln ihre eigenen Vorstellungen durch diesen Prozeß. Nur die, die es ernsthaft betreiben, bleiben dabei.“* Inzwischen sind die Arbeiten der Schule in der ganzen Welt bekannt und berühmt geworden. Harrania ist eine funktionierende Gemeinschaft, die ihren Mitgliedern nicht nur künstlerische Entfaltung erlaubt, sondern auch materielle Sicherheit bietet.

Bei den Indianern Nordamerikas

Es ist interessant, daß auch die Indianer Nordamerikas einen senkrechten Litzenwebstuhl „erfanden“: So sehr diese Ureinwohner der Neuen Welt von der westlichen Zivilisation überschwemmt worden sind, in ihren Webtechniken halten sie am Althergebrachten fest. Die zum Stamm der Apachen gehörenden Navajo-Indianer leben in Reservaten im Südwesten der Vereinigten Staaten und sind noch heute als gute Weber bekannt. Sie haben dieses Handwerk und die Verarbeitung der Wolle von ihren östlichen Nachbarn, den Pueblos, gelernt, die sich schon aufs Weben verstanden, ehe die Spanier in diesem Gebiet die Schafzucht einführten. Die Beziehungen der Pueblos zu den Navajos gestalteten sich am Ende des 17. Jahrhunderts besonders eng, da viele Pueblos nach einem Aufstand vor den zurückkehrenden Spanieren ins Navajo-Gebiet flüchteten.
Zu Beginn des 18. Jahrhunderts webten die Navajos Decken und Ponchos in Ripstechnik auf einem Gerät, das auch die Pueblos verwendeten: Die Kette wurde zwischen zwei Balken gespannt, von denen der untere mit Steinen beschwert auf dem Boden lag, während der obere an einer zweiten Stange hing. Diese war an einem Gerüst befestigt, das aus zwei

Navajo-Webstuhl (nach W. Matthews, 1884)

im Boden eingegrabenen senkrechten Pfählen mit einem Querbalken bestand, der die Pfähle oben verband. An diesem Querbalken befestigten die Navajos die zweite Kettstange mit einer Schnur und konnten so durch Nachziehen oder Lockern die Kettspannung gut regulieren und die richtige Arbeitshöhe einstellen.
Navajo-Weber arbeiteten sehr oft von einer Seite bis zur Mitte, drehten dann das Gewebe um und begannen auf der anderen Seite.
Die ersten Muster waren Streifen in den natürlichen Farben der Schafwolle, später wurde mit Indigoblau gefärbte Wolle hinzugenommen. Da mit den vorhandenen Pflanzen kein gutes Rot gefärbt werden konnte, kauften die Navajos mit Cochenille gefärbte Kleider aus Mexiko. Diese „bayeta“ genannten Textilien trennten sie auf und verarbeiteten die ausgezogenen Fäden in ihren eigenen Webereien. Um 1850 erreichte die Webkunst einen Höhepunkt: Die in dieser „klassischen Periode“ entstandenen Decken sind aus fein versponnener Wolle gearbeitet, gemustert in Streifen und Zickzacklinien, zurückhaltend in den Farben.

Die Auseinandersetzung mit den weißen Amerikanern brachte den Niedergang der Navajo-Weberei: Zurückgedrängt in Reservate, ohne ihre Lebensgrundlage, die Schafherden, gerieten sie in Abhängigkeit von industriell gefertigter Massenware, welche die neu gebaute Eisenbahn ins Land transportierte. Mit dieser Bahn reisten Händler an, die die Indianerinnen nun für sich weben ließen. Die Verwendung schlechter Garnqualitäten und die wahllos verwebten neuen synthetischen Farben bewirkten, daß das Webhandwerk um die Jahrhundertwende einen Tiefpunkt erreichte.
Der Anstoß zur Erneuerung kam schließlich von einigen sachkundigen Händlern. Sie lieferten die Vorlagen, bestimmten die Farben, besorgten das Garn und bezahlten mehr für besser gearbeitete Gewebe, die nun als Teppiche für Boden und Wand dienten.
Im Arbeitsbereich der verschiedenen Händler entwickelten sich unterschiedliche Muster, die das heutige Bild der Navajo-Weberei bestimmen: Wir finden dabei Anklänge an Orientteppiche, Darstellungen von Sandzeichnungen aus dem religiösen Leben der Indianer, aber auch die Wiederbelebung alter, klassischer Navajo-Entwürfe, gewebt mit pflanzengefärbter Wolle, vor allem in der Wide-Ruin-Region. Das in den letzten Jahren neu erwachte Nationalgefühl fördert die Rückbesinnung auf die eigenen künstlerischen Ausdrucksmöglichkeiten. Die Arbeiten einzelner Navajo-Weberinnen sind heute zu von Museen und Sammlern gesuchten Stücken geworden.

Wunder aus dem Orient: Teppiche

Im Jahre 1949 öffnete der russische Archäologe Rudenko im Pazyriktal im Süden Sibiriens ein Hügelgrab. In einer Grabkammer, tief im Erdinneren gelegen, in der ein Fürst des skytischen Reitervolkes beigesetzt war, kam neben anderen Textilien ein 200 × 183 cm großer Knüpfteppich fast unversehrt zum Vorschein: Das rechteckige Mittelfeld zeigt ein Schachbrettmuster, bei dem jedes Feld mit einem sternartigen Muster verziert ist. In die Bordüren hatte man neben Ornamenten 28 helle Pferde mit Reitern in einen roten Grund und äsende rote Elche in einen hellen Grund geknüpft. Forscher datieren dieses mit 4100 Knoten je Quadratdezimeter überaus fein geknüpfte Werk auf das 4. bis 3. vorchristliche Jahrhundert. Es ist der älteste geknüpfte Teppich, der bis heute bekannt ist. Der Stil der Darstellungen, die verwendeten Farben und die Tatsache, daß die Skyten selbst keine hochentwickelte Textiltechnik hatten, führt zu der Annahme, daß der Teppich in der persischen Provinz Armenien angefertigt wurde, deren Einwohner schon Herodot im 5. vorchristlichen Jahrhundert als geschickte Färber preist, und als Geschenk zu dem Skytenfürsten kam.

Medaillons und Blumenranken aus dem sogenannten Ardebil-Teppich, 1539 bis 1540 hergestellt. (Viktoria-und-Albert-Museum, London)

Der Orientteppich auf mittelalterlichen Gemälden:
Madonna mit dem Kanonikus van der Pale. Ausschnitt. Von Jan van Eyck, 1436 vollendet. (Stadtmuseum Brügge)

Daß die Textilien in diesem Grab so gut erhalten sind, ist wohl Grabräubern zu verdanken, die schon während der mehrere Wochen dauernden Begräbnisfeierlichkeiten ans Werk gingen. Durch ihre Wühlarbeit konnte Wasser in die Grabkammer eindringen und gefrieren. Die mächtige Abdeckung mit Steinen verhinderte auch im Sommer ein Auftauen, gleichsam tiefgefroren überlebte der Wollteppich über zwei Jahrtausende und kann heute in der Leningrader Eremitage bewundert werden.
Außer diesem Pazyrikteppich, der schon ein Höhepunkt in der Entwicklung der Knüpftechnik ist, sind kaum Stücke aus alter Zeit erhalten, so daß die Anfänge und die vielen Entwicklungsstationen im dunkeln liegen.
Viele Forscher vermuten, daß die Hirtennomaden im kalten asiatischen Hochland als erste darauf kamen, Wollbüschel in ihre Gewebe zu knoten, um so einen besseren Kälteschutz zu erreichen, denn noch heute spielt der Teppich bei diesen Völkern eine lebensnotwendige Rolle, als Bodenbelag und Wandverkleidung im Zelt gegen die grimmige Kälte, als Türvorhang, als Decke für Mensch und Tier, als Verpackungsmaterial für Lebensmittel und Hausrat und wie in der ganzen islamischen Welt als Gebetsteppich.
Erst im Mittelalter begannen die Informationen über den Orientteppich wieder zu fließen: Kreuzfahrer, Weltreisende wie Marco Polo und seefahrende Händler Norditaliens berichteten von diesem orientalischen Wunder, brachten Stücke davon nach Europa. Erhalten geblieben sind sie nicht, aber Maler jener Zeit, wie Giotto, van Eyck, Holbein, haben sie in ihren Bildern festgehalten. Ornamentale Muster waren vorherrschend, der Islam verbietet ja bildliche Darstellungen. Dabei umranken Bordürenstreifen ein meist rechteckiges Mittelfeld, in das ein Medaillon, Blumenranken oder Gebetsnischen, sehr oft jedoch mehrere große gleichartige Ornamente geknüpft waren.
Unter der Herrschaft reicher Fürsten erreichte die orientalische Knüpfkunst im 15./16. Jahrhundert ihre Blütezeit. In Persien arbeiteten die königlichen Miniaturmaler auch für die Teppichwerkstätten, und so entstanden in dieser Zeit geknüpfte Kunstwerke mit phantasievollem Bild- und Rankenwerk, die die Illusion blühender Gärten vermittelten:

„Selig der Teppich, der beim Festmahl wie ein Schatten zu Füßen des Königs lag. Es ist kein Teppich, es ist eine weiße Rosenranke. Es ist ein Garten voller Tulpen und bunter Blumen, in dem die Nachtigall singt, wie in ihrem Königreich.
Der Weg ist darin, der zur Quelle des Lebens führt, die wilden Tiere selbst finden hier Zuflucht und Pfad.
Er ist leuchtender als die Wangen der schönsten Frau von Tchegel, und die

prangenden Wiesen verblassen neben ihm.
Neben ihm scheint der Rosenstrauch nur ein stacheliger Busch.
Denn er ist ein Bild ohne Fehl, und er ist voll blühender Tulpen; er ist ein Tulpengarten und nirgendwo kann der Herbstwind in ihm verweilen."
(Gedicht auf einen Teppich)

Das berühmteste Werk aus dieser Zeit ist wohl der im Londoner Viktoria-und-Albert-Museum hängende Ardebil-Teppich aus den Jahren 1539/40. Er wurde aus den am besten erhaltenen Teilen zweier gleicher Teppiche zusammengesetzt, die die Moschee von Ardebil im letzten Jahrhundert verkaufte, um notwendige Restaurierungsarbeiten zu finanzieren.

Das Arbeitsgerät der Teppichknüpfer war der aufrecht stehende Litzenwebstuhl, wie wir ihn im Ägypten des Neuen Reiches kennengelernt haben. Bis heute finden wir nebeneinander sowohl die Produktion von Nomaden, meist nur für den Eigenbedarf, als auch von dörflichen Werkstätten und größeren Manufakturen. Die Knüpferinnen – vor allem in Nordafrika oft Kinder – winden den Wollfaden um je zwei Kettfäden im

Teppichknüpfen: der Ghiordesknoten

Rechts: Knüpfen eines Teppichs in der Kunstschule Isfahan (Foto: Robert Leclerc)

Ghiordes- oder im Sinäh-Knoten (s. S. 79). So entsteht ein Flor, der durch mehrere Einträge in Leinwandbindung nach jeder Knüpfreihe gehalten wird. Das beste Material für Knüpfteppiche ist handgesponnene Wolle. Je feiner die Knüpfung, um so kostbarer der Teppich. 1800 bis 2500 Knoten je Quadratdezimeter (10 cm × 10 cm) gelten als feine Arbeit. Stücke mit mehr als 4500 Knoten sind selten. Dabei muß man bedenken, daß eine geübte Knüpferin 1000 Knoten pro Stunde schafft, wenn das Muster nicht zu viele Farbwechsel verlangt. Ein kurzer Flor läßt das Muster klarer hervortreten, ist er jedoch zu kurz, leidet die Strapazierfähigkeit.
Der besondere Reiz alter Teppiche liegt für uns in ihrer Farbgebung. Durch die Verwendung von Naturfarben, die die handgesponnene Wolle ungleichmäßig färbten, entstanden nie hart nebeneinander stehende Farbflächen, sondern jede Farbe erschien in einer Unzahl verschiedener Farbabstufungen.
In verschiedenen Gegenden Asiens und der Türkei, vor allem bei Nomaden, aber auch bei den Bauern des Balkans und Osteuropas, hat die Herstellung von Webteppichen Tradition. Verschiedene Techniken sind dabei üblich: Die einfachen Stücke erhalten ihre Verzierungen durch Einlegen von Musterfäden über mehrere Kettfäden hinweg (s. S. 17), bei anderen umschlingt man die Kettfäden mit der Sumakschlinge (s. S. 80). Für besondere Decken verwendet man die Kelimtechnik. Hier handelt es sich um Wirkarbeiten, bei denen die Schußfäden jeder Farbe unverbunden hin und her geführt werden, so daß zwischen den einzelnen Farbpartien Schlitze entstehen (s. S. 76).
Diese Webteppiche ohne Flor galten zu Unrecht lange Zeit als minderwertige Verwandte des Knüpfteppichs. Heute weiß man, daß gerade sie über die Jahrhunderte ihre Eigenart bewahren konnten. Doch mit ihrer Entdeckung zeichnete sich eine Entwicklung ab, die auch der Knüpfteppich erleiden mußte: Die große Nachfrage verlangte Massenproduktionen, nicht zum Eigengebrauch, sondern zum Verkauf hergestellt, die in Wollqualität, Knüpfdichte und Musterausführungen sehr schnell nicht mehr an ihre Vorbilder heranreichten. Der wahllose Gebrauch chemischer Farben und die Unerfahrenheit im Umgang mit ihnen, bewirkten ein weiteres Absinken der Teppichqualität. Die alten Muster wurden verändert durch Berücksichtigung der Kundenwünsche.
Den Bemühungen der Teppichwissenschaft ist es zu verdanken, daß es wieder Werkstätten in den Teppichländern gibt, die, staatlich gefördert, Qualitätsteppiche auch nach alten Mustern knüpfen, welche die Färbtechniken, auch mit chemischen Farben, so verfeinert haben, daß harmonische Farbwirkungen erzielt werden.

Gewirkte Bilder in Europa

War eine orientalische Familie ohne Teppich nicht denkbar, konnten sich in Europa nur Reiche und Mächtige diesen Luxus leisten. Im weiteren Gegensatz zum Orient fand der Teppich in Europa seine höchste künstlerische Ausprägung nicht als Bodenbelag, sondern als Wandbehang. Er schmückte, ohne aufdringlich zu sein, Wände von Burgen, Schlössern und Kirchen. Zur Darstellung von Bildern, zum Erzählen von Geschichten eignete sich nun auch eine andere Technik besser als das Knüpfen, eine Technik, die Umrisse und Konturen klarer hervortreten läßt: Zwar finden wir immer wieder gestickte Wandbehänge, wie den berühmten Teppich von Bayeux, die Wirkerei aber hat die vollendetsten europäischen Tapisserien hervorgebracht.

Der älteste in Europa gefundene Wirkteppich stammt aus dem Osebergschiff, dem Grab der Königin Asa (gest. um 850). In Mittelschweden entdeckten Forscher Bildgewebe in Sumakschlinge aus dem 11. Jahrhundert mit heidnischen Motiven: Pferde und Hirsche umrahmen kleine szenische Darstellungen aus der Sagenwelt. Aus den nächsten zweihundert Jahren sind einige Teppiche mit biblischen Themen bekannt: z. B. die Reste eines Wandbildes aus St. Gereon zu Köln, die heute in Museen von Nürnberg, London und Lyon liegen, und der Apostelteppich im Dom zu Halberstadt.

Mit dem wachsenden Reichtum der Fürsten und kirchlichen Herrscher erlebte die Bildwirkerei im 14. bis zum beginnenden 16. Jahrhundert ihre größte Blüte. Die Nachfrage dieser Herren war groß, konnte man Wandteppiche doch mit auf Reisen nehmen und mit ihnen in jeder Burg, in jedem Schloß die gewohnte Umgebung herstellen, oder auch durch Wechsel die Atmosphäre der Räume verändern. Bei Festen und Hochzeiten stellte man die Wandbehänge als Zeichen des Reichtums zur Schau. Berühmte Werkstätten in Paris, in Arras, in Tournai, später in Brüssel führten diese Großaufträge aus. Biblische Geschichten, Sagen zur Verherrlichung der Herrscher waren die Themen ganzer Teppichfolgen.

Aus solch einer Folge von sechs meisterhaften Wirkarbeiten, der „Dame mit dem Einhorn“, die heute im Musée de Cluny in Paris hängen, stammt die abgebildete Tapisserie (S. 40). Sie entstand Ende des 15. Anfang des 16. Jahrhunderts im Auftrag der Familie le Viste, einer Familie, die am französischen Hof zu Reichtum und Ansehen gekommen war. Sicher sind sie ein Hochzeitsgeschenk und verherrlichen die Braut, mit dem Einhorn als Zeichen der Reinheit an ihrer Seite. Ob es sich bei der Hochzeit um eine Eheschließung im Hause der le Viste handelte, darüber sind die Forscher unterschiedlicher Meinung. Maria Lanckoronska hält die Folge für eine Huldigung der Margarethe von York, der Gemahlin Karls des Kühnen von Burgund. Aubert le Viste soll sie als Geschenk für den

Aus der Blütezeit der mittelalterlichen Bildwirkerei: Die Dame mit dem Einhorn, „Gesicht". (Musée de Cluny, Paris)

Rechts: Moderner Gobelin mit Sumak, „Das Blatt" von Esther Deubner

burgundischen Hof um 1472 in Auftrag gegeben haben, da er zwar in französischen Diensten stand, aber Besitzungen im Burgundischen hatte. Der Untergang des Burgunderreiches sollen eine Übergabe verhindert oder wenn man will, überflüssig gemacht haben.
Wie dem auch sei: Durch glückliche Umstände blieben diese Meisterwerke der Bildwirkerei erhalten und können uns heute noch bezaubern, wie sie Georges Sand und Rainer Maria Rilke bezaubert haben.
Wie alle Handwerker im Mittelalter schlossen sich auch die Teppichwirker zu Zünften zusammen. Sie waren die freiesten und angesehendsten unter den Webern. Berühmte Meister führten große Werkstätten mit Gesellen, Lehrlingen und Hilfspersonal. Nicht selten arbeitete man trotzdem zwei bis drei Jahre an einem großen Wandteppich. Die Entwürfe stammten manchmal von Malern, in der Regel aber von besonderen Kartonzeichnern. Der Weber hatte aber die Freiheit, sie den Erfordernissen der Technik anzupassen.
Voraussetzung für die Entwicklung der Bildwirkerei war ein hoher Stand der Färbekunst. 20 Farben, aus Pflanzen gewonnen, standen zur Verfügung. Durch Mischen von Fäden stellte man sich die gewünschten Töne her. Von diesen Farben haben sich bis heute das Waidblau und Krapprot am besten erhalten, alle anderen sind oft verblaßt, und so treten uns alte Gewebe oft in einer Symphonie aus Blau und Rot entgegen, obwohl sie ursprünglich wesentlich farbiger aussahen.
Im Laufe des 16. Jahrhunderts wuchs der Einfluß der Malerei auf die Teppichwirkkunst. So bestellte Papst Leo X. bei Raffael zehn Entwürfe (Kartons) für Wandbehänge, die in der Sixtinischen Kapelle aufgehängt werden sollten. Er verlangte von den Brüsseler Webern der Werkstatt Pieter van Aelst striktes Nachweben der malerischen Vorlage. Der große Erfolg dieser Arbeiten war der Anfang vom Ende der eigenständigen Entwicklung der Wirkkunst.
Die Nachfrage nach Tapisserien hielt in den nächsten Jahrhunderten unverändert an, und so engagierten die französischen Könige befähigte Meister, um eigene Werkstätten zu gründen. Den Grundstein für die berühmte französische Wirkindustrie legte Heinrich IV., als er 1607 den flandrischen Webmeistern, van den Planken und Coomanns, eine Werkstatt einrichtete, 200 Arbeiter und 80 Webstühle bezahlte, das Wirkmaterial außer Gold und Seide für steuerfrei erklärte und durch ein Einfuhrverbot dieser Werkstatt ein Monopol verschaffte. Diese Ateliers, die seit 1630 auch in den Häusern der Färberfamilie Gobelin arbeiteten, waren die Vorläufer der berühmten „Gobelin"-Manufaktur König Ludwig XIV. Unter der künstlerischen Leitung von Charles Le Brun (französischer Maler, 1619 bis 1690) entstanden dort die unzähligen Wanddekorationen für die Schlösser des Sonnenkönigs.

Hautelissewirker in der Pariser Gobelinmanufaktur. (Stich von Bénard, nach einer Zeichnung von Radel, 18. Jahrhundert)

Die Wirker arbeiteten an großen senkrechten Webstühlen (Hautelissewebstühlen), hinter der Arbeit sitzend. Die Vorderseite konnte durch einen Spiegel kontrolliert werden. Die wesentlichen Linien des Entwurfs wurden mit einem Stift auf die Kettfäden gezeichnet. Die verschiedenen Farben führte man – auf kleine Holznadeln gewickelt – durch die Kettfäden und schlug sie mit einer Gabel fest an. Trennstäbe teilten die Kettfäden in zwei Schichten. Die hinteren lagen in Litzen und konnten durch Zug an den Litzen nach vorn geholt werden.
Es gab und gibt auch Ateliers, die mit waagerechten Webstühlen (Basselissestühlen) arbeiten, die Litzen mit Fußtritten bewegen und den Entwurf unter der Kette befestigen. An den fertigen Wandteppichen sind aber die unterschiedlichen Herstellungsmethoden nicht festzustellen.
Je mehr Einfluß die Maler auf die Gestaltung der Wirkarbeiten ausübten, um so mehr Farben benötigten die Werkstätten. Es erwies sich als ungeheuer schwer, das Zerfließen von Farben in ein so präzises Material, wie es der Wirkfaden ist, zu übertragen. Schon seit dem 18. Jahrhundert beschäftigten die Ateliers eigene Färbtechniker. Die eigentliche Revolution gelingt jedoch erst dem Chemiker Chevreul, der 1824 Leiter des Färbateliers der Pariser Manufaktur wurde. Durch seine Arbeiten und die Fortschritte der synthetischen Farbherstellung hat der Wirker am Ende des 19. Jahrhunderts eine Palette von 14400 Farbtönen zur Hand.
Den künstlerischen Stand der Bildwirkerei jedoch beschrieben die Brü-

der Goncourt 1874 mit folgenden Worten: „. . . *die Tapisserie ist eine verlorene Kunst, nur mehr eine mühselige, farblose und traurige Imitation der Malerei.*“
Zur gleichen Zeit kamen aus England die ersten Zeichen der Erneuerung: W. Morris forderte eine Verminderung der Farbenzahl und den Verzicht auf perspektivische Darstellungen. Die wichtigsten Anstöße gab der Franzose Jean Lurçat. Er wollte den noch arbeitenden französischen Manufakturen zeitgemäße Formen des Ausdrucks an die Hand geben, eine Formensprache, die aus dem textilen Material erwuchs. Dabei benutzte er wenige Farben und griff auf die mittelalterliche flächige Darstellungsweise zurück, er zeichnete keine Bilder als Vorlage, sondern den Karton, der nur die Umrisse der Farbflächen enthielt und die Nummern der Farben.
Als Krönung seiner Tätigkeit begründete Lurçat zusammen mit Pierre Pauli die „Biennale Internationale de la Tapisserie“, die alle zwei Jahre in Lausanne stattfindet. Eine Ausstellung, die die Strömungen der modernen Textilkunst in den Blickpunkt der Öffentlichkeit rückt. Neben den Arbeiten in strenger Wirkkunst, wie sie Lurçat gefördert hat, stellen immer mehr Künstler Werke aus, die verschiedene Techniken benutzen, die knoten, knüpfen, wirken, Durchbrüche einarbeiten. Andere schließlich wenden sich ganz vom Wandbild ab und versuchen textile Objekte, Plastiken, Höhlen aus Seilen und gewebten Sisalmatten, dreidimensionale Gebilde zu gestalten.

Abwandlungen und Ergänzungen

Die Füße weben mit: der Trittwebstuhl

Als die Weber daran gingen, feine Seiden- und Baumwollgarne zu verarbeiten, als sie merkten, daß diese Materialien eine kunstvollere Behandlung erforderten, als immer mehr Stoffe in kürzerer Zeit verlangt wurden, wird in ihnen der Wunsch aufgekommen sein, die Hände von der gleichförmigen Arbeit des Fachwechsels zu entlasten und diese Aufgaben den Füßen anzuvertrauen.
Dazu waren jedoch einige technische Veränderungen am Webgerät nötig: Die Schnüre des Litzenstabes spannte man zwischen zwei parallelen Hölzern und bildete in der Mitte der Schlingen durch Abknotung eine Öse, durch die der Kettfaden lief. Diese neue Halterung für die Litzen

Sudanesischer Trittwebstuhl

nennen wir *Schaft*. Auch der Trennstab wich einem Schaft. Nur aus Japan und Korea sind Webstühle bekannt, die den Trennstab beibehielten und nur den Litzenstab ersetzten. Die Einführung des Schaftes bedeutete eine Erleichterung für das Musterweben, da entsprechend mehr Schäfte eingebaut werden konnten.
Nun galt es, einen Mechanismus zu entwickeln, der ein Bewegen der Schäfte mit den Füßen ermöglichte: Aus alten Zeichnungen können wir ersehen, wie das Problem gelöst wurde: Je zwei Schäfte wurden an ihren oberen Hölzern mit Schnüren verbunden, die über Rollen liefen oder an Stäben befestigt waren, die sich wie Wippen bewegten. Für die Aufhängung der Rollen oder Wippen über der Kette gab es in verschiedenen Ländern die unterschiedlichsten Methoden: Benutzte man hier einfach einen Baumast, zimmerten andere einen ganzen Holzrahmen. Die an der Schaftunterseite angebrachten Seile konnten an einen *Tritt* gebunden oder direkt mit den Zehen heruntergezogen werden. Beim Zug bewegte sich jeweils ein Schaft nach unten, der andere nach oben.
Als weitere Neuerung brachte uns der Trittwebstuhl den *Kamm*, auch das *Blatt* genannt. Was bisher von der Geschicklichkeit des Webers abhing, nämlich das Einhalten einer gleichmäßigen Webbreite – mit dem Einziehen der Kettfäden in die Zwischenräume eines Kamms war dies kein Problem mehr. Auch im Anschlagen des Schußfadens zeigte sich die Überlegenheit des Blattes gegenüber dem alten Webschwert.
Wo entstand nun dieser Trittwebstuhl? Die Forscher nehmen an, daß der Mittlere und Ferne Osten seine Heimat ist, dort, wo man im Gebrauch der Füße geschickter war, wo man sie beim Spinnen, zum Spannen der Kette beim Gurtwebstuhl und sogar zum Anschlagen des Webschwertes benutzte.

Variationen bei verschiedenen Völkern

Eine der ursprünglichsten und ältesten Trittwebstuhlformen kam aus Indien, ist aber heute noch im ganzen Nahen und Mittleren Osten anzutreffen: der Grubenwebstuhl. Um genügend Platz zum Herabziehen der Schaftschnüre zu bekommen, verlegte man die Kette nicht in die Höhe, sondern hob unter dem Webgeschirr eine Grube aus, in der auch der Weber saß. So konnte die Kette beim Weben im Freien wie beim waagerechten Litzenwebstuhl auf dem Boden in ihrer ganzen Länge ausgebreitet und mit Hilfe von in die Erde gerammten Pflöcken gespannt werden. Beim Weben im Haus leiteten die Weber die Kette vom angehobenen Warenbaum unter einem hinteren Querbalken in die Höhe und befestigten sie, auf Knäuel gewunden und mit Steinen beschwert, an der Decke, an der Wand oder an Balken. Hier saß der Handwerker auf dem Rand der Grube.

Der arabische Reisende El-Bekri, der im 11. Jahrhundert Westafrika bereiste, berichtete von der Herstellung von Baumwollgeweben in diesem Gebiet. Der Anbau der Baumwolle und ihre Verarbeitung scheinen sich mit dem Vordringen des Islam unter den afrikanischen Völkern der Region weit verbreitet zu haben und mit der Baumwolle auch ein einfacher Trittwebstuhl, den wir heute den sudanesischen Trittwebstuhl nennen. Bei diesem Webstuhl hingen die Schäfte, meist zwei, und das Blatt an einer Querstange, die auf zwei astgabelähnlichen Pfählen ruhte oder an einem Dreibein befestigt war. Das fertige Gewebe rollte der Handwerker auf einen Querbaum, der direkt vor seinem Bauch von eingekerbten, im Boden verankerten Pflöcken gehalten wurde. Die unverwobene Kette lief über eine hintere Stange, die ebenfalls auf zwei gegabelten Hölzern lag, über viele Meter vom Weber weg und endete, zu einem Knäuel gefaßen unter Bäumen oder schattenspendenden Matten. Bei schlechtem Wetter oder längerer Arbeitsunterbrechung hingen sie das Webgeschirr ab, rollten die Kette zusammen und umwickelten alles mit einer Schnur, um es ins Haus zu transportieren, während Holzpfähle und Querstangen draußen blieben.
Auf diesem Trittwebstuhl webt man bis zum heutigen Tag schmale Bänder aus heimischer, handgesponnener Baumwolle. Sie sind mit Längs- und Querstreifen und durch von Hand eingelegte Musterfäden verziert. Zu großen Stoffstücken zusammengenäht, dienen sie als Zeltwände, als Decken, als Gewänder. Das Weben der Streifen verlangt ein gutes Vorstellungsvermögen, da die Handwerker während der Arbeit schon das Muster des fertigen Stoffes vor Augen haben und die Größe der einzelnen Abschnitte beachten müssen.
Einfache Formen des Trittwebstuhls sind auch in Europa bekannt und vor allem im ländlichen Bereich in Benutzung geblieben. Besonders in Griechenland ist die Weberei im bäuerlichen Haushalt ein tief verwurzeltes Handwerk. In den abgelegenen Gemeinden dient die Heimweberei der Selbstversorgung, da es bei den geringen Bargeldeinnahmen der Landbevölkerung billiger ist, selbst zu weben, als Kleidung und Wäsche zu kaufen. Zudem bekommen die Mädchen nach alter Tradition Teppiche, Decken, Kissen und andere Gewebe für die Aussteuer. Schließlich garantiert der Verkauf von Webarbeiten den Familien ein bescheidenes Bargeldeinkommen. Je nach Region sind eine Vielzahl alter Musterformen und Techniken in Gebrauch. „Berühmtheit" erlangten Kelimteppiche vom Peloponnes, die langhaarigen Flokkatiteppiche aus Trikkala und kretische Gewebe mit Schlingenflor. Die schönsten Farb- und Musterzusammenstellungen entdeckt man jedoch oft bei den Textilien des täglichen Gebrauchs, die nicht zu kaufen sind.

Vom mittelalterlichen zum modernen Handwebstuhl

Webstühle in der beschriebenen Bauart, mit Schäften, durch die Füße zu bewegen und mit einem Rietkamm erreichten im frühen Mittelalter Europa. Die erste Notiz vom Auftreten dieser Werkzeuge übermittelte der jüdische Schriftsteller Rashi (1040 bis 1105), der in Frankreich lebte, wenn er schreibt, daß Männer mit den Füßen webten, während Frauen ein Webschwert auf und ab bewegten. Er kennzeichnet damit eine Zeit des Umbruchs: Die Frau im Haus benutzte noch den alten senkrechten Gewichtswebstuhl. Mit dem Wachsen der Bevölkerung und dem Aufblühen der Städte reichte die Heimweberei zur Versorgung nicht mehr aus. Werkstätten entstanden, und die dort webenden Männer arbeiteten am waagerechten Trittwebstuhl.

An der technischen Grundidee des Trittwebstuhls hat sich bis heute nichts geändert, es erfolgten im Laufe der Jahrhunderte lediglich Verfeinerungen. So setzte sich bis zum 15. Jahrhundert ein käfigartiges Gerüst zur Aufhängung der Rollen und des Blatts durch: vier senkrechte Säulen, seitlich durch sogenannte Längsriegel verbunden, vorn und hinten mit Walzen versehen, auf die fertiges Gewebe und Kette aufgerollt werden konnten. Später verlegte man den Warenbaum auf Kniehöhe des Webers, vergrößerte so die Webfläche und erreichte eine waagerechte Kettlage. Die Aufhängelatten für den Rollenzug (Geschirrüberlage) und die

Wellenzugwebstuhl (Leclerc)

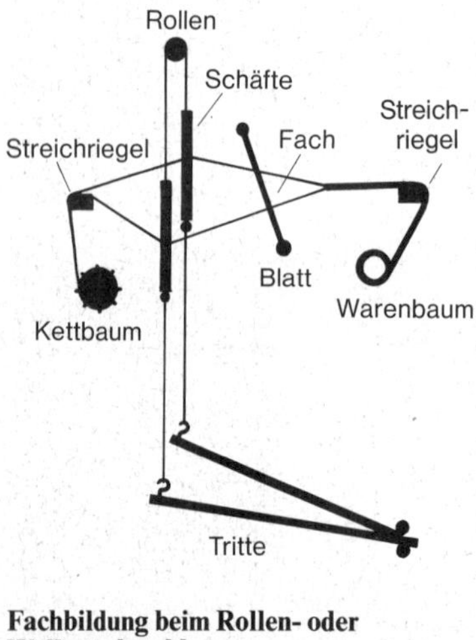

Fachbildung beim Rollen- oder Wellenwebstuhl

Blattlade (Schwingbaum) ließen sich bei dieser Rahmenkonstruktion mühelos auf die oberen Längsriegel auflegen. Wie wenig Veränderungen die Konstruktion der Webstühle in den folgenden Jahrhunderten erfuhr, zeigen die ersten genauen Zeichnungen von Webgeräten aus der Encyclopédie von Diderot, die in der Mitte des 18. Jahrhunderts erschien.
Heute kann der Handweber zwischen drei unterschiedlichen Systemen der Fachbildung wählen, wobei jedes System gewisse Auswirkungen auf die äußere Konstruktion des Webstuhls hat. Einmal werden nach wie vor Geräte gebaut, bei denen zwei Schäfte über Rollen, Wippen oder Wellen miteinander verbunden sind und die Schaftpaare wiederum über eine Welle. Beim Herabdrücken eines Trittes bewegt sich immer ein Schaft nach unten und sein „Gegenüber" nach oben (s. S. 48). Auf diese Weise ist die Zugbelastung für alle Kettfäden gleich, von Vorteil vor allem bei empfindlichen, wenig elastischen Garnen. Angenehm bei diesen Webstühlen ist auch die lautlose leichte Arbeitsweise. Nachteilig wirkt sich diese Rollenaufhängung bei der Musterbildung aus. Da z. B. bei vier Schäften nur zwei zu heben und zwei zu senken sind, kann ein Köper von drei Hebungen und einer Senkung nicht gewebt werden.
Dieses Problem tritt bei dem in Amerika weit verbreiteten, aber jetzt auch bei uns erhältlichen Hebelwebstuhl (Jack-loom) nicht auf. Hier ruhen alle Schäfte auf Schienen und können durch Herabdrücken der Tritte

Hebelwebstuhl (Leclerc)

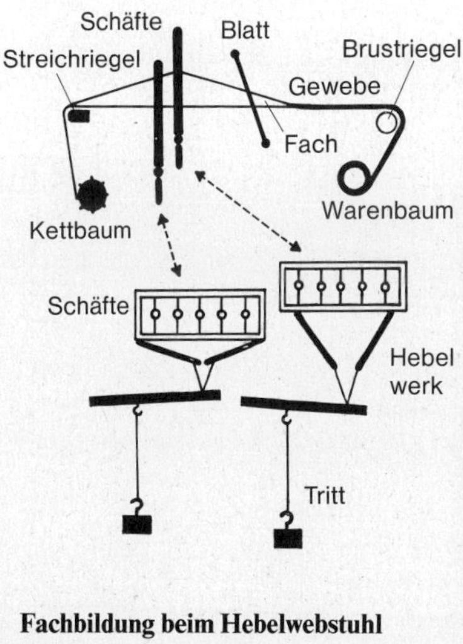

Fachbildung beim Hebelwebstuhl

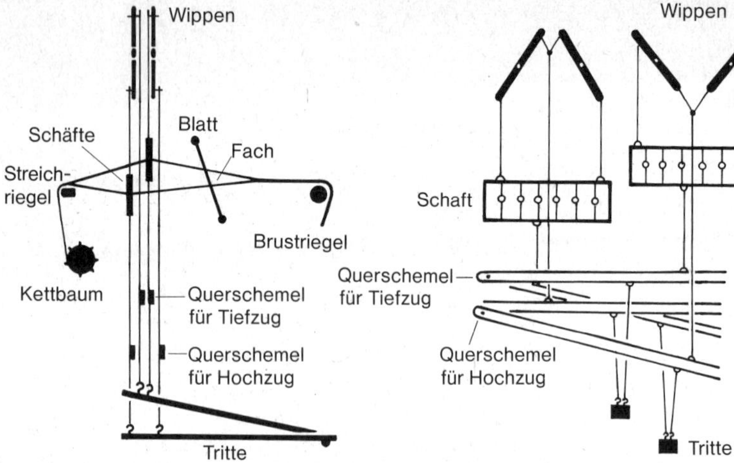

Fachbildung beim Kontermarschwebstuhl

einzeln und unabhängig voneinander nach oben gehoben werden (s. S. 49). (Es gibt auch Hebelzugmodelle, mit einer Fachbildung durch Hochzug der Schäfte.) Da bei diesem System die gesenkten Kettfäden liegenbleiben, müssen die gehobenen mehr gedehnt werden, um ein gutes Fach zu bekommen. Unelastische Garne verarbeiten sich also etwas schwieriger. Da jedoch die Schaftschienen direkt an die Tritte anzubinden und keine platzraubenden Aufbauten nötig sind, auch mehrere Tritte gleichzeitig benutzt werden können, ist dieses Gerät mit seinen vielen Mustermöglichkeiten für den Hobbyweber ideal.
Eine Kombination der Vorteile beider Geräte finden wir im Kontermarschwebstuhl: Hier sind die Schäfte einzeln bewegbar, die Hebungen nach oben, die Senkungen nach unten (Abb. oben). Dadurch entsteht ein Fach wie beim Wellenwebstuhl. Bezahlen muß man diese Vorteile mit einem komplizierten Anknüpfungssystem der Schäfte über zwei Reihen von Querschemeln (bzw. kurze und lange) an die Tritte. Jeder Schaft hat eine Anbindungsmöglichkeit für Hebung und Senkung. Je nach Bindung sind an jeden Tritt sowohl die gehobenen als auch die gesenkten Schäfte zu knoten. Bei Musteränderung muß die Schnürung geändert werden und die gleichzeitige Betätigung mehrerer Tritte ist nicht möglich. Im Gegensatz zu den beiden zuerst genannten Typen, die mit einer Standlade ausgerüstet sind, herrscht beim Kontermarschwebstuhl die Hängelade

Kontermarschwebstuhl mit Schnellschußeinrichtung (ARM)

vor, dadurch braucht er eine hohe Kastenkonstruktion. Dieses ruhig und gut arbeitende Gerät werden sich vor allem Weber kaufen, die große Stoffbahnen weben wollen.

Bei jeder Diskussion der Vor- und Nachteile verschiedener Systeme sollte man bedenken, daß viele Meisterwerke der Textilkunst auf primitiven Geräten entstanden, oder, wie Eric Broudy sagt: *„Die Grenzen des Webstuhls liegen nicht in der Maschine, sondern in der Hand und dem Auge des Künstlers."*

Zugwebstuhl (Textilmuseum Neumünster)

Jacquardwebstuhl (Textilmuseum Neumünster)

Ein Spezialist für gewebte Bilder: der Zugwebstuhl

Ist das „Wirken" von Bildern von alters her bekannt, so konnten mit dieser Technik nur teppichartige steife Textilien entstehen, die als Kleidung und als Tischdecken nicht zu gebrauchen waren. Daher finden wir Wirkarbeiten meist nur als bortenartige Verzierungen an Gebrauchsgeweben. Als in den ersten nachchristlichen Jahrhunderten die naturalistische Darstellung einer Bevorzugung des Ornamentalen wich, Seidengarne und Rohseide in größeren Mengen und schließlich sogar die Geheimnisse der Seidenzucht nach Westen kamen, versuchten die Weber des Vorderen Orients den Glanz dieses kostbaren Materials in reich gemusterten Stoffen zum Ausdruck zu bringen. Hatte man in Alt-Peru durch das Einlegen einer großen Anzahl von Musterstäben Figuren gewebt, jetzt konnte bei der benötigten Stoffmenge und Breite und bei empfindlichen Garnen diese Technik nicht angewendet werden. Die Erhöhung der Schaftzahl im Trittwebstuhl vergrößerte zwar die Musterungsmöglichkeiten um ein Vielfaches, für die Ornamente der uns erhaltenen Stoffe wären jedoch bis zu 900 Schäfte nötig gewesen. Jedoch das Einsetzen einer besonderen Mustervorrichtung, des *Harnischs,* ermöglichte den Webern das Ausheben einzelner Kettfäden. Die Kette durchlief dabei die frei herabhängenden, mit Gewichten beschwerten Litzen des Harnischs. Diese Harnischlitzen konnte man nach den Erfordernissen des Musters an Zügen zusammenfassen und senkrecht nach oben leiten. Über eine Rolle führten diese dann waagerecht zu einem Befestigungspunkt an der Wand. An den Zügen brachte man nach unten hängende Schnüre an, die ein Gehilfe des Webers betätigen mußte. Ihm oblag die Hebung der Kettfäden für das Muster, während der Meister die Schußfäden einlegte. Zog man die Kette zusätzlich noch durch die Litzen von Schäften, konnte der Meister durch Treten von Tritten das Fach für ein Grundgewebe bilden, das den Musterfäden Halt gab.

Dieser Zugwebstuhl, wahrscheinlich in China erfunden, ermöglichte zuerst den Orientalen, später vor allem italienischen und französischen Seidenwebern die Herstellung ihrer weltberühmten Stoffe. Auf ihm entstanden jedoch ebenso Bildgewebe in anderen Materialien, wie die Leinentafeltücher aus niederländischen Werkstätten und die Beiderwandgewebe (Leinen/Wolle) Norddeutschlands.

Je komplizierter das Muster war, um so mehr Zugschnüre waren notwendig, um so aufwendiger war die Arbeit beim Einrichten des Webstuhls. Oft verursachte eine kleine Musterpartie im Seidengewebe wochenlange Vorbereitung. Der Lyoner Jean-Marie Jacquard (1752 bis 1835) kannte diese Mühsal von Jugend auf. Als Ziehjunge mußte er in der väterlichen Werkstatt arbeiten. Er machte es sich zur Aufgabe, für die Musteraushe-

Ausschnitt aus der großen Damastdecke, die sehr wahrscheinlich von Pasquier Lamertin im Jahre 1622 für König Christian von Dänemark gewebt wurde. (Schloß Rosenborg, Kopenhagen)

bung einen Automaten zu erfinden. Im Jahre 1805 stellte er der Öffentlichkeit seine Erfindung vor: Nur einen Hebeltritt brauchte der Weber für jeden Musterschuß zu betätigen. Lochkarten, in die man das Muster eingestanzt hatte, regelten die Bewegungen der Kettfäden. Nur an den Lochstellen, so konstruierte Jacquard seinen Mechanismus, waren Hebungen möglich.
Die Weber nahmen die neue Erfindung zunächst nicht mit Begeisterung auf, da viele Hilfskräfte um ihre Arbeit fürchteten. Aber schon 1812 hatte man in Lyon in 12 000 Webstühle den *Jacquardapparat* eingebaut.

Das Weben von Bändern: die Erfindung des Gatterkamms

Bänder als Gürtel, zum Halten von Röcken, zum Schließen von Kitteln und Mänteln, sind aus der Frühzeit der menschlichen Kultur bekannt. Ihr Aussehen können wir für Nordeuropa an Hand der Funde aus den Baumsarggräbern und den Mooren rekonstruieren. Die ältesten sind in Leinwandbindung gewebt, der Eintrag wurde dabei so fest angezogen, daß nur die Kettfäden sichtbar blieben: ein Kettrips entstand. Der berühmte bronzezeitliche Frauengürtel von Borum Eshoj verdankt seine fischgrätartige Musterung der Verwendung verschieden gedrehter Wolle: die der Ränder in S-Drehung (nach links), und die des Mittelstreifens in Z-Drehung (nach rechts).

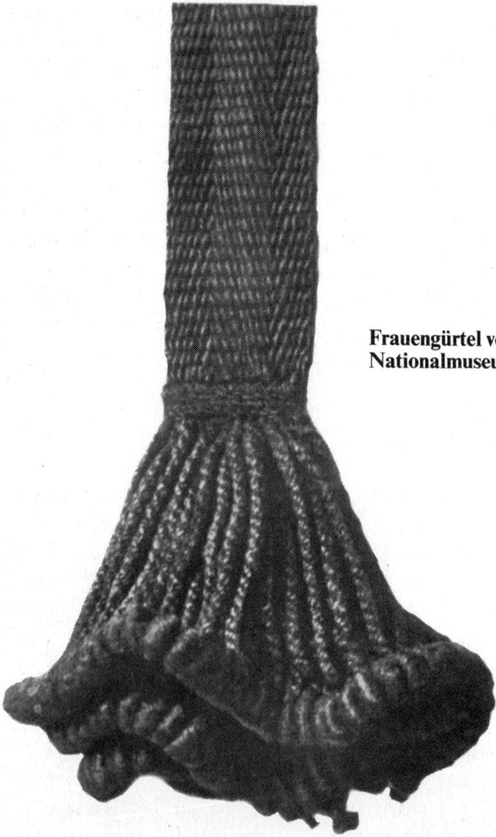

Frauengürtel von Borum Eshoj (Original im Nationalmuseum Kopenhagen)

Die Webgeräte für Bänder sind meist kleine Abbilder der jeweils üblichen Webstühle: Die Kette kann ihre Spannung durch Gewichte erhalten, weit verbreitet ist jedoch die Gurtwebmethode.
Wie man das Fach bildete, ist nicht sicher zu sagen, wahrscheinlich zuerst mit einem Trenn- und Litzenstab. Irgendwann muß dann das Webgatter, der *Gatter-* oder *Rispenkamm*, erfunden worden sein (s. S. 91). Hierbei handelt es sich um ein Holzbrett, in das Schlitze gesägt wurden. In die stehengebliebenen Stege bohrte man Löcher. Während diese Art der Kammherstellung in Nordeuropa vorherrschte, gab es in anderen Teilen der Welt Rahmen, in die kleine Holzlatten oder Rietstreifen mit Löchern in der Mitte eingesetzt waren. Die Kettfäden mußten nun abwechselnd in einen Schlitz und ein Loch gezogen werden. Beim Heben des Kammes gingen die Lochfäden nach oben und ein Fach entstand. Durch Herabdrücken senkte man die Lochfäden, jetzt lagen die Schlitzfäden oben, der Schuß konnte in das zweite Fach eingetragen werden. Ort und Zeit der Erfindung des Gatterkamms ist bis heute unbekannt. Die älteste Beschreibung stammt aus dem Europa des 14. Jahrhunderts. Zur Fachbildung beim Bandweben war er aber auch in anderen Gegenden der Welt verbreitet: in Teilen Nord- und Südamerikas, in Indonesien, Japan und China.
Aufgegriffen wurde diese Einrichtung zur Fachbildung von der Industrie bei der Herstellung von sogenannten *Schulwebrahmen* (s. S. 105). Bei diesen Geräten übernimmt der Gatterkamm zusätzlich die Aufgabe des Blatts, dient also zum Anschlagen des Gewebes und zur Einhaltung der Webbreite. Wegen seiner Konstruktion erlaubt er jedoch nur ein Verkreuzen der Kett- und Schußfäden in Leinwandbindung.

Es geht auch ganz anders: Brettchenweben

1874 wies der Forscher Hjalmar Stolpe auf eine Knochenplatte mit Löchern hin, die auf der Insel Birka im schwedischen Mälarsee gefunden worden war. Er bezeichnete sie als Teil eines Webgerätes, wie es auf dem Lande noch im Gebrauch sei. Aber erst Margarethe Lehmann-Filhés gelang die Wiederentdeckung der als Brettchenweberei bezeichneten Technik. Sie hatte während ihrer Studien über Island von Strumpf- und anderen gemusterten Bändern gelesen, die mit Brettchen gewebt seien. Bei einem Besuch im Dänischen Volksmuseum entdeckte sie das dazugehörende Webgerät: 12 quadratische Holzplättchen mit je einem Loch in den vier Ecken, durch die die „Kettfäden" gezogen waren. In mühevoller Arbeit gelang es ihr, die Webtechnik und ihre vielen Möglichkeiten „wiederzuerfinden": Nicht um ein rechtwinkliges Verkreuzen der Kettfäden mit dem Schuß handelt es sich hier. Im Gegensatz zum „echten Weben" hat der Eintrag bei dieser Bandwebtechnik die Aufgabe, eine Anzahl von Schnüren zusammenzuhalten, die durch Verzwirnen der vier in einem Brettchen eingezogenen Fäden entstehen. Dieses Verzwirnen oder Verschlingen geschieht durch Drehen der Brettchen, während die Kette wie beim Gurtwebstuhl gespannt ist.

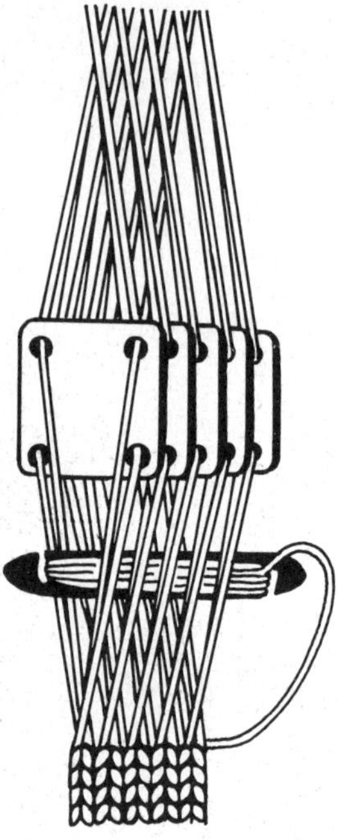

a) **Brettchenweben – das Webgerät**

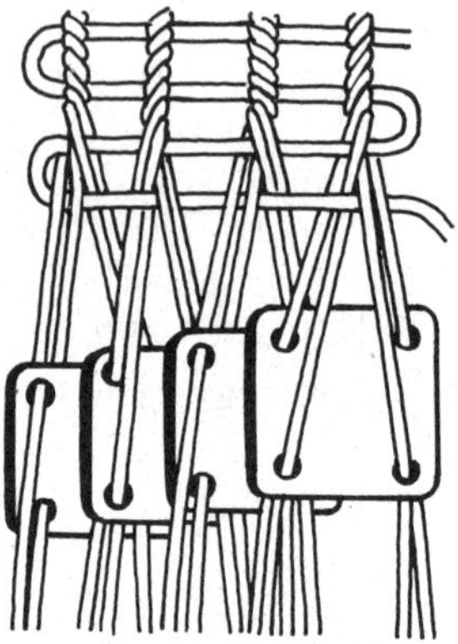

b) Auseinandergezogene Brettchenweberei

Als Margarethe Lehmann-Filhés 1897 die Ergebnisse ihrer Arbeit veröffentlichte, erregte die wiederentdeckte Technik Forscher und Laien. Aus allen Gebieten der Welt brachte man ihr jetzt Brettchengewebe mit: starke Bänder für Saum- und Sattelzeug aus dem Vorderen Orient, seidene Kleiderbesätze aus China und Japan, Schriftbänder zum Umwickeln wertvoller Handschriften, seidene Gürtel aus Kaukasien, Strumpfbänder aus Griechenland und Wollgürtel aus Bulgarien.
Das Interesse war so groß, daß 1902 eine erste Ausstellung im Kunstgewerbemuseum in Berlin stattfinden konnte, die ein wahres Brettchen-

webfieber in dieser Stadt auslöste. Jetzt war es auch möglich, den Verwendungszweck der bei vielen archäologischen Ausgrabungen gefundenen Plättchen mit Löchern zu erklären: Im oberägyptischen Antinoe tauchten sie in einem Frauengrab aus dem ersten nachchristlichen Jahrhundert auf – man dachte, es wäre Spielzeug. Plättchen aus Horn und Knochen blieben in vielen Siedlungen aus römisch-germanischer Zeit an Rhein und Mosel erhalten. Den bedeutendsten Fund förderten die Ausgräber aber im norwegischen Oseberg zu Tage: In dem Grab der Königin Asa, die um 850 gestorben sein soll, lag ein ganzer Satz von 52 Brettchen mit eingezogener Kette, ein Zeichen für die handwerklichen Fähigkeiten der Königin. Die ältesten erhaltenen Brettchengewebe stammen aus

Webzeug im Grabe der Königin Asa, bestehend aus 52 Holzplättchen. Dieses Webzeug bildet einen Teil des Fundes von Oseberg (Oslofjord) aus dem 9. Jahrhundert n. Chr. (Altertümersammlung der Universität Oslo)

Ägypten. Drei Leinenbändchen in einer Breite von 1,3 bis 2,5 cm, die heute in Wien aufbewahrt werden, dürften in der Zeit zwischen 845 und 745 v. Chr. entstanden sein. Darüber, ob der berühmte, noch ältere Ramsesgürtel, ausgestellt im Archäologischen Museum Liverpool, mit Brettchen gewebt wurde, streiten sich die Gelehrten. Jedenfalls gelang es K. Schlabow vom Textilmuseum Neumünster dieses Meisterwerk mit 324 Brettchen nachzuarbeiten.
Auch aus der nordeuropäischen Eisenzeit sind Brettchengewebe erhalten. Die erstaunlichste Leistung können wir aber an den sogenannten Prachtmänteln beobachten (s. S. 17): Hier baute man die Webbrettchen in den Gewichtswebstuhl mit ein und webte in einem Arbeitsgang den Umhang mit Brettchenborte. Der Schußfaden lief gleichzeitig durch das mit Litzenstäben gebildete Fach am Tuchgewebe und durch das Brettchenfach von 176 Brettchen der Randborte. Im frühen Mittelalter erreicht die Brettchenweberei einen weiteren Höhepunkt. Jetzt webt man vor allem kostbare Schmuckbänder aus Seide, Gold- und Silberfäden. Berühmt sind die Bänder, die in Kirchenschätzen und Kaisergräbern erhalten blieben. Das älteste wird im Diözesanmuseum Augsburg aufbewahrt: Ein Zingulum, das Bischof Witgarius von der Königin Hemma, der Gemahlin Ludwigs des Deutschen, geschenkt bekam. Wahrscheinlich, bei der Kunstfertigkeit damaliger adliger Frauen, von ihr selbst gewebt. Im 14. bis 15. Jahrhundert lösten die Seiden- und Leinenstickerei das Brettchenweben ab, und es gerät in Europa langsam in Vergessenheit, während es im Orient den Beruf des Gürtel- und Bandwebers bis in unsere Zeit gibt.

Rechts: Einfaches Webgerät aus Ästen (angefertigt von B. Schmidt)

Bildweben

Wer Freude am Umgang mit textilem Material, mit Fasern, Garnen verschiedener Struktur und Farbe, mit Stoffen, Bändern, Kordeln und Seilen hat, kann leicht seiner Phantasie bei der Gestaltung eines dekorativen Wandschmucks freien Lauf lassen. Die Technik spielt hier eine untergeordnete Rolle, wichtig ist vor allem die Lust am Experimentieren. Um diese nicht einzuengen, stellen wir auf den folgenden Seiten keinen fertigen Wandbehang zum Nacharbeiten vor, sondern zeigen lediglich, wie man eine Kette spannt, wie Fäden in die Kette gelegt werden können, wie Knoten, Schlingen und Durchbruchmuster entstehen und bieten als Anregung einige Beispiele für die Wirkung der einzelnen Techniken.

Der Webrahmen

Zum Gestalten von Bildgeweben kommen wir mit den einfachsten Hilfsmitteln aus. Wir benötigen für die ersten Versuche lediglich einen festen Rahmen, um den wir eine Kette spannen können: es genügen eine Astgabel oder zusammengebundene Äste, ein Reifen, jeder Holzrahmen kann benutzt werden, auch ein Pappkarton, der an zwei gegenüberliegenden Seiten eingekerbt wurde. Viele Möglichkeiten bieten sich durch das Einschlagen von Nägeln in Hartfaserplatten: Die Kettfäden lassen sich nicht nur zwischen zwei gegenüberliegenden Nagelreihen spannen, kreisförmig oder halbkreisförmig angeordnete Nägel ermöglichen z. B. runde Gewebeformen; das Brett, mit einem passenden Anstrich versehen, wird Teil des Bildes. Der Handel bietet die verschiedensten Geräte an, vom einfachen Nagelrahmen bis zum Hochwebstuhl. In jedem Fall sollte das Webgerät senkrecht zu stellen sein, da man auf diese Weise die Wirkung besser prüfen kann, ist die Blickrichtung doch die gleiche, aus der wir den fertigen Wandschmuck später auch betrachten. Eine Einrichtung zur Fachbildung erleichtert zwar manchmal die Arbeit, wir kommen aber auch ohne sie aus, da die meisten zum bildnerischen Gestalten verwendeten Techniken lediglich eine gespannte Kette voraussetzen, die Textilforscher sie daher nicht zum Weben im strengen Sinn rechnen.

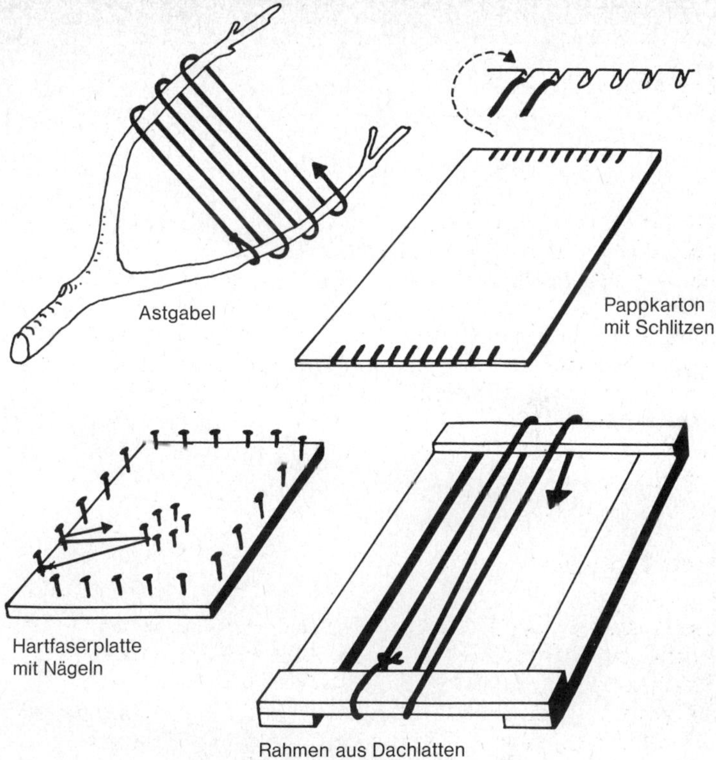

Einfache Web-„Rahmen" zur Bildgestaltung

Bauanleitung für einen zerlegbaren Nagelwebrahmen

Mit etwas Geschick und wenigen, einfachen Materialien läßt sich ein Webstuhl auch selbst herstellen. Das hier vorgeschlagene Modell (s. S. 64) ist völlig zerlegbar: Grundbestandteil ist ein Rahmen, der durch zwei Zusätze zu einem Hochwebstuhl mit Litzen ergänzt werden kann. Die Größe des Webstücks ist allein vom Ausmaß des Rahmens abhängig, man kann ihn kleiner, aber auch größer als hier angegeben bauen, ohne daß seine Stabilität wesentlich leidet. Als Hochwebstuhl stellt er ein ideales Werkzeug zum Bildweben dar, er ist jedoch auch für Flachgewebe wie Tischläufer oder Sets geeignet. Auch die auf Seite 171 vorgestellte Weste läßt sich mit ihm weben.

Material für den Rahmenwebstuhl
2 gehobelte Dachlatten, 50 cm lang
2 gehobelte Dachlatten, 80 cm lang, genau rechtwinklig beim Kauf zugeschnitten!
4 Schrauben mit Rundkopf, 5 oder 6 cm lang mit je einer Flügelmutter und 2 großen Unterlegscheiben, 4 mm Durchmesser
Nägel mit gut ausgebildetem Kopf, am besten Messing, 1 bis 1,5 cm lang
2 „Lesestäbe", Hartholz 0,5 × 2 cm, 50 cm lang
1 „Trennstab", Hartholz 1 × 4 cm, 50 cm lang

Werkzeug
Hammer, Bohrmaschine mit 5 mm Holzbohrer, 8 Holzdübel (40 mm), weißer Holzleim Ponal, Schmirgelpapier, Millimeterpapier (oder kariertes Papier), Messer

Webstuhl zum Selbstbauen

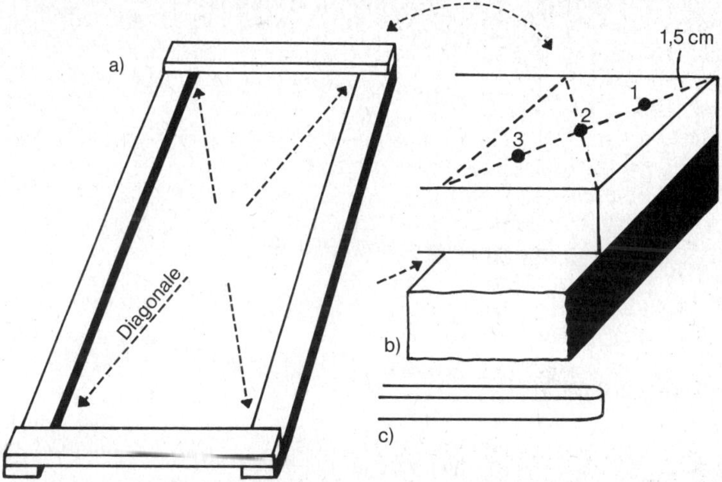

Bauanleitung zu einem einfachen Webrahmen

Bauanleitung

□ Man legt die Dachlatten, wie oben angegeben, übereinander und markiert die zusammenliegenden Ecken, indem man auf die Innenflächen der Latten in jede Ecke eine andere Nummer schreibt.

□ Nun zeichnet man mit Bleistift an den kürzeren, oben liegenden Latten die Bohrlöcher an, von der Außenkante ausgehend alle 1,5 cm.

□ Ausrichten im rechten Winkel: Wenn die Diagonalen genau gleich lang sind, liegen die Latten ausreichend genau.

□ Nun befestigt man die beiden Latten an allen vier Ecken miteinander, indem man durch das Loch 3 einen Nagel treibt, der die zweite Latte schon gut festhält, aber noch so weit herausragt, daß er später wieder herausgezogen werden kann. (Splittern der Latten wird vermieden, wenn die Spitzen der Nägel mit einigen Hammerschlägen abgestumpft werden!)

□ Der Rahmen ist nun fest genug, daß man das Mittelloch (Loch 2) mit einer Bohrmaschine vollständig durch beide Latten hindurch bohren kann. Hier fügt man die Flügelschrauben ein und zieht sie gut an, wobei nochmals auf die rechtwinklige Lage zu achten ist!

□ Die Nägel werden nun aus Loch 3 herausgezogen und die Löcher 1 und 3 gebohrt: Dabei erhält die obere Latte ein vollständiges Loch, während die zweite nur etwa 1,5 cm tief angebohrt wird.

□ Die Dübel werden nun auf etwa 2,8 cm abgeschnitten, gut mit Leim versehen und vorsichtig in die Bohrlöcher 1 und 3 eingetrieben.

□ Man entfernt nun die Flügelschrauben und legt die Latten auseinander, bis der Leim abgebunden hat.

□ Die Flächen, vor allem die Innenseiten, werden mit Schmirgelpapier versäubert. Sollten die Dübel außen noch etwas überstehen, schneiden wir sie mit dem Messer ab und schmirgeln nach.

□ Nun legt man die beiden kürzeren Latten genau nebeneinander und klebt über beide Latten einen Streifen Millimeter- oder Rechenkästchenpapier. Dabei ist darauf zu achten, daß die Linien des Papiers genau rechtwinklig zu den Längsseiten der Latten verlaufen!

□ Nach dem Festkleben des Papiers trennt man die beiden Latten wieder voneinander und nagelt nach einem genau einzuhaltenden Plan die Messingnägel durch den Raster. Dabei läßt man die Nägel noch ca. 4 mm vorstehen, damit die Kettfäden nicht abrutschen.

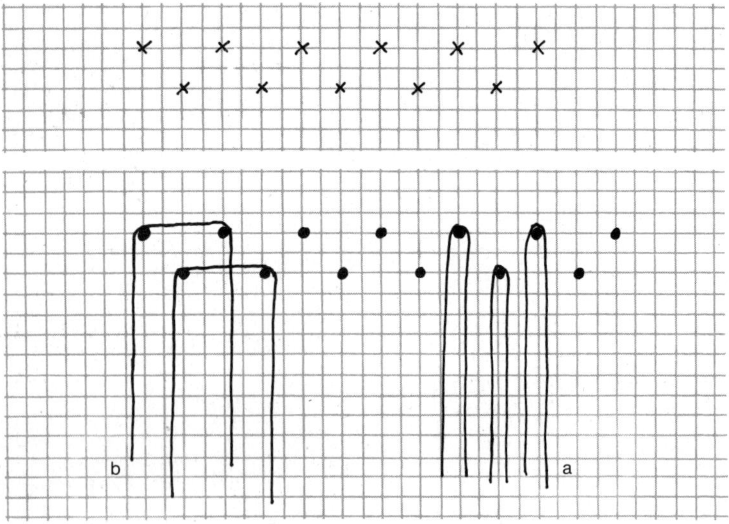

Anbringen der Nägel und Spannmöglichkeiten der Kette

□ Sehr gut müssen Trennstab und Lesestäbe geschmirgelt werden, damit die Kettfäden keinen Schaden nehmen. Der Trennstab sollte mit Raspel, Messer und Schmirgelpapier zurechtgefeilt werden.

Benutzung des Rahmens als Hochwebstuhl

Eine wesentliche Arbeitserleichterung bringt die Möglichkeit, den Webrahmen hoch zu stellen und an einer Unterlage zu befestigen.

Zusätzlicher Materialbedarf
2 gehobelte Dachlatten, ca. 25 bis 30 cm lang, genau rechtwinklig zugeschnitten
2 gehobelte Dachlatten, ca. 10 cm lang
2 Kiefernholzbrettchen, 1 × 7 cm, 14 cm lang
2 Kiefernholzleisten, 1 × 2 cm, 72 cm lang
6 Schrauben, 5 cm lang mit 4 mm Durchmesser, mit je einer Flügelmutter und je 2 Unterlegscheiben.

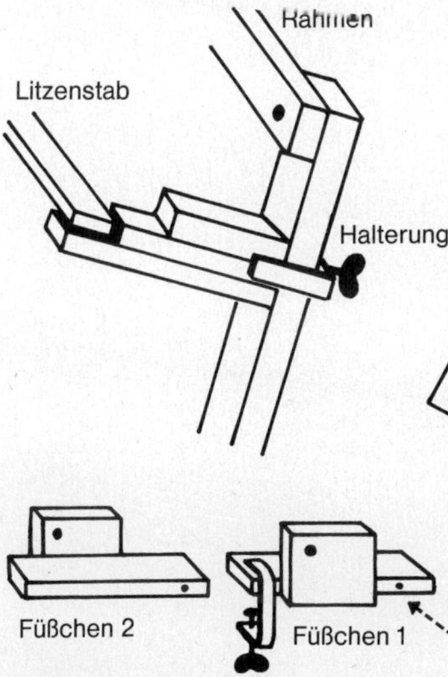

Ergänzung 1

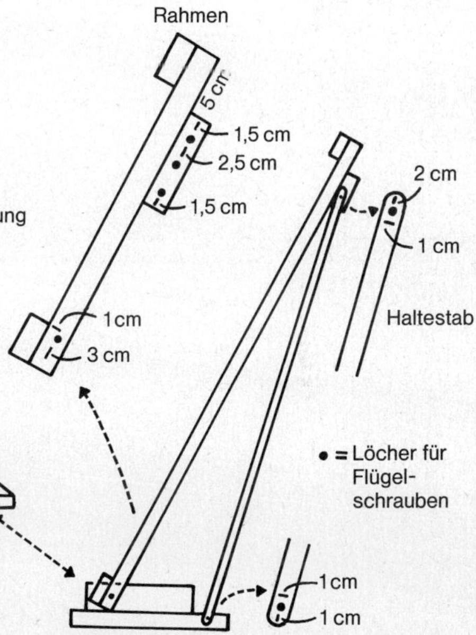

Ergänzung 2

Bauanleitung
□ Man klebt die Dachlattenstücke (25 cm lang) zusammen. Auf spiegelbildliche Anordnung der beiden Füßchen achten! An die Rückseite des Rahmens werden die beiden kurzen Dachlattenstücke angeklebt. Die Maße sind genau einzuhalten, damit der Ständer am Ende nicht wackelt!

□ Nun führt man die angegebenen Bohrungen aus und versäubert mit Schmirgelpapier.

□ Man steckt die Schrauben durch die Bohrung und zieht gut an. Durch 2 Klemmschrauben (s. S. 67) kann der Webstuhl noch zusätzlich am Tisch befestigt werden.

Käuflicher Hochwebrahmen (Modell Leclerc)

Einbau eines Litzenstabes

Zusätzlicher Materialbedarf
2 Kiefernholzleisten 2 × 2 cm, 15 cm lang
2 Kiefernholzleisten 2 × 2 cm, 11 cm lang
3 Kiefernholzleisten 1 × 2 cm, 19 cm lang
2 Schraubzwingen, ca. 5 cm Spannweite
1 Hartholzleiste 1 × 4 cm, 50 cm lang (genau wie Trennstab)

Bauanleitung
□ Die Leisten werden genau wie auf S. 67 angegeben aufeinandergeklebt.
□ Nun bohrt man drei unmittelbar nebeneinander liegende Löcher in diese Halterungen und entfernt das innen stehengebliebene Holz mit dem Messer, damit die Schraubzwingen eingeführt werden können.
□ Alle Teile werden gut abgeschmirgelt und dann am Rahmen, in einer für den Weber günstigen Arbeitshöhe, festgeklemmt.
Das Anfertigen der Litzen beschreiben wir auf S. 72.

Vorbereiten des Webgerätes

Spannen der Kette

Am Anfang jeder Webarbeit steht das Abmessen oder Schären der Kette und das Spannen der Fäden. Beabsichtigen wir, Techniken zu verwenden, die die Kette verdecken, eignet sich ein Baumwollkordgarn mittlerer Stärke (z. B. Ne 12/9) am besten. Es ist sehr reißfest und doch elastisch. Soll die Kette mit in die Gestaltung einbezogen werden, empfiehlt sich ein Mischgarn aus Leinen und Baumwolle ebenso wie ein Hanfgarn. Letzteres verarbeitet sich etwas schwerer, da es unelastisch ist.
Bei einfachen Geräten der Bildweberei spannen wir die Kette direkt auf den Rahmen, ohne die Fäden vorher einzeln abmessen zu müssen.
Der Abstand der Kettfäden zueinander richtet sich nach der Dicke des Schußgarns: Bei dickem Material reichen zwei Kettfäden je cm, bei mittlerem drei bis vier, bei feinem fünf bis sechs.
Die Randkettfäden sollten aus einem doppelten Faden bestehen.

Arbeitsschritte beim Spannen der Kette
Pappkartons und einfache Rahmen
□ Beim Pappkarton Faden an der hinteren oberen Seite ankleben, beim Rahmen anbinden.

□ Garn über die Vorderseite nach unten und über die Rückseite nach oben führen.
□ Ist die gewünschte Webbreite erreicht, die Enden des Garns wieder durch Ankleben oder Anbinden befestigen.

Geräte mit Nagelreihen

Hier gibt es verschiedene Möglichkeiten der Kettspannung, mit denen man gleichzeitig die Fadendichte variieren kann.

a) Spannmöglichkeit für eine dichtere Kette (s. Abb. a, S. 66):
□ Anbinden des Kettgarns am ersten Nagel auf der linken Seite oben.
□ Faden auf der Vorderseite zum gegenüberliegenden Nagel führen, diesen umschlingen und weiter zum zweiten oberen Nagel führen.
□ Ist der letzte Nagel erreicht, wird das Ende an diesem verknotet.

b) Spannmöglichkeit für eine weitere Kette geringerer Fadendichte (s. S. 66, Abb. b):
□ Kettgarn am ersten Nagel der unteren Nagelreihe auf der linken oberen Seite anknoten.
□ Faden zum ersten Nagel der oberen Reihe auf der unteren Rahmenseite führen und über diesen Nagel zum zweiten der gleichen Reihe leiten.
□ Von dort geht das Garn zur oberen Rahmenseite zurück und umschlingt den zweiten und dritten Nagel der unteren Reihe usw.
□ Am Ende wird der Faden am letzten Nagel angeknotet.
□ Sind alle Nägel der ersten Nagelreihe auf diese Weise umspannt, kann die zweite Reihe und eventuell auch eine noch vorhandene weitere auf die gleiche Weise mit Kettgarn umschlungen werden.

Für alle Geräte gilt es, folgendes zu beachten: Nutzen wir nicht die ganze Breite des Arbeitsgerätes aus, muß die Kette genau in der Mitte des Rahmens sitzen.

Die Kettfäden sollten möglichst gleichmäßig gespannt sein. Wir prüfen die Spannung durch Auflegen der flachen Hand. Fühlt sich ein Faden lose an, ziehen wir von da ab zur lockeren Seite einen nach dem anderen nach und verknoten das Ende neu.

Knoten dürfen nur dort angebracht werden, wo sie beim Weben nicht stören, also am Rahmen, an der Nagelreihe. Das gilt es ebenfalls zu beachten, wenn wir einen Kettfaden ansetzen müssen oder das Garn angeknotet ist.

Die Größe des Gewebes hängt zunächst von der Größe des Rahmens ab. Nur auf Schulwebrahmen und Hochwebgeräten lassen sich ein Kettvorrat wie auch das fertige Gewebe aufrollen. Das Schären der Kette für diese Geräte ist auf Seite 114ff. beschrieben.

Viele Teppichwirker und Knüpfer des Orients nutzen sowohl die Vorderals auch die Rückseite der um einen Rahmen gespannten Kette aus, in-

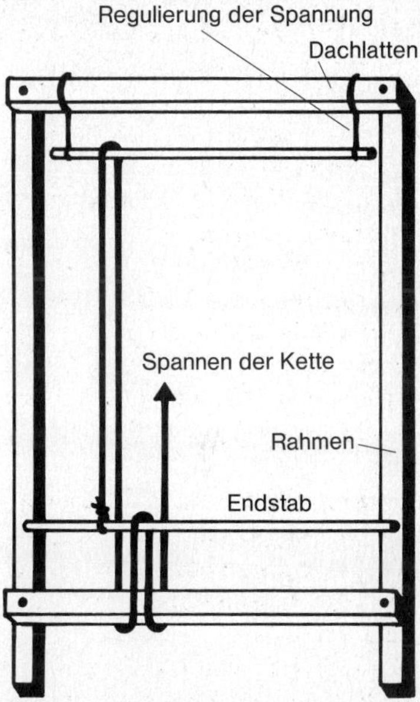

Spannen der Kette nach orientalischer Art

dem sie das fertige Gewebe um den unteren Rand des senkrechten Webgeräts nach hinten ziehen und so lange weben, bis Anfang und Ende zusammenstoßen. Die oben dargestellte raffinierte Spannmethode macht ein Aufschneiden des fertigen Werkstücks überflüssig. Es muß nur der Hilfsstab herausgezogen werden.

Ordnen der Kettfäden

Werden die Kettfäden nicht durch Nägel, Kerben im Rahmen oder eventuell einen Gatterkamm in gleichem Abstand gehalten, soll jedoch ein gleichmäßiger Abstand erreicht werden, empfiehlt es sich, eine Einteilungsschnur anzubringen. Wir benötigen dazu eine feste Baumwollkordel, die ungefähr fünfmal so lang ist, wie das Gewebe breit sein soll.

Arbeitsschritte zum Anbringen der Einteilungsschnur

☐ Schnuranfang an der rechten unteren Seite des Rahmens befestigen.

☐ Garn über den ersten Kettfaden – eine Schlinge formend – legen, dann unter den Kettfaden führen.

Anbringen der Einteilungsschnur nach Znamierowski

☐ Nun mit Daumen und Zeigefinger oder einer Häkelnadel in die Schlinge greifen und die Kordel als eine weitere Schlinge (wie eine Luftmasche beim Häkeln) zwischen erstem und zweitem Kettfaden nach oben holen.
☐ Festziehen der ersten Schlinge.
☐ Hochgeholte Schlinge über zweiten Kettfaden legen und das unten weitergeführte Garn zwischen zweitem und drittem Kettfaden durch diese Schlinge heraufholen und festziehen.
☐ Sind alle Kettfäden fixiert, wird das Garnende an der linken Rahmenseite angebunden.

Das Einfügen von Lesestäben

Eine andere Möglichkeit zum Ordnen der Kette und zur Erleichterung eines geraden Gewebeanfangs besteht im Einfügen von zwei sogenannten Lesestäben. Wir benutzen dazu zwei 1,5 cm breite Holzleisten. Auf die erste heben wir alle ungeraden Kettfäden, also den 1., 3., 5. . . . Den zweiten Stab schieben wir über den ersten und heben alle liegengebliebenen Kettfäden darauf. Nun drücken wir die Holzleisten soweit wie möglich an den unteren Rand der Kette.

Einrichtung zur Fachbildung

Durch das Einfügen eines Trenn- und eines Litzenstabes läßt sich jeder Rahmen in ein echtes Webgerät verwandeln.
Auf den Trennstab – eine Holzlatte von 3 bis 4 cm Breite – lesen wir alle ungeraden Kettfäden auf.
Für den Litzenstab eignet sich ebenfalls eine 3 bis 4 cm breite Latte.

Arbeitsschritte beim Herstellen und Anbringen von Litzen
☐ Für einen 4 cm breiten Litzenstab 62 cm lange Baumwollkordfäden in der benötigten Menge (Anzahl der geradzahligen Kettfäden) zuschneiden.

Litzenherstellung

□ Jeden Faden an seinen beiden Enden zusammenknoten. Genau arbeiten, damit alle so entstehenden Doppelfäden gleich lang sind.

□ Einen Doppelfaden um den ersten Kettfaden, der unter dem Trennstab liegt, führen.

□ Beide Endschlingen auf den linken Zeigefinger nehmen und um 180° nach links drehen, so daß die beiden unteren Fäden oben liegen und die oberen unten liegen.

□ Litze auf den Stab schieben.

□ Auf die gleiche Weise alle geradzahligen Kettfäden in Litzen einhängen.

Die Litzen können nun alle hinteren Kettfäden auf einmal nach vorn holen. Ziehen an einzelnen Schlingen erleichtert die Fachbildung mit bestimmten Kettfadengruppen, was das Eintragen des Schußfadens beim Wirken vereinfacht.

Das Einfügen von Leseleisten, Trenn- und Litzenstab geschieht am praktischsten in folgender Reihenfolge:

□ Die ungeraden Kettfäden auf die erste Leseleiste legen.

□ Leseleiste hochkant stellen, Trennstab in das entstandene Fach legen und ganz nach oben schieben.

□ Litzen arbeiten.

□ Litzenstab hochziehen, zweite Leseleiste in das entstandene Fach einlegen und an den unteren Kettrand führen.

Anfertigen von Puscheln

Feines Schußgarn wickeln wir auf sogenannte Gobelinnadeln. Bei gröberem Material arbeiten wir mit Garnbündeln oder Puscheln. Wie man sie wickelt, wird hier gezeigt.

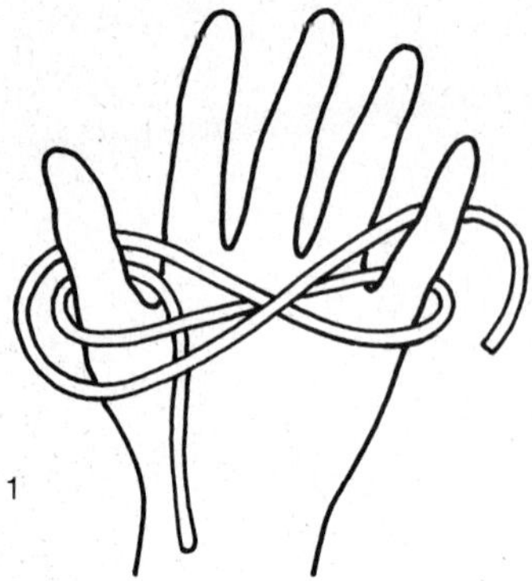

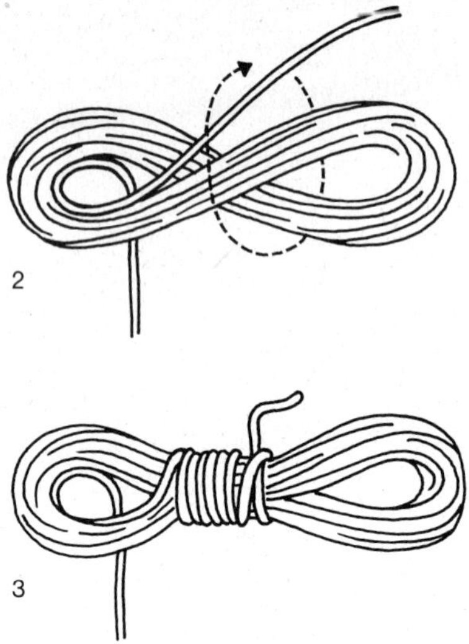

Anfertigen von Puscheln

Techniken zur Bildgestaltung

Wirktechniken

Von alters her entstehen Bildteppiche vor allem als Wirkereien. Dabei läuft der Schuß nicht durch die ganze Gewebebreite, sondern verschiedenfarbige Garne oder andere Materialien werden nur dort eingelegt, wo es das Muster verlangt. Die Kette bleibt in der Regel unsichtbar, als Bindung wählt man daher einen Schußrips. Um ein schönes Gewebebild zu bekommen, müssen die Schußfäden weit genug gespannt sein und der Schußfaden sehr lose eingelegt werden, damit er sich gut um die Kettfäden schmiegen kann und die Gewebekanten nicht nach innen zieht. Dazu legen wir das Schußgarn in kleinen Bogen ins Fach und schlagen es mit der Anschlaggabel an, in der gleichen Richtung, in der der Eintrag erfolgte. Die verschiedenen Farben führen wir im Fach jedoch gegeneinander.

Beispiel einer rhythmisch gegliederten Komposition in Gobelintechnik mit kontrastierendem Material (aus: Maier, Elementare Entwurfs- und Gestaltungsprozesse)

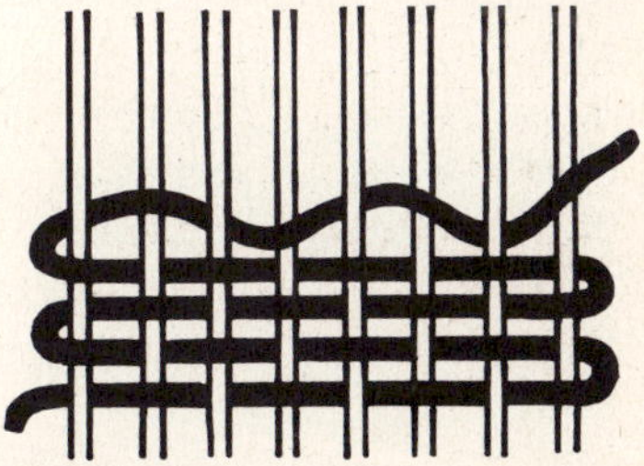

Einlegen des Schußfadens beim Bildweben

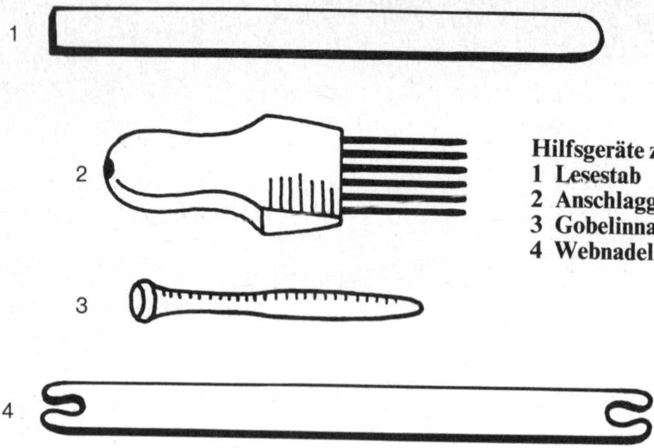

Hilfsgeräte zum Bildweben
1 Lesestab
2 Anschlaggabel
3 Gobelinnadel
4 Webnadel

Kelimtechnik

Dort, wo zwei unterschiedliche Farb- und Materialflächen aneinanderstoßen, entsteht ein Schlitz, wenn wir die Schußfäden um verschiedene Kettfäden wenden. Diese Schlitztechnik bezeichnen die Forscher als Kelim (s. auch S. 38). Auch schräge Linien lassen sich auf diese Weise arbeiten: Der Farbwechsel rutscht nach jedem oder nach mehreren Einträgen um einen Kettfaden zur Seite.

Kelimtechnik

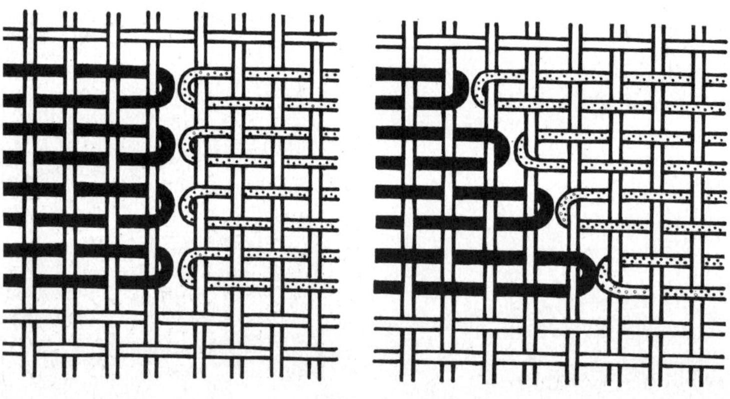

Gobelintechniken

Um Schlitze zu vermeiden, gibt es mehrere Möglichkeiten:

□ Die einfachste besteht im Wechsel der Farben um den gleichen Kettfaden (a).

□ Man kann aber auch die Schußfäden *zwischen* zwei Kettfäden miteinander verschlingen (b). Das sollte immer in der gleichen Richtung geschehen. Bei beiden Methoden ist eine gewisse Verdickung der Umkehrstellen nicht zu vermeiden.

□ Verschlingt man die Einträge jedoch nur in jeder zweiten Runde, tritt diese Verdickung nicht auf (c).

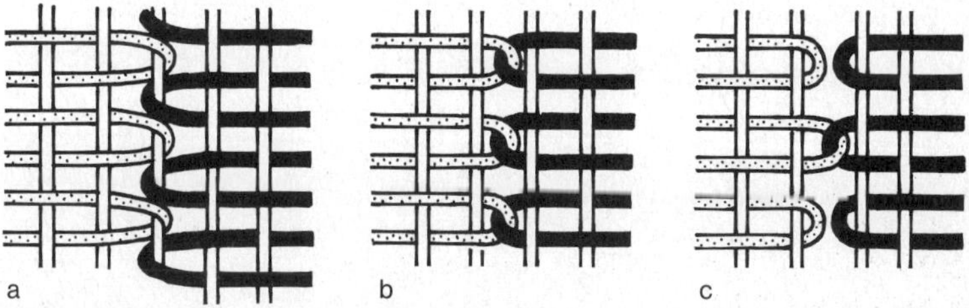

Gobelintechnik: Vermeiden von Schlitzen

Bewegte Linien

Im Gegensatz zu der bisher beschriebenen waagerechten Schußführung kennen wir von den ägyptischen Wirkarbeiten bogige Linien. Dazu baut man zuerst Höhen und Tiefen auf, um die nachfolgenden Einträge um diese Konturen herumzuführen.

Bewegte Linienführung

Freies Weben
Hier unterliegt der Weber keinen Regeln. Daher bietet diese Webart gerade dem Anfänger viele Möglichkeiten, seine Phantasie zu entfalten und ohne Entwurf eine Fläche zu gestalten. Dabei ist es auch nicht so wichtig, daß die Kette voll bedeckt ist. Sie kann vielmehr in die Gestaltung mit einbezogen werden, besonders durch Einweben von Durchbrüchen.

Knoten und Schlingen

Viele Möglichkeiten der Auflockerung von Flächen, der Einarbeitung von Höhen und Tiefen bieten Knüpf- und Schlingtechniken. Beide werden ohne Fach gearbeitet, müssen jedoch durch mehrere Reihen Leinwandbindung gehalten werden (bei käuflichen Knüpfpackungen knüpft man den Flor in ein fertiges Gewebe).
Mit Knoten und Sumakschlingen können wir Boden- und Wandteppiche herstellen.
Bodenteppiche arbeitet man in der Regel auf der ganzen Fläche mit Flor, wobei für die skandinavischen Ryas ein langer Flor mit großen Abständen zwischen den Knotenreihen typisch ist. Die Zwischenräume sind durch Ripsgewebe ausgefüllt. Als Material nehmen wir immer gute Teppichwolle.
In Wandbildern sind Knoten oft als Mittel der Gestaltung in Verbindung mit anderen Techniken eingesetzt. Hier kann jedes Material verwendet werden, dicke Teppichwolle, mehrere dünne Fäden zusammen, unterschiedliche Farbgarne. Die Schlingen können geschlossen bleiben, aufgeschnitten werden, sehr kurz oder auch sehr lang sein. Die Fülle der Möglichkeiten und die einfache Technik sollte jeden zu Experimenten nach eigenen Ideen ermuntern!

Der Smyrna- oder Ghiordesknoten
Dieser Knoten ist der bekannteste und am meisten verbreitet. Er arbeitet sich sehr leicht von der linken Seite aus. Das Garn wird zu Puscheln gewickelt, je nach gewünschter Florlänge verwenden wir einen Knüpfstab oder ein Lineal als Maß für den Flor.
Arbeitsschritte beim Smyrnaknoten:
□ Knüpffaden zwischen die ersten drei linken Kettfäden in Leinwandbindung einlegen und nach vorn holen.
□ Unter den Knüpfstab führen.
□ Die nächsten zwei Kettfäden auf den Zeigefinger der linken Hand nehmen (alle Fäden liegen auf gleicher Ebene, keine Fachbildung).
□ Den linken der beiden Kettfäden mit dem Puschel von innen nach außen umschlingen.

Smyrna- oder Ghiordesknoten

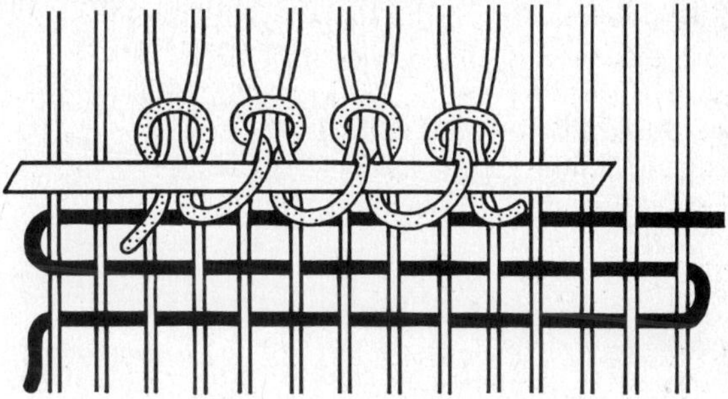

□ Faden in einem nach oben geschlossenen Bogen über beide Kettfäden legen.
□ Rechten Kettfaden von außen nach innen umschlingen.
□ Festziehen.
□ Faden wieder unter den Knüpfstab ziehen und nächstes Kettfadenpaar bearbeiten.
□ Am Reihenende Knüpfgarn wieder in Leinwandbindung durch die drei letzten Kettfäden führen.
□ Knoten mit der Anschlaggabel anschlagen und wenigstens drei Reihen Leinwandbindung oder Rips weben, um die Knotenreihe, bei der es sich – genau gesehen – nur um Schlingen handelt, zu befestigen. Als Richtmaß für den Zwischenschuß gilt: die Knoten sitzen in den Ecken eines Quadrats.

Der Perser- oder Sinähknoten

Während mit dem Smyrnaknoten ein gerader Flor entsteht, liegen die Knüpffäden beim Perserknoten schräg. Er liefert mit dünnem, starrem

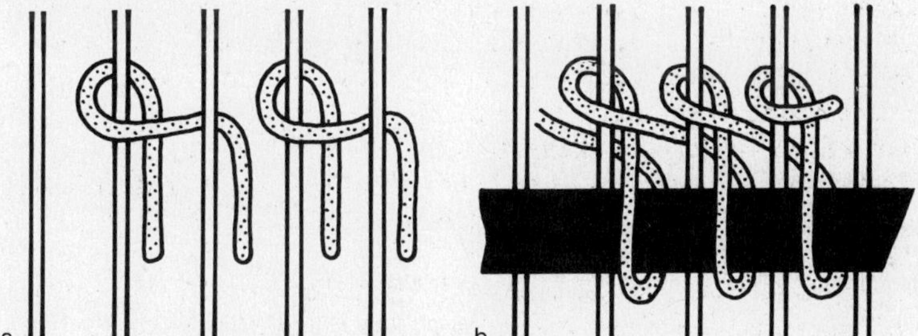

Perser- oder Sinähknoten, (a) einfach, (b) doppelt

Material interessant strukturierte Flächen und eignet sich sehr gut zum Einknüpfen in Wirkereien, da er nicht aufträgt.

Sumakschlinge

Plastisch aufliegende Formen machen den Reiz der Sumaktechnik aus. Sie entsteht durch Umwickeln von einem oder mehreren Kettfäden. Die Zahl der umschlungenen Kettfäden kann beliebig variiert werden, so erhält man verschieden große Schlingen. Arbeiten wir zwei nebeneinander liegende Reihen in Gegenrichtung, sieht die Oberfläche wie gestrickt aus. Auch die Sumakschlinge sollte durch Zwischenschüsse in Leinwandbindung mit dünnem Garn befestigt werden.

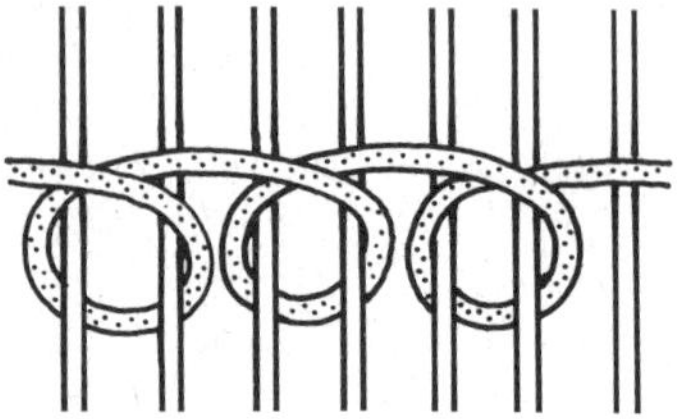

Sumakschlinge

Gestaltungsmöglichkeiten mit Sumakschlingen (aus: Maier, Elementare Entwurfs- und Gestaltungsprozesse)

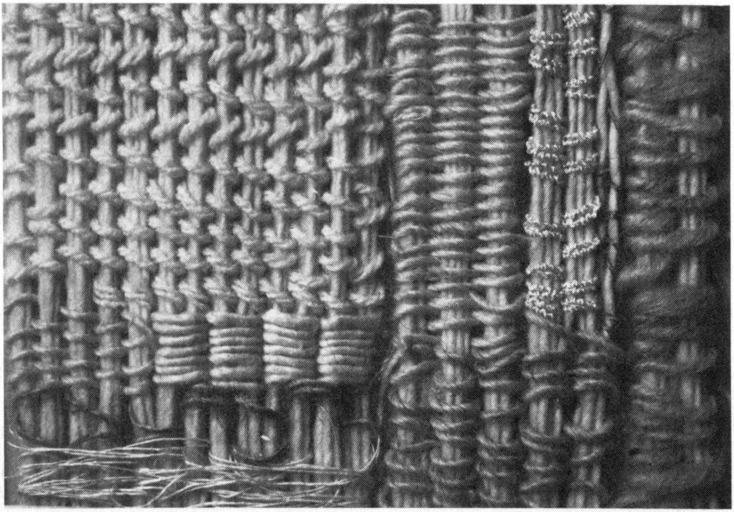

Durchbruchtechniken

Die folgenden Webmuster können sowohl in der Bildweberei als auch zur Herstellung dekorativer Gebrauchsgewebe benutzt werden. Immer entstehen „Lochmuster“, die am besten wirken, wenn sie einfarbig mit einem Material gewebt werden.

Spanische Spitze

Die Spanische Spitze ist eine Form der Leinwandbindung. Der Schußfaden läuft dabei aber nicht über die ganze Gewebebreite, sondern über Kettfadengruppen: Wir weben zum Beispiel über vier Kettfäden 1 bis 2 cm in Leinwandbindung hin und her, die wir mit den Fingern vorsichtig andrücken. Dann führen wir den Faden zur nächsten Vierergruppe. Ziehen wir die Ränder fest an, entstehen zwischen den Säulen kleine Schlitze, die der von einer Säule zur anderen führende Schußfaden durchquert (s. S. 82). Diese schräge Schußführung ist charakteristisch für die Spanische Spitze. Es gibt auch die Möglichkeit den Schuß ganz lose einzulegen und nur dreimal durch eine Kettfadengruppe zu weben. Die spitzenartige Wirkung tritt bei dieser Ausführungsart noch stärker hervor.

Durchbruchgewebe

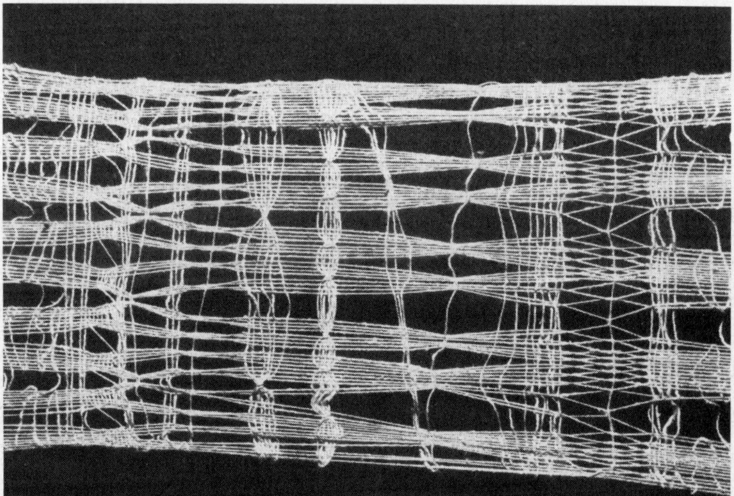

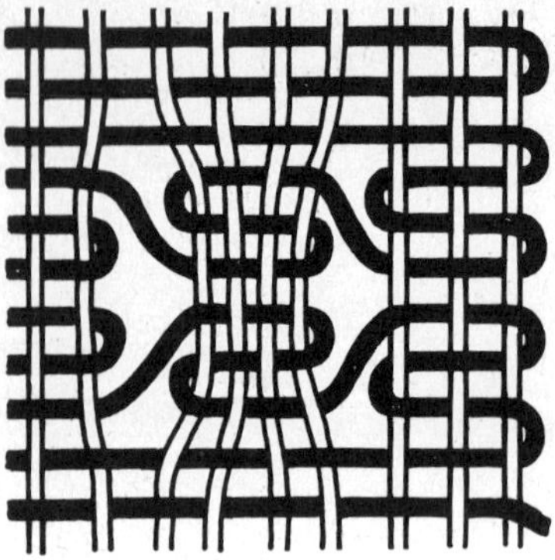

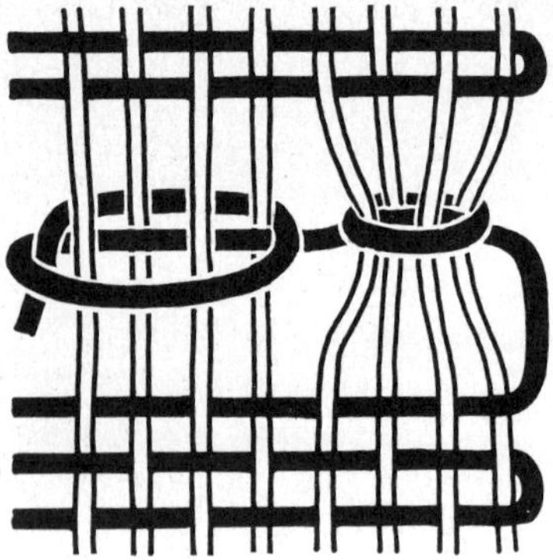

Spanische Spitze **Kett-Raffschlinge**

Kett-Raffschlinge
Durch das Zusammenziehen von Kett- und Schußfadengruppen in einer Schlinge entstehen ebenfalls reizvolle Durchbrüche.
Arbeitsschritte beim Weben der Kett-Raffschlinge:

□ Öffnen des Faches für Leinwandbindung.

□ Einlegen des Schußfadens von rechts nach links durch eine vorbestimmte Kettfadengruppe. Schiffchen aus dem Fach nach oben führen.

□ Nun den Faden um die ganze Kettfadengruppe schlingen.

□ Schiffchen durch die entstandene Schlinge nach oben stecken: Schlinge zuziehen.

Auf die gleiche Weise lassen sich beliebige Kettfadengruppen zusammenraffen. Es können auch mehrere Reihen hintereinander gewebt werden.

Schuß-Raffschlinge
Durch das Zusammenziehen von Schußfäden formen wir ovale Musterelemente. Diese Technik wirkt am besten mit zwei verschieden dicken Materialien, zwei Farben sind auch möglich. Der Schlingfaden sollte etwa dreimal so lang wie die Gewebebreite sein.
Arbeitsschritte beim Weben der Schuß-Raffschlinge:

□ Wir beginnen mit einem Schuß Leinwandbindung mit dem Schlingfaden, den wir nicht auf ein Schiffchen wickeln.

□ Es folgen 1 bis 1,5 cm Gewebe in Leinwandbindung mit dem dünneren Schußmaterial.

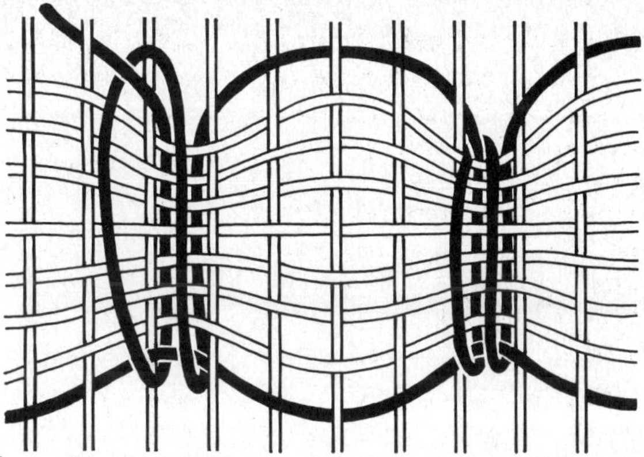

Schuß-Raffschlinge

□ Dicken Faden ein Stück durch das geöffnete Fach führen und auf die Gewebeoberseite ziehen.
□ Eine Häkelnadel unterhalb der ersten Musterreihe in das Gewebe stecken und den dickeren Faden in einer Schlinge unter dem Gewebe her nach oben bringen.
□ Durch diese Schlinge den ganzen Faden holen und fest anziehen.
□ Nun wieder bei Schritt 3 beginnen.

Dreher

Die Wirkung der Dreherbindung beruht auf dem Verkreuzen eines oder mehrerer Kettfäden. Zur Ausführung benötigen wir einen Lesestab (s. S. 72).
Wir arbeiten bei geöffnetem Fach für Leinwandbindung, von rechts nach links. Der äußerste rechte Kettfaden sollte gehoben sein.
Arbeitsschritte beim Weben des Drehers:
□ Den ersten gesenkten Kettfaden vor den ersten gehobenen ziehen und auf den Lesestab legen.
□ Mit dem Lesestab den ersten gehobenen Kettfaden nach unten drükken.
□ Auf die gleiche Weise fortfahren, bis alle unteren Fäden aufgelesen und die oberen nach unten gebracht sind.
□ Stab hochkant stellen und Schuß einlegen.
□ Stab wieder umlegen und den Schußfaden soweit wie möglich an das Gewebe drücken – zu große Dreher sehen nicht gut aus.
□ Lesestab entfernen.

□ Fach wechseln und einen Schuß in Leinwandbindung weben, so daß die Kettfäden wieder in ihre ursprüngliche Lage kommen.
Ein besonders schöner Dreher entsteht, wenn wir am Anfang nicht einen, sondern zwei Fäden von unten nach vorn ziehen, ehe wir den ersten oberen Faden herunterdrücken und dann wie beschrieben weiterarbeiten.

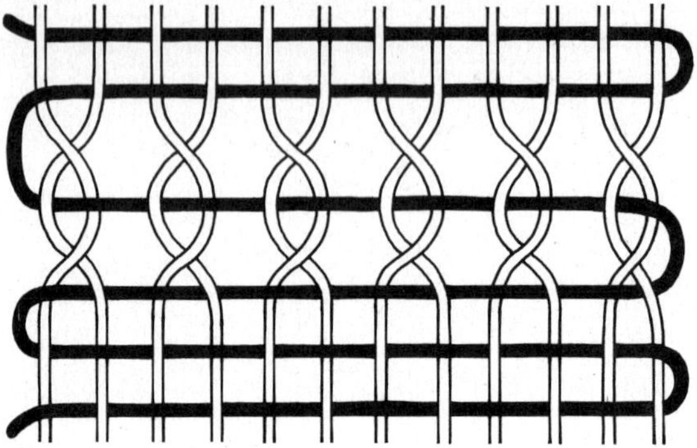

Dreher

Abschlußarbeiten

Anfang und Ende
Am Anfang oder Ende eines jeden Bildgewebes sollte ein 2,5 cm breites „Kopfstück“ in Leinwand- oder Ripsbindung gewebt werden. Es gibt dem Gewebe Halt und kann bei verschiedenen Aufhängeformen und als Saum genutzt werden.

Abknoten
In jedem Fall müssen die Kettfäden gesichert werden. Das geschieht am einfachsten durch einen Knoten. Bei einem Saum ist es günstiger, nur zwei Fäden zu verknoten. Bleiben Fransen, können die Knoten dicker sein.

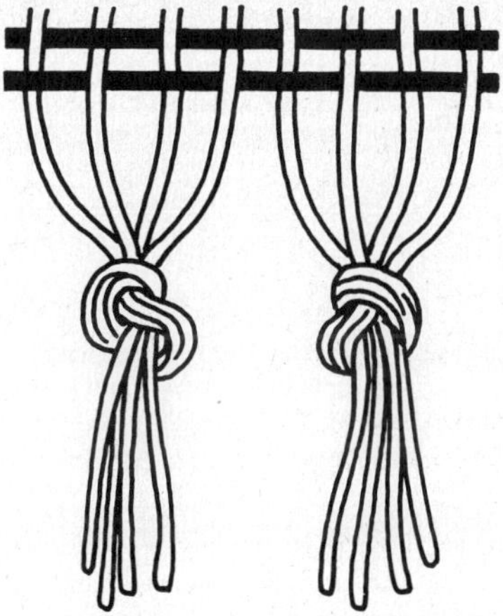

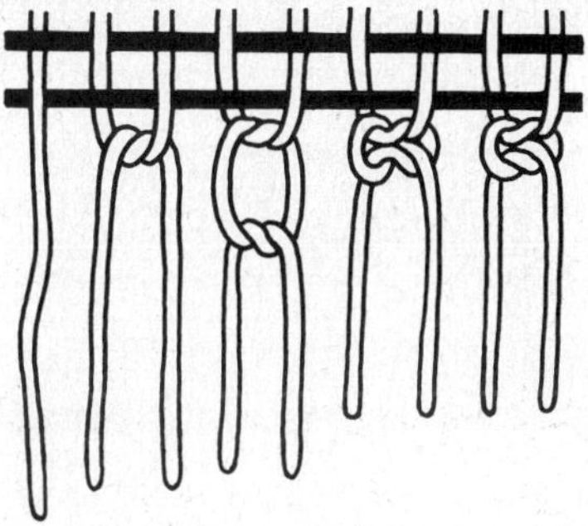

Abknoten der Kette mit einem Kreuzknoten

Roll- oder Überhandknoten für Fransen

Zurückstopfen

Ein glatter Abschluß entsteht durch Zurückstopfen der Kettfäden ins Gewebe.

Zurückstopfen der Kettfäden

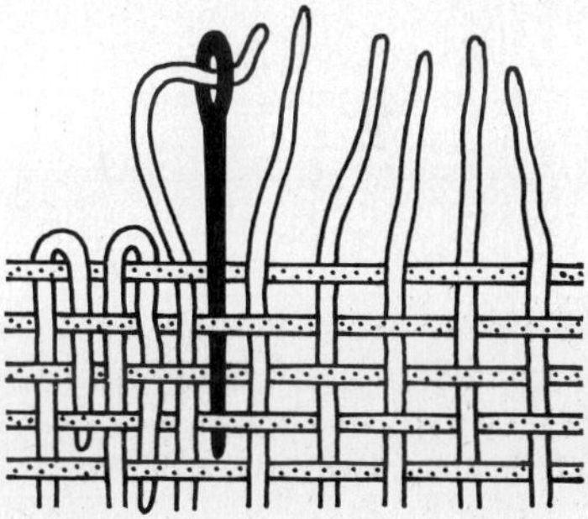

Fransen

Fransen können in die Gestaltung mit einbezogen werden. Es gibt die Möglichkeit mit Makrameeknoten einen Abschluß zu gestalten, durch Verkreuzen ein Gitterwerk zu schaffen, durch Umwicklungen farbliche Akzente zu setzen (s. S. 86).
Manchmal ist es nötig, zusätzliche Fäden einzuknoten, um fülligere Fransen zu bekommen.

Abknotungsmöglichkeiten von Fransen

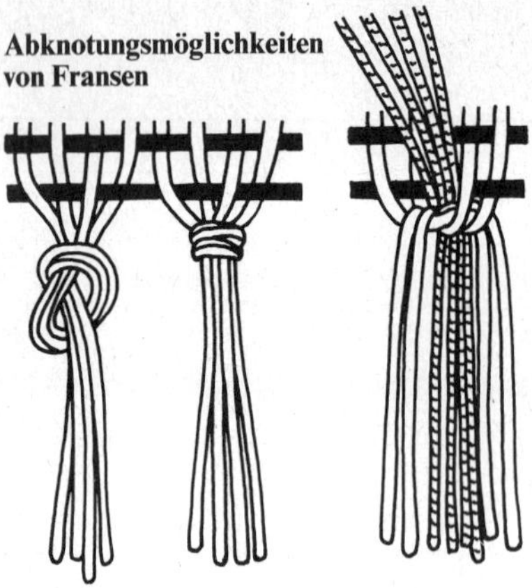

a) einfacher Rollknoten b) verstärkter Knoten

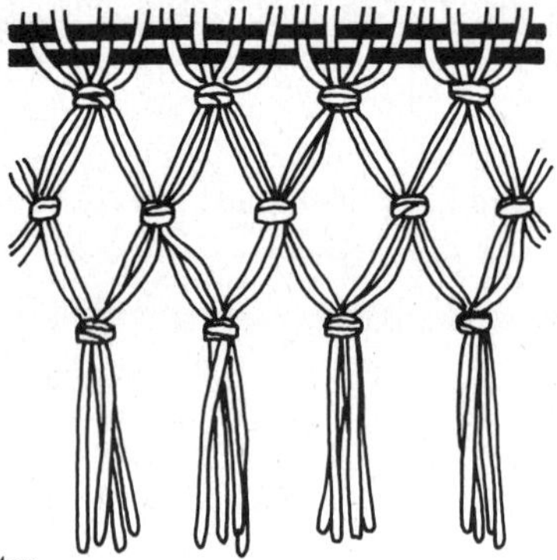

Verkreuzen der Fransen

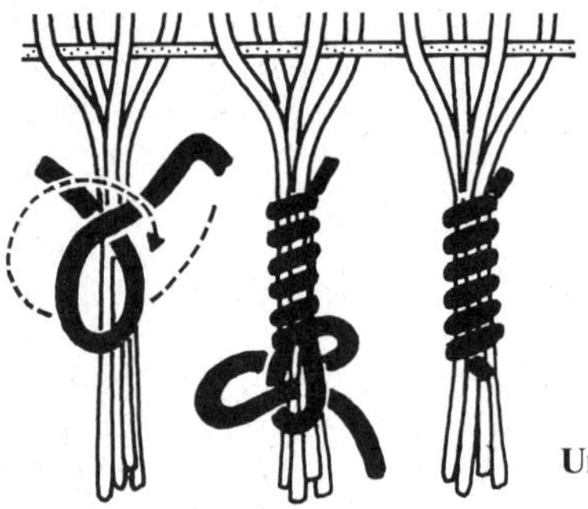

Umwickeln der Fransen

Zusammennähen von Gewebebahnen

Möchte man Gewebebahnen zusammennähen, geschieht das am unsichtbarsten mit Schußgarn durch Überwendlingsstiche an den Schußumkehrschlingen.

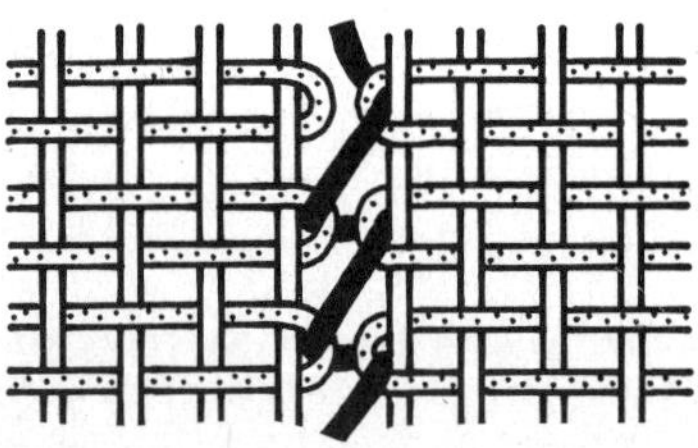

Zusammennähen von zwei Geweben

Bildgestaltung mit und ohne Entwurf

Das freie Weben lebt vom spontanen Gestalten ohne Entwurf. Eine Form entwickelt sich aus der anderen, neue Ideen können leicht aufgegriffen werden. Hier spielen auch die Gesetze der Technik keine große Rolle. Trotzdem sollte man einige grundsätzliche Regeln beachten: Ein Zuviel an Farben, verschiedenen Materialien und unterschiedlichen Techniken führt zu unbefriedigenden Ergebnissen. So macht man den Anfang am besten mit kleinen Probearbeiten, um die Eigenheiten des Materials und der Technik kennenzulernen.

Wer sich jedoch eingehender mit der textilen Bildgestaltung befassen möchte, lernt sehr viel durch systematisches Erproben. Es kann z. B. die Wirkung und Verarbeitungsmöglichkeit von pflanzlichen Fasern wie Jute, Flachs, Hanf, Baumwolle in ihren Naturfarben, in verschiedenen Stärken ausprobiert werden und Wolle in gesponnener und ungesponnener Form, glänzende und matte, rauhe und glatte, störrische und weiche Materialien gegeneinandergesetzt werden. Bänder aus alten Strümpfen eignen sich hervorragend für Kompositionen in Brauntönen, farbige Flächen lassen sich durch Verwendung verschiedener Garnstärken, durch Kombination unterschiedlich gefärbter Fäden in einem Eintrag strukturieren.

Stellen wir technische Probleme in den Vordergrund, bieten sich folgende Experimente an: Weben von schrägen und geraden Linien in einem Quadrat oder Rechteck; Aufteilen eines Quadrats in Rechtecke verschiedener Farbe oder Struktur; Ausführen von Kreisformen; die Wirkung von Smyrnaknoten verschiedener Länge und Anordnung aus unterschiedlichem Material; schließlich das Gestalten einer bestimmten Figur: eines Blattes, eines Fisches. Dabei ist es auch interessant, nach einem Entwurf zu arbeiten, um auszuprobieren, welche Möglichkeiten er bietet und wo seine Grenzen liegen. Dazu fertigen wir eine Zeichnung in Originalgröße an, die wir am gewebten Kopfstück befestigen und mit einer an den Rahmenseiten befestigten Schnur hinter der Kette festhalten. Wer nicht gern zeichnet, kann aus Papier – Zeitungs-, farbigem Transparent- oder Packpapier – Formen ausreißen und den Entwurf in Form einer Collage aufbauen.

Nach solchen Experimenten wird jeder die Arbeitsweise gefunden haben, die ihm am meisten Spaß macht und am besten liegt.

Bänder weben

Bänder bieten eine Vielzahl von Verwendungsmöglichkeiten: als Besätze für Blusen, Decken und Taschen, als Tragbänder für Gitarren und Fotoapparate, als Gürtel, Kopfbänder und als enge Halsbänder, die unsere Großmütter so liebten. Nähen wir mehrere Streifen zusammen, entstehen Taschen, Tischläufer, Kissen oder auch Teppiche. Zum Weben von Bändern genügen einfache und preisgünstige Geräte, mit denen sehr raffinierte Muster hergestellt werden können.
Zwei verschiedene Techniken stehen uns zur Verfügung: Bei Benutzung eines Webgatters eröffnen sich uns die Möglichkeiten des Webrahmens. Diese Methode ist also nichts anderes als ein Weben von schmalen Streifen. Zum anderen können wir quadratische Plättchen einsetzen nach einem sehr alten Verfahren. Hier ist die Musterauswahl noch größer, sie reicht vom einfachen Streifen bis zum Weben von Schriften!

Bandweben mit dem Webgatter

Das Webgerät

Der Gatterkamm ist das wichtigste Werkzeug. Ihn müssen wir kaufen. Er sollte etwa 20 cm lang sein. Um die ins Gatter eingezogenen und am Kettanfang und Kettende zusammengebundenen Fäden knüpfen wir je eine Schnur. Das Kettende befestigen wir an einem Haken oder am Fensterbrett, den Kettanfang binden wir uns um die Taille. Damit ist das Gurtwebgerät fertig. Angenehmer weben läßt es sich mit einem sogenannten Breithalter, der das entstehende Gewebe gleichmäßig breit hält und bei dem sich die Kettspannung leicht regulieren läßt. Einen solchen Breithalter kann man sich leicht aus einem Holzkleiderbügel herstellen, den man in der Mitte durchsägt und mit insgesamt vier Löchern versieht, zwei für die Schrauben, zwei für die Schnur zum Umbinden. Dem gekauften Webgatter liegt in der Regel ein Schiffchen (Webnadel) bei. Ein Modell zum Selbermachen ist auf Seite 94 abgebildet. Die Webnadel dient auch zum Anschlagen des Schusses. Wir können das Schußgarn jedoch auch zu Puscheln wickeln, dann benötigen wir zum Anschlagen ein Lineal.

Rechts: Mit dem Gatterkamm gewebte Bänder (entworfen und gewebt von Arlette Wehmer-Filiatre)

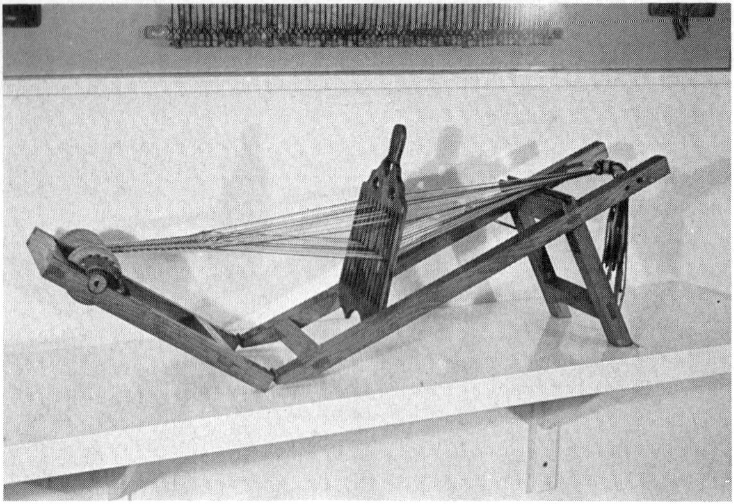

Einfacher Bandwebstuhl (Textilmuseum Neumünster)

Kettbefestigung beim Bandweben

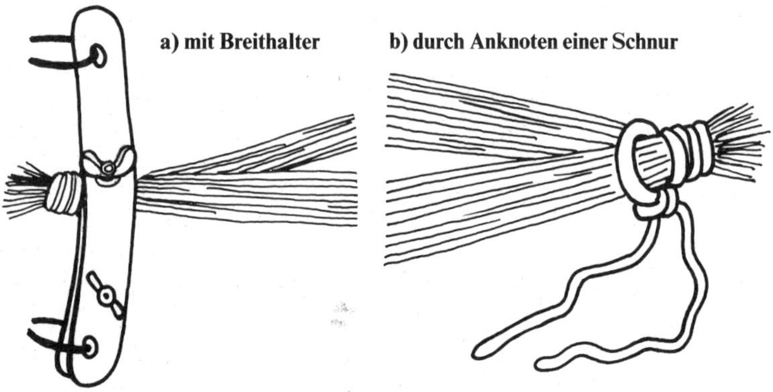

Das Material

Für die ersten Bänder eignet sich Baumwollgarn am besten. Später können wir auch eine stark gedrehte, harte Wolle nehmen, wie z. B. Bragegarn von Zürcher oder Ryagarne. Durch Wechsel verschiedener Materialien und Benutzung unterschiedlicher Garnstärken läßt sich die Oberfläche eines Bandes raffiniert gestalten.

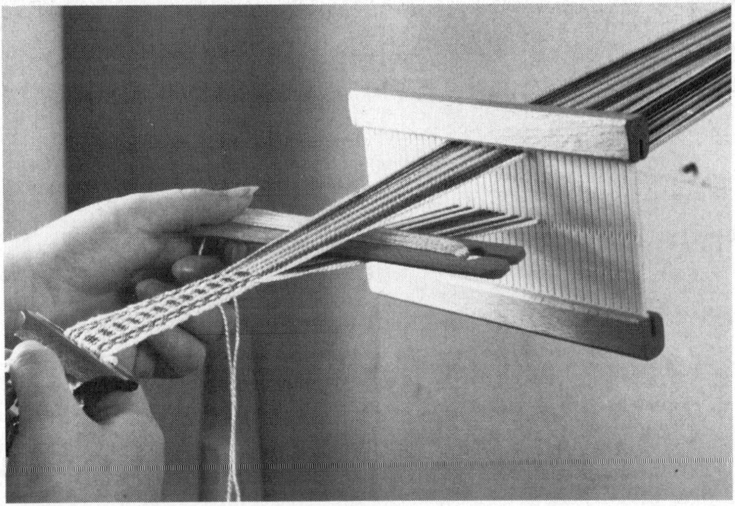

Technik des Bandwebens mit Gatterkamm

Abmessen der Kette

Meist ist es am einfachsten, besonders bei einer komplizierten Farbfolge, die Kettfäden nach Farben getrennt mit dem Maßband abzumessen. Bei längeren Bändern können wir Schärklammern (s. S. 115) einsetzen, die wir im Abstand der Kettlänge an einer Tischkante festschrauben. Wechseln die Farben nicht zu oft, schären wir an Schärklammern mit Fadenkreuz, wie es auf Seite 115 für den Webrahmen beschrieben ist.
Zur Kettlänge rechnen wir wenigstens 30 cm hinzu, da wir einen Verlust durch das Anbinden der Kette am Anfang und Ende und durch das Einweben haben.

Der Schärbrief

Beim Bandweben mit dem Gatterkamm bevorzugen wir als Bindung den Kettrips. Er ist sehr haltbar und bietet eine Menge Musterungsmöglichkeiten. Da der Schuß hierbei unsichtbar ist, bestimmen allein Farbfolge und Material der Kette das Aussehen! Beim Weben wird die Kette in zwei Teile geteilt, die abwechselnd das Erscheinungsbild der Bandober- und der Bandunterseite bestimmen.
Es ist üblich, die Reihenfolge, in der man die Kettfäden ins Webgatter

einziehen muß, mit Hilfe von Rechenkästchen aufzuschreiben. Wir benötigen dazu zwei Reihen von Kästchen, eine für die Kettfäden, die in die Löcher einzuziehen sind, eine zweite Reihe für die Kettfäden, die in die Schlitze kommen. Die Lochfäden schreiben wir in die Mitte der Kästchen, die Schlitzfäden auf die Linien:
Wir beginnen mit einem Band aus vier Farben (s. S. 89).

Schärbrief:
Bandlänge: nach Wunsch
Bandbreite: 4,5 cm
Alle Fäden haben die gleiche Stärke.

a =	Grau	9 Fäden
b =	Orange	7 Fäden
c =	Pink	10 Fäden
d =	Blau	15 Fäden
insgesamt		41 Fäden

Lochfäden	a	a	b	b	c	c	d	d	d	c	d	c	d	d	c	c	b	a	a	a	a
Schlitzfäden	a	a	b	d	d	d	c	c	d	d	d	c	c	d	d	d	b	b	b	a	

Schußmaterial: Farbe a

Einziehen der Kette

Sind die Kettfäden abgemessen, hängen wir die Farbbündel über eine Stuhllehne oder legen sie gut geordnet auf den Tisch.
Die Kette soll genau durch die Mitte des Webgatters laufen. Wir stellen also zuerst fest, wieviel Lochfäden wir brauchen (beim vorgeschlagenen Modell sind es 22). Dann zählen wir am Kamm die Mitte aus und suchen das erste Einzugloch, indem wir die halbe Lochzahl des zu webenden Bandes (11 Löcher) von der Mitte aus nach links abzählen. Nun können wir den ersten Kettfaden mit einer feinen Häkelnadel oder einem Einziehhaken in das richtige Loch ziehen. Nun immer in der angegebenen Reihenfolge abwechselnd einen Schlitz und ein Loch einfädeln bis alle Fäden verbraucht sind. Man sichert je vier Kettfäden mit einem Laufknoten (s. S. 125), damit sie bei Arbeitsunterbrechungen oder Störungen nicht mehr herausfallen können.

Spannen der Kette

Die Laufknoten werden gelöst und alle Kettfäden durch einen Überhandknoten (s. S. 85) zusammengefaßt. Nun hängen wir das zusammengeknotete Ende der Kette an einen Haken, fassen das andere Ende, ziehen die Kette stramm und ordnen die Fäden durch Vorziehen des Gatters. Ehe wir auch hier die Kette zusammenknoten, prüfen wir, ob alle Fäden die gleiche Spannung haben. Durchhängende Kettfäden ziehen wir einzeln nach. Nun binden wir um den Knoten eine Schnur, und mit der Schnur befestigen wir die Kette an einem Haken an einer Türklinke. Am vorderen Knoten bringen wir ebenfalls eine Schnur an oder spannen die Kettfäden nebeneinanderliegend in einen Breithalter ein. Dabei können lose Fäden noch einmal nachgezogen werden.

Weben

Das Schußgarn wird auf die Webnadel gewickelt oder liegt schon in Puscheln bereit. Wir benutzen die Farbe der Randfäden, um die Umkehrpunkte unauffällig zu halten.

Die einzelnen Arbeitsschritte

□ Gatter mit der linken Hand heben.
□ Ein Lineal als ersten Schuß einlegen, damit wir eine gute Anschlaglinie für die nächsten Schußreihen bekommen.
□ Gatter mit der rechten Hand herunterdrücken.
□ Schußfaden ins Fach legen und anschlagen.
□ Gatter hochziehen.
□ Nächsten Schuß einlegen und mit Webnadel oder Lineal anschlagen.
□ Gatter senken.
usw.

Jeden eingelegten Schußfaden vor dem Anschlagen so fest anziehen, daß die Kettfäden eng zusammenliegen und keine Schlaufen am Rand überstehen! Man muß etwas üben, bis der Rand schön und gleichmäßig wird! Während des Webens rückt der Gatterkamm immer weiter vom Weber weg und die Arbeitshaltung wird unbequem. Wir versetzen nun entweder die Anbindestelle zwischen vorderem Knoten und Gatterkamm auf das Gatter zu oder ziehen das gewebte Band einfach durch den Breithalter zurück und spannen erneut ein. Nun kann auch das Lineal entfernt werden.

Abschlußarbeiten

Die überstehenden Kettfadenenden lassen wir entweder einfach hängen oder knüpfen noch einen besonderen Abschluß (s. S. 86). Dämpfen unter einem feuchten Tuch gleicht noch einige Unebenheiten aus.

Ein zweites Beispiel

Schärbrief:
Bandlänge: nach Wunsch
Bandbreite: ca. 5 cm

Farben:	a = Blau	27 Fäden
	b = Dunkelrost	19 Fäden (doppelt so stark wie a und b)
	c = helles Rost	21 Fäden
	insgesamt	67 Fäden

Lochfäden	a a c a c c c a a c b b c a b c a b b a b c a a c b a c a b a b a a
Schlitzfäden	a c c a b a b c b a c a b c a a c c b c a b c b a c a b c a b b a

Schußmaterial: Farbe a

Brettchenweben

Das Weben mit Brettchen ist eine uralte Technik, die erst in diesem Jahrhundert wiederentdeckt wurde. Mit ihr lassen sich wahre Kunstwerke von Bändern herstellen.

Das Webgerät
Zunächst benötigen wir quadratische Brettchen oder Plättchen, die man sich aus starker Pappe leicht selbst herstellen kann, die aber auch zu kaufen sind. Für den Anfang reicht ein Satz von 24 Plättchen, die etwa 6 cm Kantenlänge haben sollen und bei denen die Löcher genau übereinanderliegen.

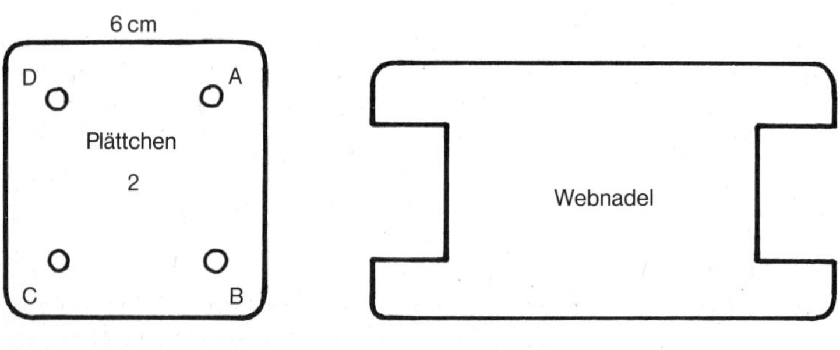

Muster für Plättchen und Webnadel zum Selbermachen

Zum Aufwickeln des Schußfadens schneidet man sich die abgebildete Webnadel zurecht, die auch zum Anschlagen des Schusses dient. Man kann allerdings auch den Schußfaden zu Puscheln wickeln und mit einem kleinen Lineal anschlagen.
Auch beim Brettchenweben wird die Kette so gefertigt, wie wir es beim Gatterwebgerät kennengelernt haben:
Das eine Ende befestigen wir an einem Haken, das andere binden wir mit einer Schnur oder einem Breithalter um die Taille. Die Kettspannung stellen wir also mit dem eigenen Körper ein.
Es gibt wieder unterschiedliche Möglichkeiten, die Kette zu schären:
Bei mehrfarbigen Bändern ist es am praktischsten, die benötigte Anzahl Fäden für jede Farbe getrennt abzumessen und über einen Tisch zu legen.
Bei einfarbigen Bändern oder ganz regelmäßigem Farbwechsel schären wir die Kette an Schärklammern (s. S. 115) und ziehen vom Fadenkreuz aus die Fäden in die Löcher der Plättchen ein.
Die Länge der Kette errechnet sich aus der Länge des gewünschten Bandes, der wir 40 bis 50 cm für die unverwebbaren Anfangs- und Endstücke sowie 10 Prozent für das Einweben zurechnen müssen. Aus den Anfangs- und Endstücken lassen sich Fransen flechten oder drehen. Ist ein aufwendigerer Abschluß, z. B. in Makramee, geplant, geben wir entsprechend mehr Material zu.
Für einen Gürtel von 110 cm Länge benötigt man also 171 cm Kettfadenlänge (110 cm + 11 cm + 50 cm). Zur Sicherheit runden wir diese Zahl noch etwas nach oben und messen Fäden von 180 cm ab.

Die Patrone
Auch beim Brettchenweben gibt es eine „Notenschrift“, die alle notwendigen Angaben enthält: die Patrone.

Patrone für einen Gürtel in Zickzackmuster
Die Patrone gibt an, wie jedes einzelne Loch jedes Brettchens eingefädelt werden muß. Wir können die Fadenzahl für jede Farbe abzählen. Für das angegebene Muster sind zwei Farben notwendig. Von der mit einem × bezeichneten Farbe messen wir 26 Fäden ab, von der anderen Farbe 38. Es ist üblich, die Farben durch Symbole zu kennzeichnen, man könnte aber genausogut Buchstaben nehmen.

Vorbereiten der Brettchen
Jedes Brettchen hat eine Nummer, die wir vor Beginn der Arbeit gut leserlich in die Mitte schreiben. Jedes der vier Löcher bekommt einen Buchstaben, wie auf S. 96 angegeben, zugeordnet. Nun legen wir die

Nummer des Brettchens:		1	2	3	4	5	6	7	8	9	10	11	12	13	14	15	16
Löcher der Brettchen:	A	X	•	•	•	X	•	•	•	•	•	•	X	•	•	•	X
	B	X	X	X	•	•	X	•	•	•	•	X	•	•	X	X	X
	C	X	•	•	•	•	•	X	•	•	X	•	•	•	•	•	X
	D	X	X	X	X	•	•	•	X	X	•	•	•	X	X	X	X
Richtung des Einzugs:		↓	↓	↓	↓	↓	↓	↓	↓	↑	↑	↑	↑	↑	↑	↑	↑

↓ = von vorn nach hinten — Farbe X = 26 Fäden

↑ = von hinten nach vorn — Farbe • = 38 Fäden

(Entwurf: M. und W. Snow)

Brettchen 1 bis 16 so übereinander, daß Brettchen 1 oben und der Buchstabe A immer über dem Buchstaben A liegt.
Beim Einfädeln der Kettfäden ist die Einzugrichtung wichtig. Die Patrone gibt auch das an: Bei den ersten acht Plättchen ziehen wir die Kette von vorn nach hinten ein, bei den letzten acht von hinten nach vorn. Die Richtung des Einzugs bestimmt die Struktur der Bandoberfläche. Ein Band, bei dem alle Kettfäden in einer Richtung eingezogen wurden, wird meist nicht gerade, sondern dreht sich spiralförmig auf!

Einziehen der Kette in die Plättchen

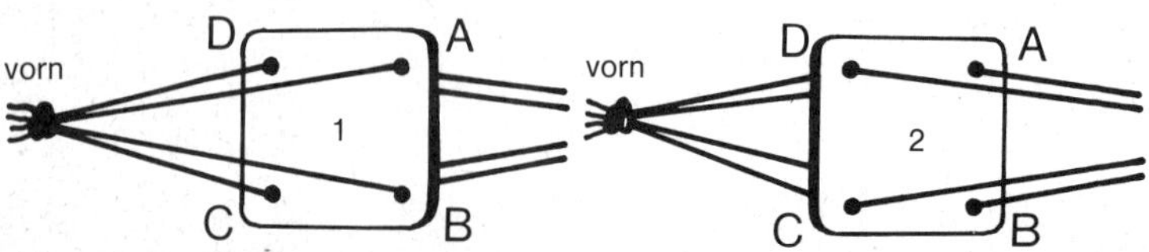

a) von unten nach oben **b) von oben nach unten**

Einziehen der Kettfäden
Wir beginnen bei Plättchen 1: Durch alle vier Löcher ziehen wir je einen Kettfaden gleicher Farbe von vorn nach hinten. Die durchgezogenen Enden sollen eine Länge von ca. 25 cm haben. Nun legen wir das Plättchen auf den Tisch, verknoten die Fäden und richten die Enden gleichmäßig aus. Dann Brettchen 2 nach der Patrone beziehen, die durchgezogenen

Enden verknoten und genau – Buchstabe A über Buchstabe A – auf Brettchen 1 legen. So fahren wir fort, bis alle 16 Plättchen eingefädelt sind. Ab Brettchen 9 achten wir auf die Änderung der Einzugrichtung.

Sichern des Plättchenpaketes

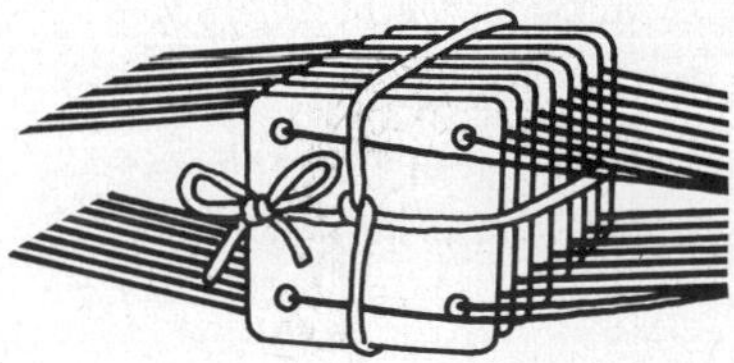

Nun kontrollieren wir die Lage der Buchstaben noch einmal und sichern den Stapel der Brettchen, indem wir ihn wie ein Paket zusammenschnüren oder je einen Faden durch Loch A und Loch C ziehen und mit einer Schleife zubinden.

Spannen der Kette

Die Kettenden werden nun sorgfältig auf gleiche Länge gebracht, abgeknotet und mit einer Schnur fest zusammengebunden. Diese Kordel befestigen wir an einem Haken, um dann die langen Kettenden gut zu ordnen: Wir ziehen sie zunächst stramm und lösen die Verdrehungen mit einem groben Kamm. Sind alle Fäden gleichmäßig gespannt, knoten wir dieses Ende mit einem Überhandknoten (s. S. 85) zusammen und bringen eine Schnur unmittelbar hinter dem Knoten an (s. S. 90). Nun tauschen wir die Befestigung aus und binden uns das kürzere Ende der Kette mit einer Schnur oder dem Breithalter um die Taille.

Weben

Das Schußgarn wickeln wir auf die Webnadel: Auch beim Brettchenweben ist es vorteilhaft, eine Farbe zu wählen, die in den Randkettfäden benutzt wurde.

Zum Weben setzen wir uns so auf einen Stuhl, daß die Kette straff gespannt ist. Nun schieben wir das Plättchenpaket ca. 30 cm vom Kettanfang weg und lösen die Verschnürung. Dabei achten wir darauf, daß die Brettchen ihre Lage nicht verändern: Die Löcher D und A müssen oben liegen, die Löcher B und C unten.

Die Löcher der Plättchen teilen die Kettfäden in zwei Ebenen: Zwischen der oberen und der unteren Lage entsteht ein Zwischenraum – das Fach.

Die einzelnen Arbeitsschritte

☐ Lage der Brettchen kontrollieren.

□ Brettchen mit beiden Händen fassen (s. S. 99) und als Stapel, also alle zusammen, in die gewünschte Richtung um 90° weiterdrehen, so daß nun jeder Buchstabe um eine Position weitergerückt ist, dabei mit dem Körper die Spannung etwas lockern und sobald die neue Position erreicht ist, wieder erhöhen, um ein Verschieben der Plättchen zu vermeiden.
□ Fach regulieren. Das Brettchenpaket leicht hin und her schieben. So ordnen sich die Kettfäden besser in die neue Lage. Mit dem Zeigefinger das Fach bis zum Gewebe öffnen (s. S. 99 unten).
□ Nun den Schußfaden einlegen und mit der Kante der Webnadel anschlagen, im fertigen Band sind die Schußfäden nur am Rand zu sehen.
□ Alle Brettchen in der gleichen Richtung wieder um eine Position weiterdrehen, Fach ordnen, Schußfaden einlegen, anschlagen und so weiterarbeiten. Beim Weben beobachten wir, daß sich die Kettfäden hinter den Brettchen verdrehen. Wir müssen daher in regelmäßigen Abständen das Plättchenpaket in die entgegengesetzte Richtung bewegen. Dadurch erhält unser Muster einen Wendepunkt. Das nun entstehende Muster ist ein Spiegelbild des ersten. An diesen Wendepunkten sind Brettchengewebe gut von anderen Geweben zu unterscheiden.
Der vorgeschlagene Einzug bietet eine Reihe von Mustervariationen, die man durch veränderte Drehfolgen herstellt:
4mal vorwärts – 4mal rückwärts
5mal vorwärts – 5mal rückwärts
6mal vorwärts – 6mal rückwärts
Hat man ein bestimmtes Stück gewebt, wird die Arbeit unbequem: Wir ziehen das fertige Gewebe durch den Breithalter auf uns zu und rücken den Stuhl in eine neue, für das Weben günstigere Position.
Ist die Kette fast abgewebt, lassen sich die Brettchen immer schwerer drehen. Dann beenden wir das Gewebe, nehmen das Kettende vom Haken, lösen die Knoten, entwirren die Fäden und ziehen die Plättchen ab.

Noch einige Tricks

Unterbrechung der Arbeit: Wir unterbrechen die Arbeit nur in der Grundstellung der Brettchen und binden sie im Block zusammen.
Fehler im Muster: Einzug und Stellung der Brettchen kontrollieren.
Falsche Drehung: Zurückweben bis zum Fehler.
Gerissener Kettfaden: Neuen Faden am hinteren Knoten anbinden, anstelle des gerissenen Fadens einziehen und im Breithalter festklemmen, bzw. am vorderen Knoten anbinden. Weiterweben und den überstehenden Faden erst am fertigen Webstück abschneiden.
Schußfaden ansetzen: Ende des alten Fadens ins Fach bis zur Mitte füh-

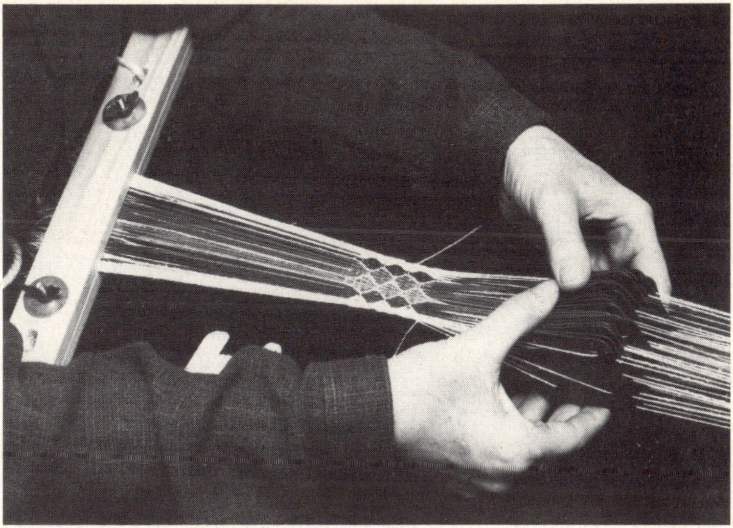

Technik des Brettchenwebens: Drehen der Plättchen

Technik des Brettchenwebens: Öffnen des Faches

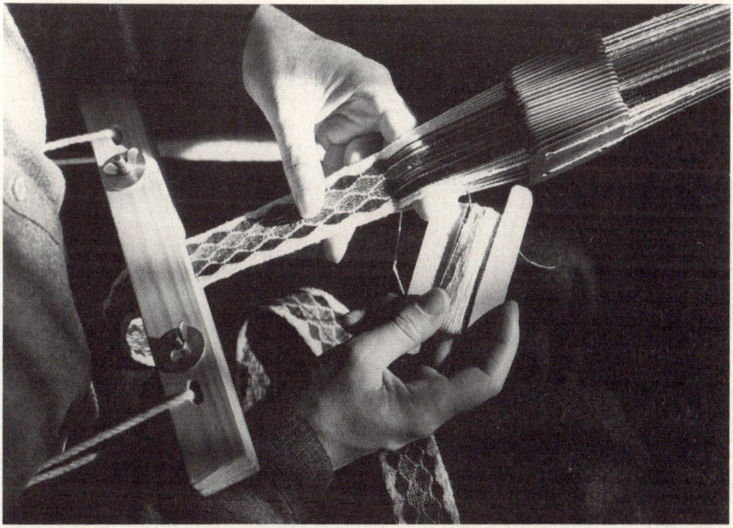

ren und nach oben herausziehen. Anfang des neuen Fadens über die ganze Breite einlegen und weiterweben.

Abschlüsse

Soll das Band ohne Fransen bleiben und z. B. als Besatz auf einer Bluse dienen, so werden die Enden mit Zickzackstichen befestigt und die Kettfadenreste abgeschnitten. Die unverwebten Endstücke bieten aber auch Gelegenheit, verschiedene Fransenabschlüsse zu arbeiten. Am einfachsten ist das Absichern der Kettfäden durch einen Überhandknoten. Man kann aber auch die Enden verdrehen oder verflechten (s. S. 86), einen Makrameeabschluß knüpfen oder durch Umwickeln mit Garn interessante Farbakzente setzen.

Patronen für verschiedene Muster

Längsstreifen

	1	2	3	4	5	6	7	8	9	10	11	12	13	14	15	16
A	X	X	X	•	•	X	X	X	X	X	X	•	•	X	X	X
B	X	X	X	•	•	X	X	X	X	X	X	•	•	X	X	X
C	X	X	X	•	•	X	X	X	X	X	X	•	•	X	X	X
D	X	X	X	•	•	X	X	X	X	X	X	•	•	X	X	X
	↓	↑	↓	↑	↓	↑	↓	↑	↓	↑	↓	↑	↓	↑	↓	↑

Farbe X = 48 Fäden
Farbe • = 16 Fäden

Querstreifen

	1	2	3	4	5	6	7	8	9	10	11	12	13	14	15	16
A	X	X	X	X	X	X	X	X	X	X	X	X	X	X	X	X
B	X	X	•	•	•	•	•	•	•	•	•	•	•	•	X	X
C	X	X	•	•	•	•	•	•	•	•	•	•	•	•	X	X
D	X	X	•	•	•	•	•	•	•	•	•	•	•	•	X	X
	↓	↑	↓	↑	↓	↑	↓	↑	↓	↑	↓	↑	↓	↑	↓	↑

Farbe X = 28 Fäden
Farbe • = 36 Fäden

Rechts: Brettchengewebe mit verschiedenen Abschlüssen

Quadrate und Rechtecke

	1	2	3	4	5	6	7	8	9	10	11	12	13	14	15	16	17	18
A	X	X	•	•	•	•	•	X	X	X	X	•	•	•	•	•	X	X
B	X	X	•	•	•	•	•	X	X	X	X	•	•	•	•	•	X	X
C	X	X	•	X	X	X	X	•	•	•	•	X	X	X	X	•	X	X
D	X	X	•	X	X	X	X	•	•	•	•	X	X	X	X	•	X	X
	↓	↑	↓	↓	↓	↓	↓	↓	↓	↑	↑	↑	↑	↑	↑	↑	↓	↑

Farbe X = 40 Fäden
Farbe • = 32 Fäden

Ornamente durch Auslassen von Kettfäden

	1	2	3	4	5	6	7	8	9	10	11	12	13	14	15	16	17	18	19	20
A	X	X	•	•	•		•	•	•			•	•	•		•	•	•	X	X
B	X	X	•	•		•	•	•		•	•		•	•	•		•	•	X	X
C	X	X	•		•	•	•		•	•	•	•		•	•	•		•	X	X
D	X	X		•	•	•		•	•	•	•	•	•		•	•	•		X	X
	↓	↑	↓	↓	↓	↓	↓	↓	↓	↓	↑	↑	↑	↑	↑	↑	↑	↑	↓	↑

Farbe X = 16 Fäden
Farbe • = 49 Fäden

leere Kästchen = leeres Loch

Sanduhrmuster (nach M. und W. Snow)

	1	2	3	4	5	6	7	8	9	10	11	12	13	14	15	16	17	18	19	20	21	22	23	24
A	X	X	•							•	•	|	|	|	|	|	|	•	•	X	X	X	X	X
B	X	X	X	•					•	—	—	•	|	|	|	|	•	△	△	•	X	X	X	X
C	X	X	X	X	•			•	—	—	—	—	•	|	|	•	△	△	△	△	•	X	X	X
D	X	X	X	X	X	•	•	—	—	—	—	—	—	•	•	△	△	△	△	△	△	•	X	X
	↓	↓	↓	↓	↓	↓	↑	↑	↑	↑	↓	↓	↓	↓	↑	↑	↑	↑	↓	↓	↓	↓	↓	↓

Drehfolge: 4 vorwärts, 4 rückwärts

Farbe X = 28 Fäden
• = 20 Fäden
— = 12 Fäden
| = 12 Fäden
△ = 12 Fäden

Gänseflugmuster
wie Sanduhrmuster, jedoch Drehfolge: 4 rückwärts, 2 vorwärts

Weben von Stoffen

Wohl wegen der industriellen Konkurrenz, die wesentlich rationeller Stoffe herstellen kann, und wegen des geringeren künstlerischen Ansehens der Flachweberei, beschäftigen sich nicht viele Handweber mit der Gestaltung von Gebrauchsgeweben. Oft bleibt man dabei auch in der Nachahmung folkloristischer Motive stecken, ohne neue oder andere Formen zu suchen. Der französische Weber Jacques Anquetil beklagt in seinem 1977 erschienen Buch „Le tissage" mit Recht, daß ungeheure Summen für die Nacharbeitung alter Stoffe bei Restaurierungsarbeiten in Schlössern ausgegeben würden, aber seit 1936 kein modernes Gewebe von einem Museum in Frankreich aufgekauft wurde. Lediglich das Museum für zeitgenössisches Kunsthandwerk in New York erwirbt jeden Monat die besten Entwürfe heutiger Weber.
Die Gestaltung von Gebrauchsgeweben hat man auch bei uns zu Unrecht allein der Industrie überlassen. Dabei ermöglicht es die große Zahl im Handel angebotener Fasern und Garne, persönlich unverwechselbare Gebrauchsgegenstände zu schaffen, Stoffe für Kleidung und Taschen, Gewebe – vom Saunatuch bis zur festlichen Tischdecke –, die alle eine persönliche Note haben und die man so nicht kaufen kann. Zum Weben von Einzelstücken möchte das Buch den Hobbyweber anleiten. Wenn die ersten technischen Schwierigkeiten überwunden sind, wird man bald merken, daß die eigene Kreativität auf diesem Gebiet ein ebenso weites und individuelles Tätigkeitsfeld hat wie in der Bildweberei.
Die nun folgenden „Kurse" haben verschiedene Aufgaben: Zuerst weben wir ein Kissen und lernen dabei den Umgang mit Webrahmen und Webstuhl. Dann werden einige Modelle mit genauen Arbeitsanleitungen vorgestellt. Dabei gehen wir vom Einfacheren zum Schwierigeren und lernen weitere Techniken und einige Bindungen kennen. Die „Anregungen" ab Seite 222 möchten vor allem Anstöße zu eigener Gestaltung geben und sind als Hilfe bei der Materialauswahl gedacht.

Ratschläge für den Kauf von Handwebstühlen und Webrahmen

Als Arbeitsgerät zum Herstellen von Stoffen ist zunächst der Handwebstuhl zu nennen. Verschiedene Webbreiten und zahlreiche Mustermög-

lichkeiten durch vier bis zwölf Schäfte sind seine Vorzüge. Wer öfter größere Teile weben möchte, Spaß an verschiedenen Bindungen findet und wer mehr Geld investieren kann, wird sich einen Webstuhl kaufen.
Bei der Wahl unter den angebotenen Modellen sollte man bedenken, was über die verschiedenen Fachbildungssysteme auf den Seiten 48 bis 50 gesagt wurde. Danach ist für den Hobbyweber der Hebel- oder Hebelzugwebstuhl am variabelsten und außerdem am einfachsten zu bedienen. Wer trotzdem ein Kontermarschgerät vorzieht, tut gut daran, ein Modell zu wählen, bei dem wenigstens die Verbindungen zwischen Tritten und Querschemeln fertig geliefert werden, z. B. in Form von Lederriemen. Ein weiterer Gesichtspunkt bei der Auswahl ist der zur Verfügung stehende Platz in der Wohnung: Geräte ohne Rahmengestell benötigen weniger Stellfläche. Beim Preisvergleich muß man auch die Holzqualität und Stabilität der Webstühle berücksichtigen. Selbst kleinere Teppiche – und die möchte man auch herstellen – haben ein relativ hohes Gewicht und stellen erhebliche Anforderungen an die mechanische Stabilität. Spulengatter, Handspulmaschine, Spulen, ein Reihkamm, eine Auswahl verschiedener Blätter sowie ein Schärgerät sind notwendiges Zubehör. Beim Schären und Bäumen bietet eine Direktzettelwalze viele Vorzüge.
Wer sich jedoch erst einmal an einem handlichen, technisch einfachen und auch platzsparenden Gerät mit der Webtechnik vertraut machen möchte, für den sind Webrahmen und Tischwebstühle das richtige. Auch mit diesen Geräten kann man schöne und technisch einwandfreie Gewebe herstellen. Wir müssen uns jedoch mit einer geringeren Webbreite zufriedengeben. Webrahmen gibt es in der Regel bis zu 80 cm, Tischwebstühle bis zu 60 cm Breite.
In ihrer Technik unterscheiden sich beide Geräte: Tischwebstühle sind mit Schäften ausgestattet – vier, acht oder sogar zwölf-, die jedoch nicht mit dem Fuß, sondern durch einen Hebel mit der Hand bewegt werden. Man kann mit ihnen viele Bindungen weben. Daher eignen sich Tischwebstühle hervorragend zum Musterentwurf. Auch der Hobbyweber kann viel Freude an einem solchen Gerät haben, wenn er es versteht, die geringe Webbreite geschickt auszunutzen, sei es durch durchdachte Zuschneidepläne oder Zusammennähen mehrerer Stoffbahnen.
Wesentlich mehr vereinfacht ist die Technik bei Webrahmen. Sie bestehen in der Regel aus einem Rahmen mit zwei drehbaren Walzen zum Aufwickeln von Kette und Gewebe; die komfortableren Modelle haben Streichriegel, die die ebene Lage der Kette auch bei langen Geweben garantiert. Das Fach wird immer durch ein Webgatter – auch Rispen- oder Gatterkamm genannt – gebildet, eine Erfindung, die wir bei der Bandweberei kennengelernt haben. Mit einem solchen Webgatter kann nur in

Die bekanntesten Webrahmenmodelle:
Schulwebrahmen von „Kircher“ (oben), Webrahmen Bergère von „Leclerc“ (unten)

Leinwandbindung gewebt werden, alle anderen Fadenverkreuzungen muß man mit einem Lesestab ausheben, „einstopfen". Diese Einengung braucht kein Nachteil zu sein, da die Gestaltungsmöglichkeiten mit Material und Farbe groß sind. Gatterkämme mit großen Löchern bieten dabei mehr Möglichkeiten.

Beachten sollte man beim Kauf noch folgendes:

□ Es arbeitet sich wesentlich leichter, wenn das Gerät drei Haltekerben für den Kamm hat: je eine für die Hebung und Senkung sowie eine Mittelstellung, bei der alle Kettfäden auf einer Ebene liegen (s. Modell S. 105).

□ Der Handel bietet Webrahmen, vor allem für Kinder, an, die statt des Kamms mit einer Walze ausgestattet sind, bei der die Kettfäden durch offene Schlitze laufen. Das erlaubt zwar ein einfaches Aufbringen der Kette, man muß sie jedoch sehr straff spannen, um ein Herausfallen der Fäden zu verhindern. Diese Geräte sind daher nicht zu empfehlen!

□ Zwei Systeme zum Anbinden der Kettfäden an Kett- und Warenbaum sind üblich. Einmal gibt es „Längerstäbe" wie beim Handwebstuhl, mit denen noch nach Webbeginn eine ungleiche Fadenspannung an einzelnen Stellen auszugleichen ist. Zum anderen haben Geräte mit Schlitzen an Kett- und Warenbaum zum Einflechten der Fadenenden eine weite Verbreitung gefunden (s. Modell S. 105). Da hier immer ein Faden über dem anderen zu liegen kommt, muß man bei ungleicher Fadenspannung alle Fäden bis zur Fehlerstelle lösen.

□ Schließlich gibt es noch Unterschiede in der Haltung der Geräte beim Weben. Einige Typen nimmt man auf den Schoß und stützt sie an den Tisch (s. Modell S. 135). Hierbei müssen Stützkerbe und Tischkantenbreite aber übereinstimmen. Andere Modelle stehen auf dem Tisch (s. Modell S. 105). Für sie ist ein normaler Eßtisch etwas hoch, wenn man vor dem Gerät sitzen will. Bei sehr unelastischen Ketten wackeln manche dieser Geräte auf dem Tisch, so daß es günstig ist, sie mit einer Schraubzwinge anzuschrauben. Für Webrahmen von einer Webbreite über 60 cm erhält man meist passende Fußgestelle. Sie sind unbedingt zu empfehlen, da sie viel zur Stabilität der Rahmen beitragen.

Wer zuerst wenig Geld ausgeben möchte, kann sich einen Gatterkamm von 40 oder 60 cm kaufen und mit Hilfe von Hölzern und einem Fotogurt einen Gurtwebstuhl daraus herstellen (s. S. 107). Mit diesem Gerät läßt sich eine längere Kette als beim Nagelrahmen verweben, durch das Anschlagen mit dem Kamm entsteht zudem ein gleichmäßigeres Gewebe. Ein solches Selbstbaumodell erfordert zwar etwas mehr Geschicklichkeit vom Weber, die Kette gleichmäßig zu spannen, es ist jedoch sehr vielseitig, kann leicht verstaut und an vielen Stellen der Wohnung benutzt werden.

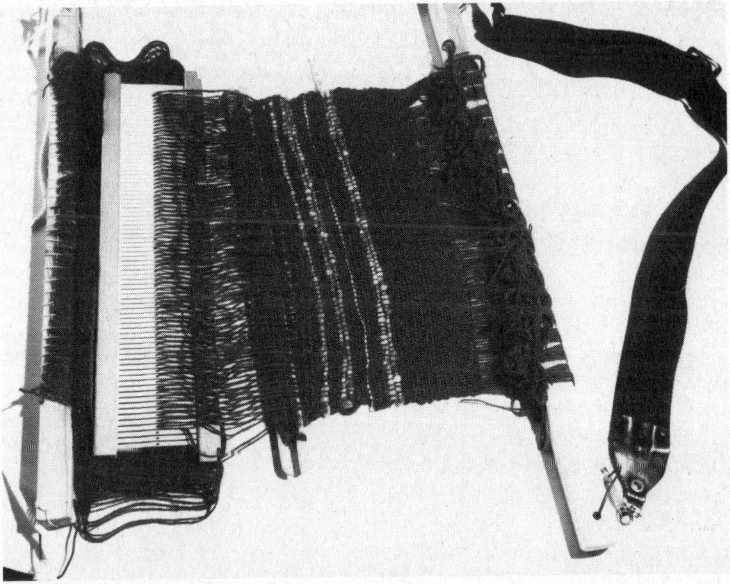

Mit einem Gatterkamm, einigen Hölzern und einem Fotogurt kann man sich einfach und preiswert seinen Gurtwebstuhl selbst herstellen

Ein Kissen entsteht

Für den Webanfang suchen wir uns ein Stück aus, bei dem es nicht so sehr darauf ankommt, daß die Webkante ganz gleichmäßig wird. Kissen sind in dieser Hinsicht ideal, da die Geweberänder in der Seitennaht verschwinden. Außerdem können wir dickes Material als Schußgarn verwenden, das leichter zu verarbeiten ist, bei dem aber auch das Webstück schneller „wächst".

Auswahl des Garns und Materialbedarf

Für die abgebildeten Kissen verwendeten wir Alpaka aus Peru als Kettgarn und handgesponnene Lamawolle als Schußgarn. Diese Kombination führt zu einem weichen, flauschigen Gewebe. Lamawolle ist zudem immer etwas meliert, das lockert das Gewebebild auf und gibt ihm ein interessantes Aussehen. Die Streifen entstehen durch das Einlegen von Garnfäden anderer Farbe und anderer Stärke. Hier können gut Reste verwebt werden. Wer das angegebene Material nicht bekommt, kann für die Kette auch eine gezwirnte Webwolle (Lauflänge ca. 360 m/je 100 g) und als Schuß ein dickes, ungezwirntes Wollgarn verwenden. Das Kissen fühlt sich dann etwas rauher an, die Kosten für das Garn sind jedoch niedriger.

Das Schnittmuster

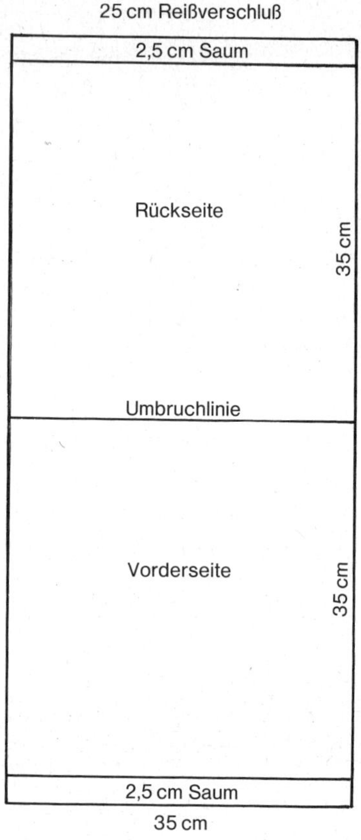

Materialberechnung

Breite des Kissens: 35 cm
Länge des Kissens: 35 cm
Kettmaterial: Alpaga-Indiecita (ca. 3200 m/kg), Farbe: 209

Die Lauflänge des Garns gibt an, wieviel m Material auf ein kg kommen. Wir benötigen diese Zahl zur Berechnung des Garnverbrauchs und für die Wahl der Dichte von Kett- und Schußfäden.

Handgewebte Kissen

Für ein weiches, flauschiges Gewebe eignen sich Alpaka und handgesponnene Lamawolle sehr gut

Schußmaterial: handgesponnene Lamawolle (ca. 2000 m/kg) – Braun
Reste: z. B. Coton flammé, pflanzengefärbte Wolle und Seide verschiedener Stärken

Die Länge der Kette

Warenlänge:		Wir weben Vorder- und Rückseite an einem Stück und benötigen daher eine Stoffbahn von 2mal 35 cm Länge.
Vorderseite	35 cm	
Rückseite	35 cm	
Nahtzugabe	2,5 cm	Um Anfang und Ende der Stoffbahn zusammennähen zu können, müssen wir etwas mehr Stoff als Nahtzugabe weben. Für jede Seite rechnen wir 2,5 cm. Da in diese Naht der Reißverschluß eingesetzt wird, sollte die Zugabe nicht zu knapp sein.
	2,5 cm	
insgesamt	75,0 cm	Der Stoffbedarf oder – wie der Weber sagt – die Warenlänge beträgt 75 cm.
Einarbeitung: 10 Prozent	7,5 cm	Durch das Verkreuzen der Kettfäden mit den Schußfäden müssen sich die Kettfäden in Wellenlinien um die Schußfäden legen. Dadurch geht etwas von der Länge verloren. Außerdem wird das Kettmaterial beim Weben sehr gedehnt. Beim Abnehmen vom Webgerät zieht es sich wieder zusammen, die Länge des gewebten Teils ist kürzer. Schließlich muß auch noch ein Einlaufen beim Waschen berücksichtigt werden. Alle genannten Verluste gehen unter der Bezeichnung „Einarbeitung" in die Rechnung ein. Man setzt dafür je nach Material 10 bis 15 Prozent der Warenlänge an.
Gewebelänge im Webstuhl:	82,5 cm	Für ein Kissen müssen wir also 82,5 cm Stoff weben, gespannt gemessen.
Abfall (Trumm):		Zum Anbinden der Kettfäden am Warenbaum – beim Webrahmen auch am Kettbaum – benötigt man zusätzliches Material. Außerdem bleibt immer ein Stück Kette zwischen Kettbaum und Webblatt unverwebbar.
am Webrahmen	40 cm	
am Webstuhl	60 cm	

Längsschnitt durch ein Gewebe

Die genaue Länge dieses Stücks muß bei jedem Webstuhltyp genau ausgemessen werden. Bei kurzen Geweben hat man so relativ mehr Abfall als bei längeren. Der Weber nennt diesen Abfall „Trumm“.

Kettlänge:
Webrahmen 122,5 ≈ 125 cm
Webstuhl 142,5 ≈ 145 cm

Wir runden die Länge nach oben auf.

Zugabe von 10 bis 20 cm zum Ausprobieren der Musterung

Manchmal ist man sich über die Musterung noch nicht ganz im klaren, dann geben wir 10 bis 20 cm an Kettlänge zu, um erst eine Webprobe anfertigen zu können.

Die Breite des Gewebes

Warenbreite: 35 cm
Webkante oder Leiste: 2 cm

Die Webkante, auch Leiste genannt, muß zur Warenbreite zugerechnet werden. In manchen Fällen, wie hier beim Kissen, können wir sie als Nahtzugabe benutzen.

Einsprung: 5 bis 8 Prozent 2 cm

Auch die Schußfäden umwinden die Kettfäden in einer Wellenlinie. Dafür und für ein eventuelles Einlaufen beim Waschen gibt man 5 bis 8 Prozent der Warenbreite zu. Der Weber nennt diesen Materialverlust bei der Kettbreite „Einsprung“.

Einstellungsbreite: 39 cm

Aus der Breite des fertigen Stücks, der Warenbreite, der Zugabe für Leiste und Säume sowie dem Einsprung ergibt sich die Webbreite, auch die Einstellungsbreite des Gewebes genannt. Für das Kissen müssen wir demnach eine Kette für ein 39 cm breites Gewebe vorbereiten.

Die Anzahl der Kettfäden

Dichte der Kettfäden:

Wie dicht die Kettfäden gespannt werden müssen, hängt vom Material ab.

4 Fäden je cm

Man gibt immer an, wieviel Kettfäden

auf 1 cm Gewebe kommen. Auf einem Maßband umwickeln wir einen Zentimeter mit dem gewählten Material, Faden neben Faden, aber ohne zusammenzupressen. Die Anzahl der Umwicklungen auszählen. Da die Schußfäden bei gleichem Material genausoviel Platz einnehmen, dividiert man die Anzahl durch zwei und erhält die Fadenzahl je cm. Je nach Schußmaterial und Bindung kann man das Ergebnis nach oben und unten runden; bei dickem Schuß die Fäden etwas weiter spannen, bei dünnem etwas enger.

Feststellen der Fadendichte

Kettdichte × Einstellungsbreite	
4 × 39 =	156 F.
Randverstärkung	+ 2 F.
Anzahl der Kettfäden:	158 F.

Die benötigte Zahl an Kettfäden finden wir, wenn wir die Einstellungsbreite mit der Kettdichte je cm multiplizieren.
Dazu zählen wir zwei Fäden für die Randverstärkung.

Materialverbrauch für die Kette

Länge des Kettgarns:

Kettfadenzahl × Kettlänge
158 × 1,25 = 197,5 m
158 × 1,45 = 229,1 m

Wir benötigen 158 Fäden von 125 cm Länge beim Webrahmen und 145 cm Länge beim Webstuhl.

Gewicht des Kettgarns:
Länge : Lauflänge/kg

197,5 : 3200	= 0,062 kg
	= 62 g
229,1 : 3200	= 0,072 kg
	= 72 g

Um das Gewicht des benötigten Garns zu berechnen, dividieren wir die Länge des Kettgarns durch die Lauflänge des Materials je kg. Die Lauflänge sollte auf der Banderole angegeben sein, wenn nicht, ist sie im Geschäft zu erfragen.

Das verwendete Alpaka hat eine Lauflänge von 3200 m je kg. Da das Garn zu 50 g-Knäueln im Handel ist, müssen wir zwei Knäuel kaufen. Diese Menge reicht auf dem Webrahmen bei einer Kettlänge von 2 m genau für zwei Kissen aus. Beim Webstuhl könnten wir eine Einstellungsbreite von 36 cm (146 Kettfäden) bei einer Kettlänge von 210 cm nehmen.

Materialverbrauch für den Schuß

Länge des Schußgarns =
Einstellungsbreite × Schußdichte ×
Gewebelänge
(39 × 3 × 83) = 97,11 m

Der Verbrauch an Schußgarn errechnet sich aus der Einstellungsbreite, der Schußdichte je cm und der Länge des Webstücks (Kettlänge minus Trumm). Bei gleichem Material in Kette und Schuß entspricht die Schußdichte der Kettdichte. Bei wesentlich dickerem oder dünnerem Material empfiehlt es sich, über einem Karton 4 cm breit eine Kette zu spannen und den Schuß über einige cm mit der Stopfnadel einzutragen. Nun kann man durch Abzählen der Schußfäden je cm die *ungefähre* Schußdichte feststellen. Bei dicker Lamawolle benötigen wir 3 Schußfäden je cm.

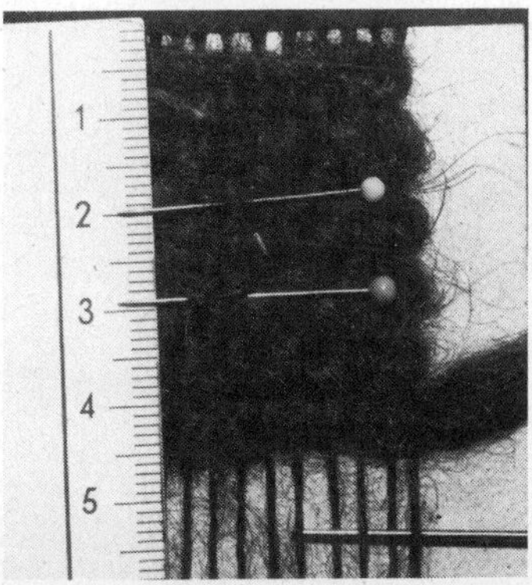

Bestimmung der ungefähren Schußdichte

Gewicht des Schußgarns:
Länge : Lauflänge je kg
97,11 : 2000 = 0,048 kg
= 48 g

Für den Schuß reichen also 50 g Material je Kissen.

Schären der Kette für Webrahmen und Webstuhl

Das Abmessen der Kettfäden nennt der Weber Schären (eine Schar bilden) oder Zetteln. Es gibt dazu verschiedene Hilfsgeräte, von einfachen Schärklammern bis zum Schärbrett und Schärrahmen. Ehe wir jedoch mit dem Schären beginnen, muß das Kettgarn in eine Form gebracht werden, in der es sich gut zetteln läßt.

Vorbereiten des Kettgarns

Die wichtigste Voraussetzung für das Schären ist ein gut ablaufender Faden. Manche Materialien, vor allem Baumwolle und Leinen, werden von der Fabrik schon auf Spulen, sogenannten Kreuzspulen geliefert. Von ihnen kann das Garn direkt abgerollt oder abgezogen werden, wenn wir die auf zylindrische Papphülsen gewickelten Garne auf ein Spulengatter oder Spulgestell stecken und die konischen Hülsen auf entsprechende Stifte.

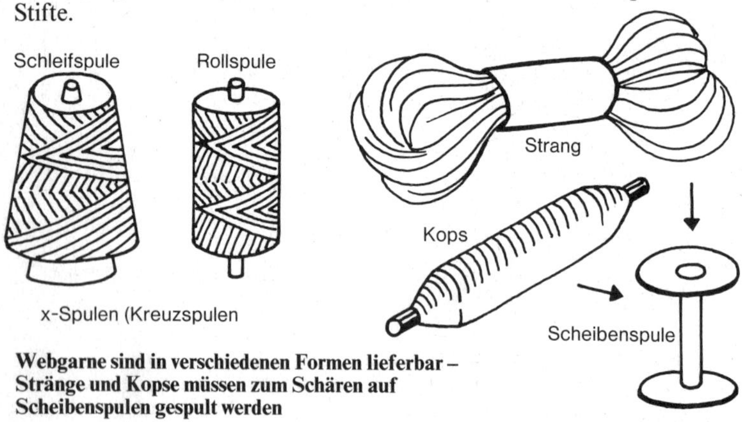

Webgarne sind in verschiedenen Formen lieferbar – Stränge und Kopse müssen zum Schären auf Scheibenspulen gespult werden

Wollgarne sind dagegen oft in Strangform erhältlich. Diese Stränge müssen wir auf Scheibenspulen umspulen, damit sich der Faden leicht abwickelt. Beim Spulen achten wir gleichzeitig auf Fehler im Material, die wir ausbessern. Schären wir mit Schärklammern und ist kein Spulengatter vorhanden, kann aus dem Strang ein Knäuel gewickelt werden, das wir beim Schären in einen Korb oder eine Schüssel legen. Kopse müssen wir ebenfalls umspulen.

Schären mit Schärklammern und einem Faden

Schraubzwingen mit nach oben stehendem Stift sind die einfachsten, aber sehr variablen Geräte zum Abmessen kürzerer Ketten. Diese Klammern gibt es einzeln im Webereibedarf, sie werden auch bei einigen Webrahmen mitgeliefert. Bei anderen Modellen besteht die Schärgarnitur aus Holzstäben, in ein Brett eingelassen, das an den Tisch anzuschrauben ist.

Arbeitsschritte beim Schären mit Schärklammern

□ Festschrauben der Schärklammern im Abstand der Kettlänge.
Für unser Kissen müssen wir einen Abstand von 125 cm einstellen. Weben wir am Webstuhl, beträgt der Abstand der Klammern 145 cm.
Bei längeren Ketten benötigen wir mehr Klammern, die dann, wie unten gezeigt, am Tisch angeordnet werden können. Mit Hilfe eines Maßfadens in Kettlänge lassen sich die günstigsten Anschraubpunkte finden.

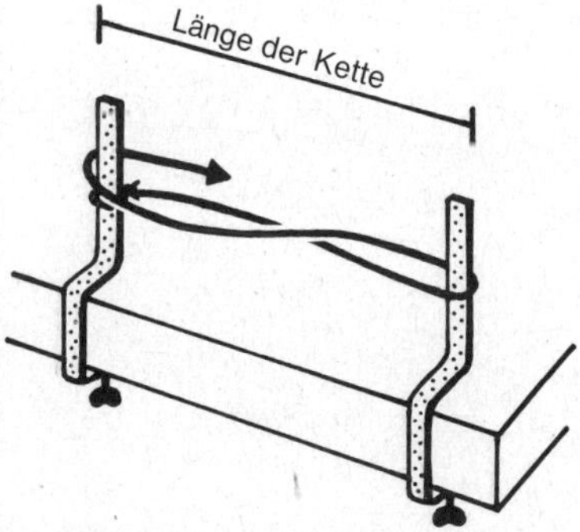

Schären mit zwei Schärklammern

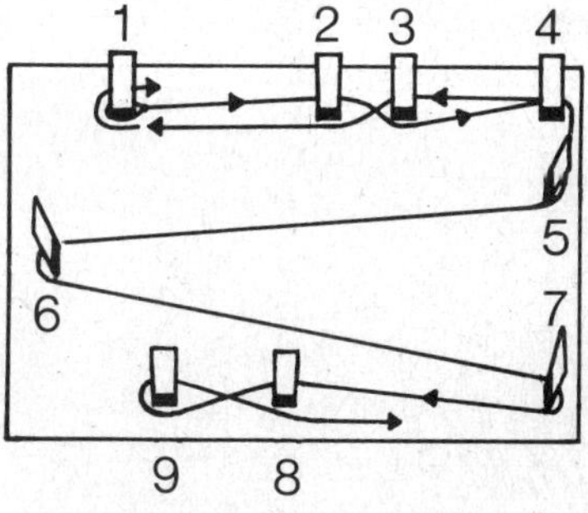

Schären längerer Ketten mit mehreren Schärklammern

□ Anknoten des Fadens an der ersten Klammer
Garnanfang 5 cm zu einem Doppelfaden zurücklegen, diesen um den linken Zeigefinger führen und das geschlossene Fadenende durch die entstandene Schlinge ziehen. Schlaufe an der linken Schärklammer einhängen.

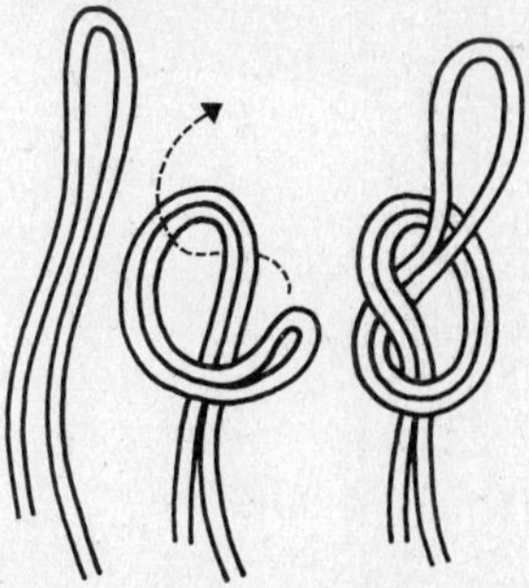
Schlinge zum Befestigen des Kettgarns am Schärgerät

☐ Bilden des Fadenkreuzes
Damit die Kettfäden nicht durcheinander kommen, wickelt man das Garn nicht einfach in Runden um die Klammern, sondern in Achterbögen (s. S. 115). Dadurch entsteht in der Mitte eine Verkreuzung der Fäden, die wir Fadenkreuz nennen. Das Fadenkreuz ist die Garantie für die genaue Reihenfolge der Kettfäden. Man sollte sorgfältig darauf achten, daß es richtig gebildet wird.
Für den späteren Blatt- bzw. Kammeinzug ist es angenehm, wenn das Kreuz ca. 30 cm vom Anfang der Kette entfernt liegt. Bei Ketten, die länger als ein Meter sind, brauchen wir daher zwei zusätzliche Schärklammern, um das Fadenkreuz an die günstigste Stelle zu setzen (s. S. 115).
Beim Weben auf Webstühlen erleichtern zwei Fadenkreuze, eines am Anfang und eines am Ende, das Übertragen der Kette auf das Webgerät.
☐ Herumführen des Fadens um die Klammern
Beim Schären ziehen wir das Kettgarn gleichmäßig, aber nicht zu fest an!
Bei jeder Umrundung messen wir zwei Fäden ab; da wir für das Kissen 158 Fäden benötigen, müssen 79 Runden gewickelt werden.
☐ Zählen der Runden
Um das Zählen zu erleichtern, legen wir nach zehn Runden an der Endschärklammer auf einer Kettseite einen andersfarbigen Zählfaden ein, den wir um zehn Runden verkreuzen.

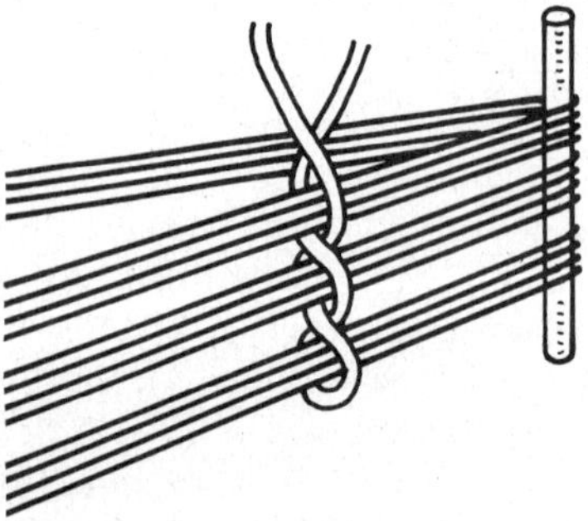

Einlegen eines Zählfadens

Die Kette für das Kissen ist fertig, wenn wir sieben Zehnerbündel und neun Fäden auf beiden Seiten der Klammern zählen.
☐ Festknoten des Endes
Das Ende des Kettgarns befestigen wir auf die gleiche Weise wie den Anfang an der Schärklammer, an der wir nach dem Abmessen angekommen sind. Das ist bei gerader Fadenzahl die Klammer, bei der begonnen wurde.

□ Sichern der Kette durch Abbinden
Ehe wir die Kette vom Schärgerät nehmen können, müssen Fadenkreuze, Anfang und Ende gesichert werden. Das geschieht durch Abbinden mit reißfesten Fäden aus Baumwollkord, von denen wir immer einen Vorrat haben sollten.
Zuerst kommt das Fadenkreuz an die Reihe. Es gibt dazu zwei Möglichkeiten:
Hat das Webgerät keine Kreuzstäbe, was bei vielen Webrahmen der Fall ist, muß ein Garnfaden, der doppelt so lang ist wie die Webbreite, diese Aufgabe übernehmen. Wir führen ihn um das Fadenkreuz herum, knoten die Enden zusammen (Abb. a), umwickeln das Kreuz mit den Schnüren und ziehen das Ende durch die letzte Umwicklung.
In allen anderen Fällen umschlingen wir nicht das Kreuz, sondern binden die Ketthälften jeweils einzeln ab, also zwei Abbindungen vor dem Kreuz und zwei dahinter (Abb. b).

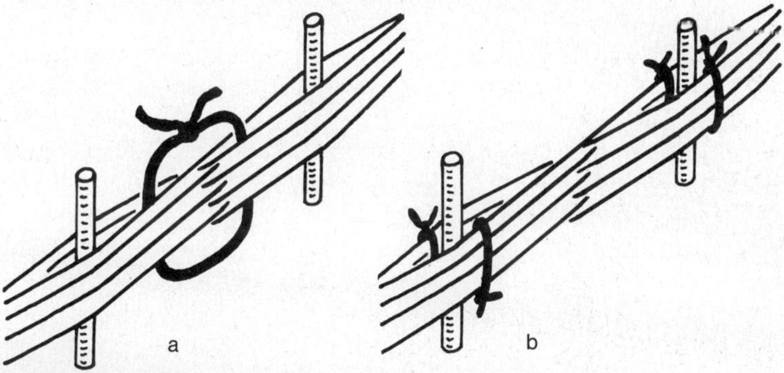

Sichern des Fadenkreuzes

Haben wir mit zwei Klammern gezettelt, ist das Fadenkreuz nicht so gut sichtbar. Wir greifen daher mit beiden Zeigefingern an den Klammern in die Kettmitte und bewegen sie aufeinander zu, bis sie sich treffen (s. S. 118). Zwischen beiden Fingern liegt nun das Fadenkreuz, das wir jetzt mit Daumen und Zeigefinger der linken Hand festhalten, um mit der rechten die Kreuzschnur einzuziehen. Es ist übersichtlicher, die Fadenkreuzabbindungen in einer anderen Farbe vorzunehmen, als die nun folgenden Abbindungen.
An der Anfangs- und Endklammer führen wir ebenfalls Abbindefäden durch die Kettmitte und binden sie fest zusammen. Längere Ketten umschlingen wir zwischen den einzelnen Klammern mehrmals mit einem Faden, den wir mit einer Schleife sichern.

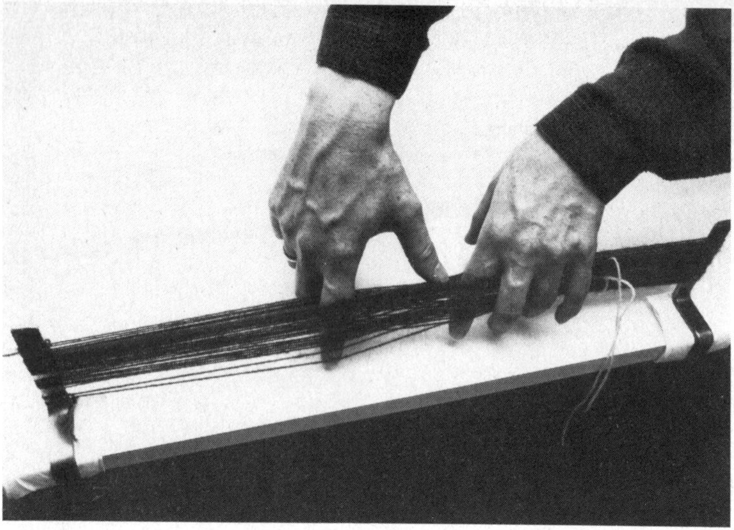

Schären der Kette: Abbinden des Fadenkreuzes

□ Abnehmen der Kette
Nun können wir die Kette von den Klammern heben. Längere Ketten häkeln wir, unsere Finger als Häkelnadel benutzend, wie eine Luftmaschenkette ab, dabei beginnen wir an dem Ende, das dem Fadenkreuz ge-

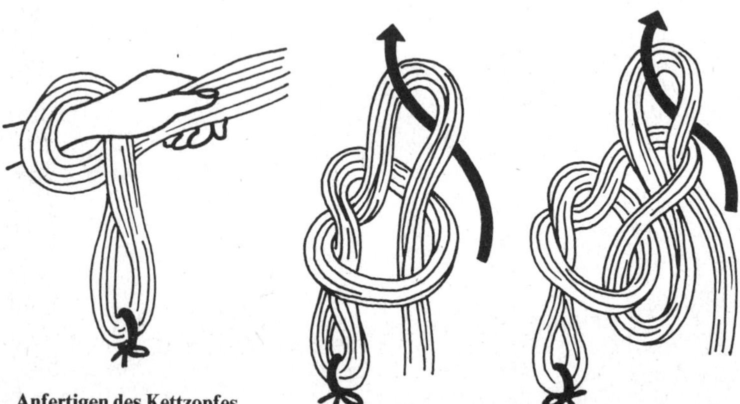

Anfertigen des Kettzopfes

genüberliegt und nehmen die Kette abschnittsweise von der Kettgarnitur. Bei zwei Fadenkreuzen beginnen wir am Kettanfang und häkeln auf das Endkreuz zu. Ehe das Fadenkreuz erreicht ist, enden wir und achten darauf, den noch verbleibenden Kettrest nicht durch die Schlinge zu ziehen. Vielmehr fädeln wir einen festen Faden durch die letzte Schlinge und befestigen sie damit am unverflochtenen Kettrest.

Schären der Kette mit Schärbrett und Schärrahmen

Um lange Ketten zu zetteln, benötigen wir viele Schärklammern. Es gibt jedoch auch Geräte, die speziell für diese Aufgabe entwickelt wurden. Beim Schärbrett ist eine Anzahl Stifte auf einem Holzrahmen oder -brett vereinigt. Man kann es auf den Tisch legen oder an die Wand hängen. Beim Schärrahmen handelt es sich um zwei oder auch drei Rahmen, die sich, ineinandergestellt, um eine gemeinsame Achse drehen. Zur Bildung der Fadenkreuze gibt es verstellbare Querlatten mit Schärstiften. Schärrahmen haben in der Regel festliegende Umfänge von zwei, drei oder vier Metern. Durch Drehen des Gerätes wickelt sich die Kette spiralförmig auf.

Schären der Kette am Schärbrett

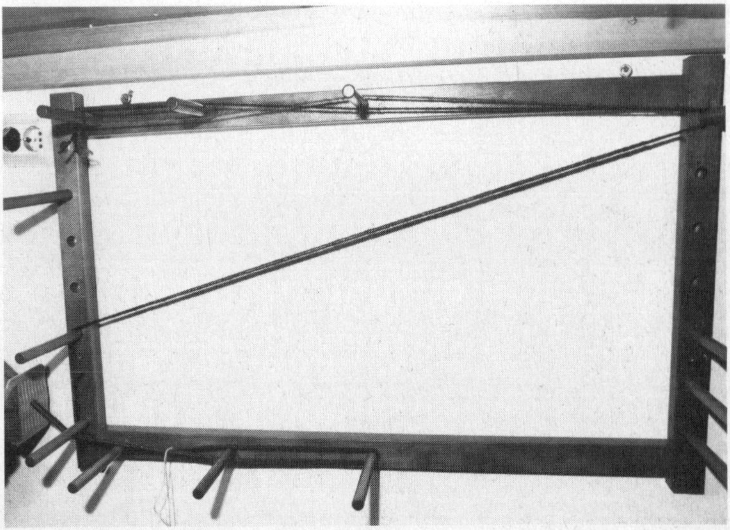

Hat das Schärbrett den Vorteil, weniger Platz einzunehmen, geht die Arbeit am Rahmen leichter und schneller.

Schären am Schärbrett mit einem Faden
Das Schären am Schärbrett geschieht auf die gleiche Weise wie das Schären mit mehreren Schärklammern (s. S. 115).

Schären am Schärrahmen mit einem Faden
An diesem Gerät rollt sich die Kette spiralförmig durch Drehen des Gestells auf. Der Anfang liegt oben. Da der Rahmen einen feststehenden Umfang hat, läßt sich die Anzahl der nötigen Umdrehungen leicht berechnen. Durch Versetzen der unteren Querlatte ist es möglich, Viertel (oder Sechstel) des Umfangs abzumessen. Zusätzliche Löcher für Schärstifte am Gestell ermöglichen oft eine weitere Feineinstellung der Kettlänge.

Was beim Zetteln am Schärrahmen zu beachten ist
Ist der Anfang an Stift 1 angeknotet, bilden wir zwischen Stift 2 und 3 das Fadenkreuz, drehen mit der linken Hand das Gestell nach links und führen den Faden auf dem vorgesehenen Weg nach unten. Zwischen den beiden letzten Stiften entsteht wieder ein Fadenkreuz. Auf dem Rückweg drehen wir nach rechts und leiten die Kette nach oben.

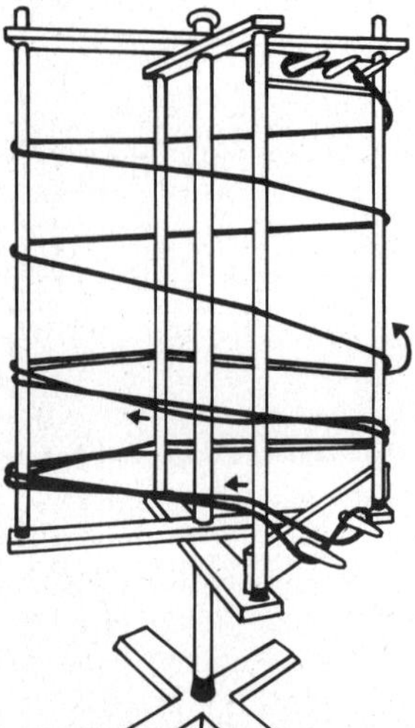

Schären am Schärrahmen

Damit die Fäden bei breiten Ketten nicht alle übereinander liegen und sich dadurch Länge und Spannung verändern, legen wir sie immer abwechselnd einmal über und einmal unter der schon geschärten Kette am Rahmen an.
Beim Drehen des Gestells vermeiden wir ruckartige Bewegungen, damit das Garn gleichmäßig von den Spulen läuft.

Hilfen und Tricks
Breite Ketten: Haben wir eine große Anzahl Kettfäden zu zetteln, geschieht das am besten in mehreren Teilen.
Mehrfarbige Ketten: Hier messen wir die Fäden in der Reihenfolge ab, in der sie in der Kette liegen. Wir beginnen mit den Fäden des ersten Streifens; sind sie abgemessen, Faden abschneiden und zweite Farbe an das Ende anknoten. Nächsten Streifen schären. Das Ansetzen der Farben geschieht immer am Kettanfang oder -ende.
Knoten im Kettgarn: Knoten in der Kette würden beim Weben stören, vielleicht sogar aufgehen. Wir müssen daher den Faden am Knoten abschneiden und die Anknüpfstelle an einen der Umkehrstifte verlegen.

Schären von mehreren Fäden gleichzeitig
Eine Kette ist wesentlich schneller fertig, wenn man, statt mit einem Faden, gleich mit mehreren auf einmal zettelt. Auch bestimmte Streifenkombinationen lassen sich so leichter abmessen, da das lästige Anknoten entfällt. Das Fadenbündel behandeln wir genauso wie einen einzelnen Faden. Auf folgendes ist jedoch zu achten:
Für das Übertragen der Kette auf den Webstuhl ist es am günstigsten, soviel Fäden auf einmal zu schären, wie später im Gewebe auf einen oder einen halben Zentimeter kommen.
Das Kettgarn wickeln wir auf Spulen und stecken sie auf ein Spulengatter. So können sich die Fäden nicht verwirren. Mit dem Aufstecken beginnen wir links oben, das Garn soll von oben her von der Spule ablaufen.
Das Fadenkreuz am Ende der Kette wird nicht mit den einzelnen Fäden gebildet, sondern mit den Bündeln. Wir sprechen dann vom Gangkreuz. Den Zählfaden schlingen wir am Gangkreuz immer um zehn Bündel.
Das Fadenkreuz am Anfang der Kette muß jedoch die Fäden einzeln ordnen, wenn wir später beim Geschirr- und Blatteinzug kein Durcheinander haben wollen. Dazu lesen wir es mit Daumen und Zeigefinger der rechten Hand ein, während die linke das Bündel hält. Wir beginnen an der letzten aufgesteckten Spule und arbeiten rückwärts von unten nach oben. Das gelingt am leichtesten, wenn alle Fäden gleichmäßig gespannt sind.

Arbeitsschritte beim Bilden des Fadenkreuzes (gerade Spulenzahl):
a) Schären vom Anfang zum Ende:
□ Auflegen des Daumens auf den letzten Faden, Zeigefinger darunter (Abb. a).
□ Leichte Linksdrehung der Hand und Auflegen des Zeigefingers auf den vorletzten Faden, der Daumen bleibt darunter (Abb. b).
□ Leichte Rechtsdrehung der Hand und Auflegen des Daumens auf den nächsten Faden.

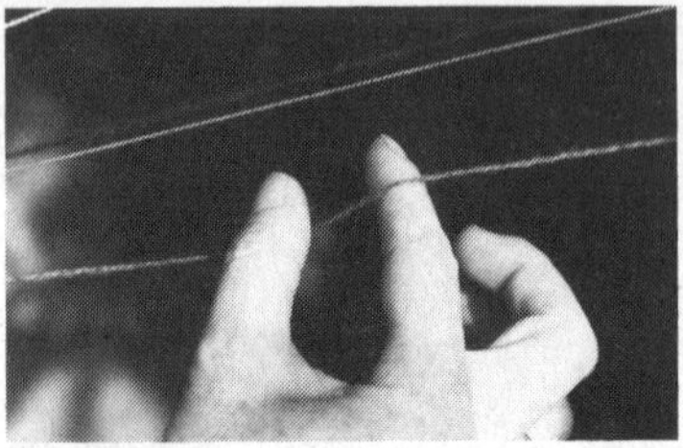

a

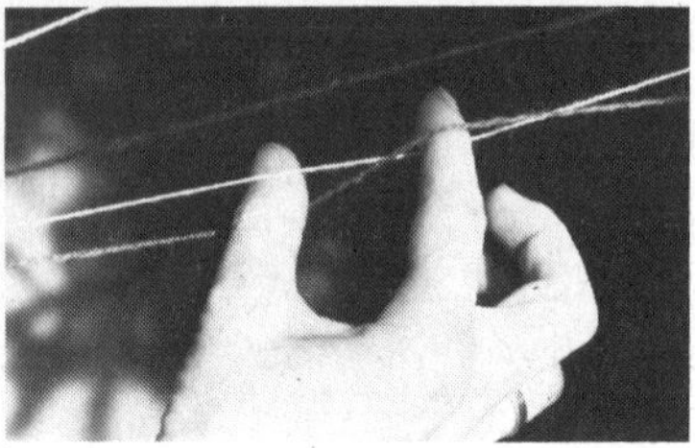

b

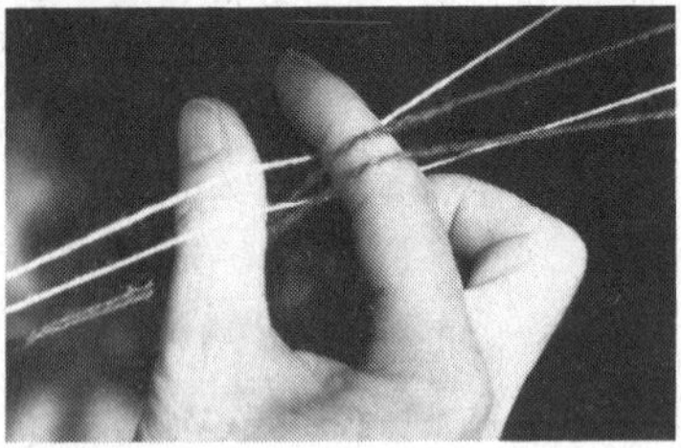

c

Einlesen des Fadenkreuzes mit der Hand

□ Wir fahren in der beschriebenen Weise fort, bis alle Fäden zwischen Daumen und Zeigefinger aufgelesen sind (Abb. c).
□ Aufstecken des Fadenkreuzes auf die Schärstifte 2 und 3. Dabei übernimmt Stift 2 den Platz des Daumens und Stift 3 den des Zeigefingers.
□ Prüfen, ob alle Fäden in der richtigen Reihenfolge eingelesen sind.
b) Schären vom Ende zum Anfang:
Bei gerader Spulenzahl lesen wir das Fadenkreuz auf die gleiche Weise ein, jedoch müssen wir es verstürzt aufstecken: Stift 3 übernimmt die Fäden des Daumens, Stift 2 die des Zeigefingers. Dabei kommen die Fäden von der Oberseite des Daumens unter den Stift 3, die von der Oberseite des Zeigefingers unter Stift 2.
c) Bilden des Fadenkreuzes mit ungerader Spulenzahl:
Damit bei ungerader Spulenzahl nicht zwei Fäden im Fadenkreuz nebeneinander gleichlaufen, beginnen wir beim Schären nach unten wie

üblich mit dem Daumen das Einlesen des Fadenkreuzes, beim Schären nach oben jedoch mit dem Zeigefinger. Nach jedem Einlesen das Kreuz und eventuell die Farbfolge kontrollieren.
Beim Schären sehr hoher Fadenzahlen in einem Bündel gibt es Hilfen zum Bilden des Fadenkreuzes. Führen wir die Fäden durch ein Schärgatter, läßt sich das Kreuz durch das Auf- und Abbewegen des Kammes herstellen. Beim Lesebrett oder der Leseleiste leitet man die Kettfäden durch ein Brett mit zwei Lochreihen und liest das Fadenkreuz mit der Hand ein.

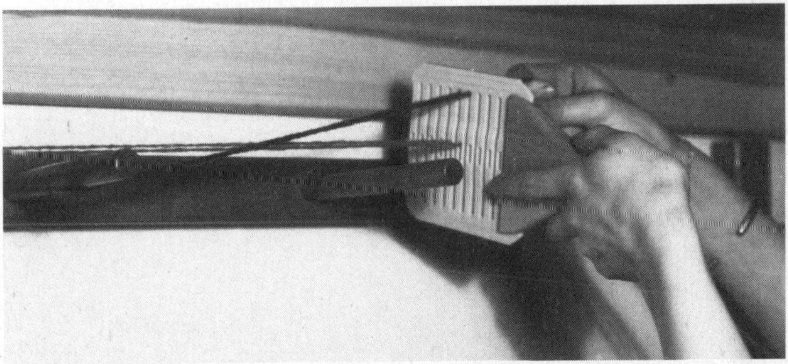

Fadenkreuzbildung mit einem Schärgatter

Übertragen der Kette auf den Webrahmen

Stellvertretend für die beiden Grundtypen von Webrahmen erklären wir das Übertragen der Kette zunächst am Schulwebrahmen von Kircher und am Modell Bergère von Leclerc, schließlich für das Selbstbau-Gurtwebgerät.

Übertragen der Kette auf den Webrahmen von Kircher
Bei diesem Gerät von Kircher ziehen wir die Kettfäden zuerst durch den Gatterkamm. Für das ausgewählte Garn benutzen wir das Modell 40/10, d. h. das Gatter ist so gearbeitet, daß 40 Fäden auf 10 cm kommen. Das ist der Universalkamm für die meisten Wollgarne mittlerer Stärke (Nm 6/2, 7/2, 8/2) und für stärkere Baumwoll- und Leinengarne. Das Gatter 20/10 eignet sich für Teppiche, grobe Wollzwirne und zum Ripsweben sowie für Panama mit doppeltem Fadeneinzug. Für manche Webrahmen gibt es auch einen Kamm 60/10 für feinere Baumwoll-, Woll- und Leinengarne.

Die einzelnen Arbeitsschritte

□ Bestimmen des ersten Einzuglochs bzw. Einzugschlitzes

Die Kette muß immer genau durch die Mitte des Gatters laufen. Nutzen wir nicht die ganze Webbreite aus, müssen wir den Anfangspunkt für das Einziehen der Kettfäden auf folgende Weise finden: Mit einem Zentimetermaß bestimmen wir die ganze Breite des Kamms, vom ersten bis zum letzten Loch, und suchen die genaue Mitte, die wir mit einem Stift markieren.

Das Kissen soll 39 cm breit werden. Von der Mitte aus messen wir deshalb die Hälfte der Einstellungsbreite (Webbreite) nach links ab, also 18 cm. Auch an dieser Stelle machen wir einen Strich. Hier muß der erste Faden eingezogen werden.

□ Feststecken der Kreuzschnüre

Die Umwicklung des Fadenkreuzes lösen und die zum Ring geschlossenen Kreuzschnüre auf dem Schoß mit Stecknadeln feststecken oder auf dem Tisch festkleben. Die einzelnen Kettfäden können wir nun auf Webbreite auseinanderziehen, und die Reihenfolge ist gut sichtbar.

Die zum Ring geschlossenen Kreuzschnüre steckt man auf dem Schoß mit Stecknadeln fest

□ Aufschneiden der Kette an der vorderen Schlaufe

□ Einziehen der Fäden in das Webgatter

Das Webgatter nehmen wir ebenfalls auf den Schoß oder legen es auf den Tisch und stecken den Einziehhaken durch das markierte Loch bzw. den bestimmten Schlitz. Da wir den Randfaden doppelt nehmen wollen, hängen wir die zwei ersten Fäden in den Haken und ziehen durch. Die folgenden Fäden fädeln wir einzeln auf die gleiche Weise immer abwechselnd durch Loch oder Schlitz. Die beiden letzten Fäden werden wieder zusammen eingezogen.

□ Sichern der durchgezogenen Fäden durch einen Laufknoten

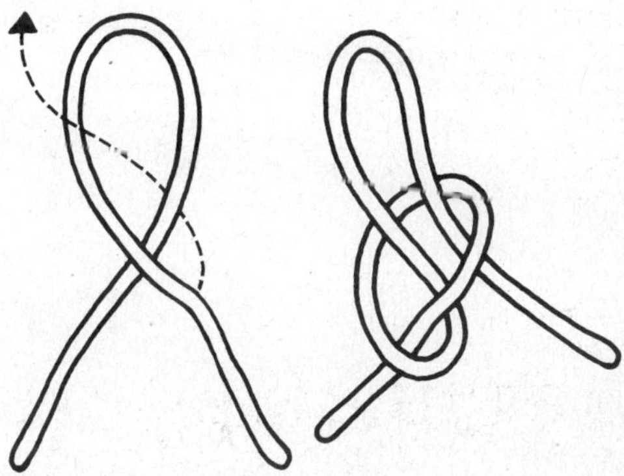

Laufknoten

Damit uns die durchgezogenen Fäden nicht durcheinanderkommen und aus dem Kamm rutschen, binden wir immer vier Fäden sofort mit einem Laufknoten zusammen. Dieser Knoten hat den Vorteil, daß er sich später mit einem Zug leicht öffnen läßt.

□ Befestigen der Kette am Kettbaum (s. S. 126)

Sind alle Fäden eingezogen, legen wir das Webgatter so in den Webrahmen, daß die Laufknoten – die kürzeren Enden – zum Kettbaum zeigen. Der Kettbaum ist die Walze, die näher am Kammhalter liegt. Beim Schulwebrahmen muß die längere Kammseite nach unten, beim Modell W die längere nach oben gestellt werden. Es ist günstig, den Kamm mit einem Buch abzustützen. Die Kettwalze hat kleine Zähne, in deren Zwischenräume wir die Kettfäden einhängen müssen. Auf jedem Zentimeter gibt es zwei Schlitze. Da wir eine Kettdichte von vier Fäden je cm haben, ziehen wir immer zwei Fäden in einen Schlitz, in den ersten und letzten sogar drei wegen des doppelten Randfadens.

Die erste Befestigungskerbe finden wir wieder durch Ausmessen: Wir suchen die Mitte und gehen von dort 18 cm nach links. Durch den so mar-

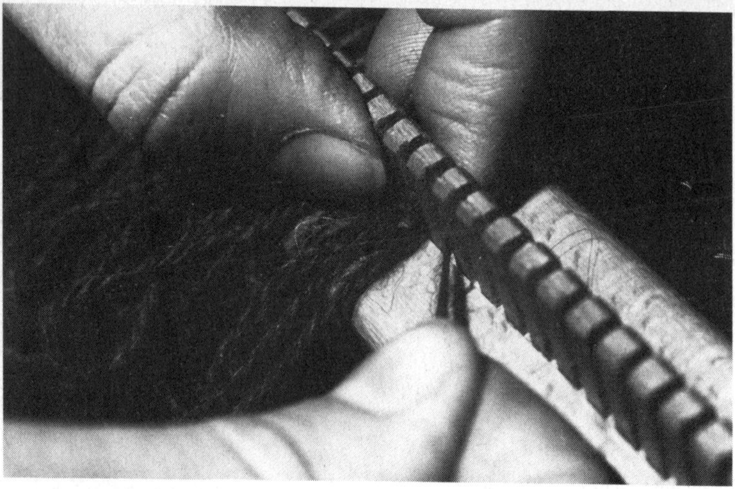

Die Kettfäden werden durch Umschlingen der Zähnchen am Kettbaum befestigt

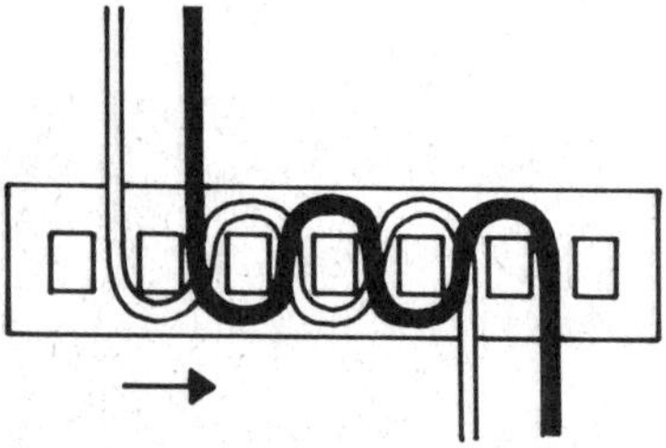

Befestigen der Kette an Kett- und Warenbaum beim Schulwebrahmen von „Kircher"

kierten Schlitz führen wir den doppelten Randfaden hindurch und schlingen ihn um vier Zähne (oben). Der nächste Faden kommt in die gleiche Kerbe und wird genauso befestigt. Dann setzen wir die Arbeit an der nächsten Kerbe fort, immer einen Faden nach dem anderen, damit sie sich nicht verdrehen, bis die ganze Kette angeknüpft ist.

□ Aufbäumen der Kette (s. S. 127)

Nun wickeln wir die Kette so weit auf den Kettbaum auf – der Weber nennt das „Bäumen" –, daß sie gerade noch (ca. 3 cm) über den Warenbaum reicht. Dazu brauchen wir einen Helfer: Während eine Person die Kettfäden straffzieht, bäumt die andere die Kette durch Drehen des Kettbaums auf. Ehe wir beginnen, führen wir eine doppelte Lage Zeitungspapier oder leichtes Packpapier unter der befestigten Kette bis zu den Zähnen des Kettbaums. Das Papier rollen wir mit auf. Dadurch decken wir

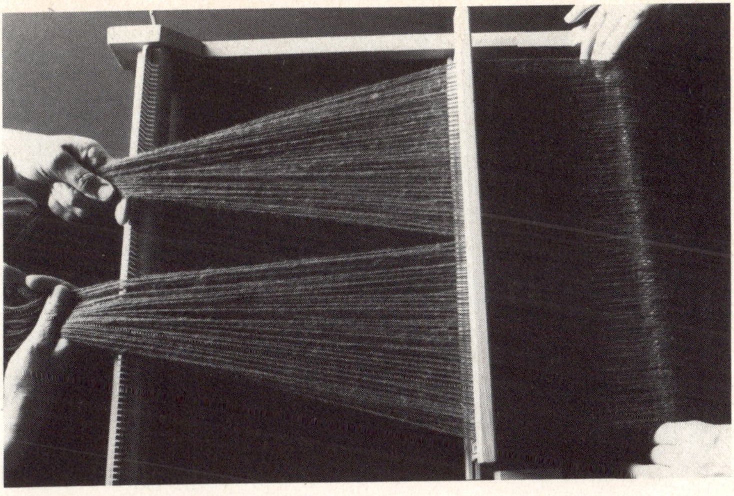

Die Kette wird aufgebäumt

Die aufgebäumte Kette muß die richtige Spannung erhalten

zum einen die Zähne ab und unterstützen zum anderen ein gleichmäßiges Aufbäumen, da jede Kettlage zwischen Papier zu liegen kommt. Wir müssen jedoch darauf achten, daß sich keine Falten bilden. Um die Kettfäden zu ordnen, ziehen wir nun den Kamm bis zum Warenbaum vor, der Helfer spannt die Kette, und wir rollen so weit auf, bis der Kamm wieder hinten angelangt ist. Dann schieben wir ihn wieder vor und bäumen den nächsten Ketteil. Dabei die Kettfäden nicht durch die Hände gleiten lassen, sondern zurückfassen und neu spannen!

□ Spannen der Kette (s. S. 127)
Die aufgebäumte Kette müssen wir nun am Warenbaum befestigen und ihr dabei gleichzeitig die richtige Spannung zum Weben geben. Dazu stellen wir den Kamm auf die Kammhalter ins Hochfach, damit die Lochfäden, die auf und ab bewegt werden, die richtige Länge bekommen. Ist die Kettschlaufe aufgeschnitten, wird sie auf die gleiche Weise wie am Kettbaum befestigt: Wir müssen wieder durch Abmessen der halben Webbreite von der Mitte aus den ersten Schlitz suchen und hier zuerst drei Fäden, dann immer zwei durch die Kerbe führen und um vier Zähne schlingen.
Am Schluß sind es wieder drei Kettfäden in einer Kerbe. Die Fäden dabei gleichmäßig strammziehen und immer wieder die flache Hand zur Prüfung der Spannung auflegen! Besonders bei den ersten Fäden bewußt auf gute Spannung achten, da man dazu neigt, die letzten Fäden fester anzuziehen. Bei ungleicher Spannung muß bei diesem Gerät die ganze Kette noch einmal befestigt werden, denn eine ungleichmäßig gespannte Kette ergibt nicht nur ein unschönes Gewebe, sie verhindert auch eine gute Fachbildung. Auch hier die Kettfäden einzeln befestigen, damit sie sich nicht verdrehen.
Sollte der Kamm beim Anknüpfen der ersten Fäden vom Kammhalter fallen, spannt man provisorisch einige Fäden auf der rechten Seite, die später wieder gelöst und endgültig festgezogen werden. Vor Webbeginn die Kettspannung noch einmal überprüfen!

Aufbringen der Kette auf den Webrahmen – Typ Bergère von Leclerc

Die einzelnen Arbeitsschritte
□ Einstecken der Kreuzstäbe
Die beiden zum Webgerät gehörenden Metallschienen (Kreuzstäbe) binden wir an einer Seite mit einem reißfesten Faden durch die dafür vorgesehenen Löcher zusammen. Dann stecken wir einen Stab links und einen rechts vom Fadenkreuz durch den Kettzopf und verbinden die Stäbe ebenfalls auf der zweiten Seite. Dabei ist es günstig, wenn wir das Fadenkreuz, wie auf S. 117 gezeigt, sichern.
□ Festbinden der Kreuzstäbe auf dem vorderen Streichriegel
Die Kreuzschienen auf den vorderen Streichriegel legen und mit Kordel darauf festbinden. Haltbarer ist ein Umkleben mit Klebestreifen. Das kürzere Ende der Kette hängt dabei in den Webrahmen. Nun können die Fadenkreuzabbindungen entfernt und die Kettfäden auf die vorgesehene Webbreite auseinandergezogen werden.
□ Aufschneiden der Kette an der vorderen Schlaufe
□ Einziehen der Kette in das Webgatter

Wir verwenden den Gatterkamm 40/10. Er ist auf eine Kettdichte von 40 Fäden je 10 cm oder von vier Fäden je 1 cm eingestellt und eignet sich für alle mittelstarken Wollgarne sowie für kräftige Baumwoll- und Leinengarne. Das grobere Gatter (25/10) verwenden wir für Teppiche, grobe Effektwollen, zum Weben von Rips und für doppelt eingezogene Fäden.

So zieht man beim Webrahmen Bergère die Kette in den Gatterkamm

Die Kette muß genau durch die Mitte des Gatters laufen. Um das erste Einzugloch zu finden, stellen wir die Breite des Kammes fest, markieren die Mitte und messen von der Mitte aus die halbe Gewebebreite (beim Kissen 9,5 cm) zur linken Seite hin ab. Nun setzen wir den markierten Kamm auf die Metallstifte des Kammhalters. Mit der rechten Hand führen wir den Einzughaken durch das erste Loch (bzw. den ersten Schlitz). Ist der doppelte Randfaden mit der linken Hand eingehängt, ziehen wir den Haken durch. Auf diese Weise wird die ganze Kette immer abwechselnd in Loch und Schlitz eingezogen. Zum Schluß wird wieder ein Doppelfaden eingefädelt. Jeweils 4 bis 8 durchgezogene Fäden mit einem Laufknoten (s. S. 125) vor dem Herausrutschen sichern. Nutzen wir die gesamte Gatterbreite aus, sollten an jeder Seite ein Loch und ein

Die Kette wird abwechselnd in Loch und Schlitz eingefädelt

Schlitz freigelassen werden, da sich die Kette so gleichmäßiger bäumen läßt.

□ Befestigen der Kette an der hinteren Anknüpfstange (Längerstab)
Sind alle Kettfäden eingezogen, müssen wir sie an der hinteren Anknüpfstange anknoten. Diese „Längerstab" genannte Holzschiene ist durch eine Verlängerungsschnur (Längerschnur) mit dem Kettbaum verbunden, um den Kettabfall gering zu halten.
Das Befestigen geschieht am praktischsten, indem wir zwei Fäden über den Stab leiten, unter der Stange teilen und oben mit zwei Knoten festbinden (s. S. 131). Von der Kettseite her anziehen. Die Knoten dürfen nicht dick sein, sonst verursachen sie ein unregelmäßiges Aufbäumen der Kette.
In der Gebrauchsanweisung zu diesem Webrahmen wird eine andere Methode – einfaches Zusammenknoten von zwei Fäden um die Stange – vorgeschlagen, die zwar etwas materialsparender ist, bei der aber die Fäden leicht durcheinanderkommen und sich dann nicht gleichmäßig aufbäumen lassen.

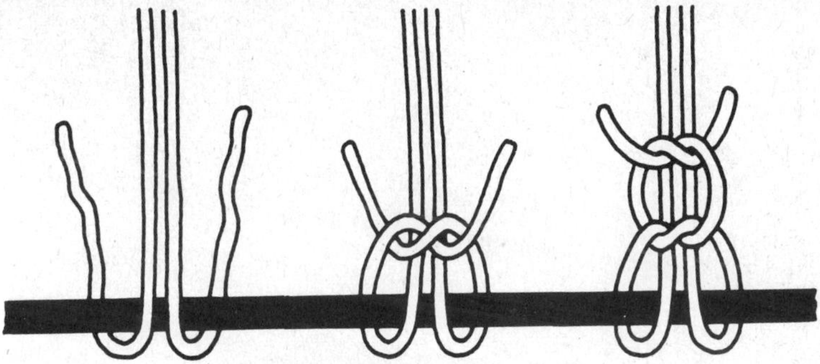

Befestigung der Kette am Längerstab des Kettbaumes

□ Aufbäumen der Kette (unten)

Das Aufbäumen gelingt bei diesem Gerät fast immer ohne Hilfe. Zunächst entfernen wir die Kreuzstäbe und glätten dann die Kettfäden durch Strammziehen des Kettzopfes und leichtes Schlagen der Kette.

Bei diesem Gerät kann man schmale Ketten ohne Hilfe bäumen

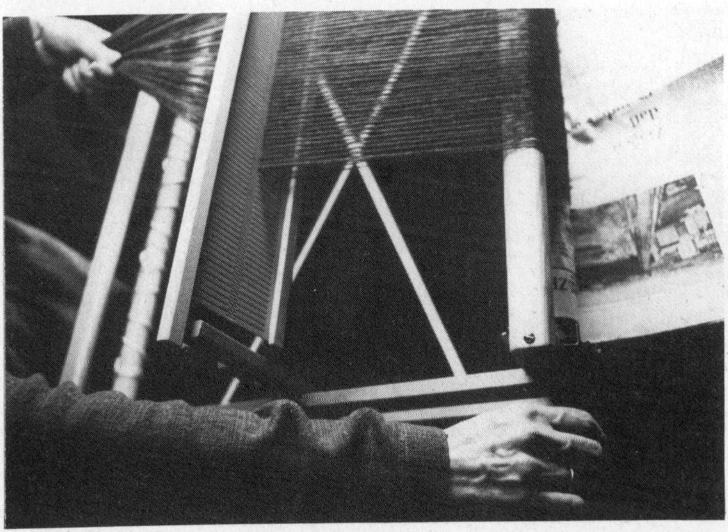

Einzelne durchhängende Fäden bringen wir mit den Fingern in die richtige Spannung. Keinen Haarkamm benutzen! Das Gatter sorgt ja für die genaue Verteilung der Kettfäden. An der hinteren Kurbel nun so lange drehen, bis der Längerstab die Höhe des Kettbaumes erreicht hat. Den Kettzopf ablegen und Zeitungs- oder Packpapier von hinten unter den Kettbaum bringen, um die Walze nach vorne zu schieben und bis zum Stab zu ziehen. Ein kleines Stück Kette aufrollen, um das Papier zwischen Fäden und Walze zu befestigen. Nun den Kettzopf wieder anspan-

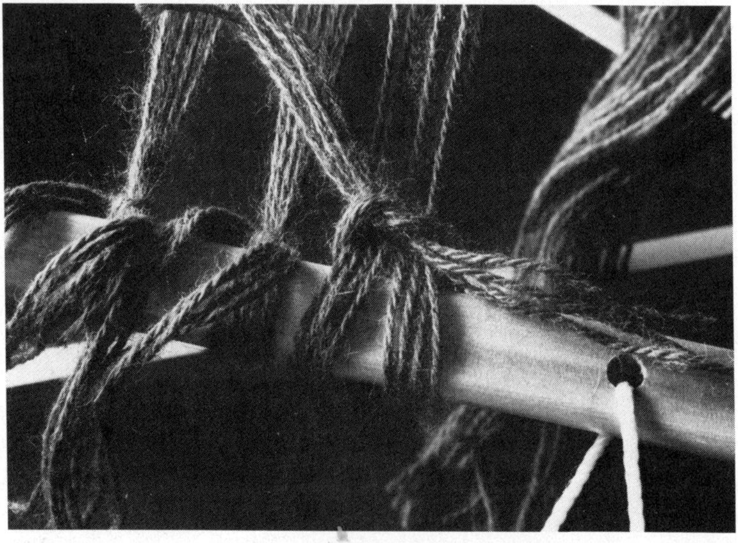

Die Kettfäden werden am Längerstab des Warenbaums befestigt

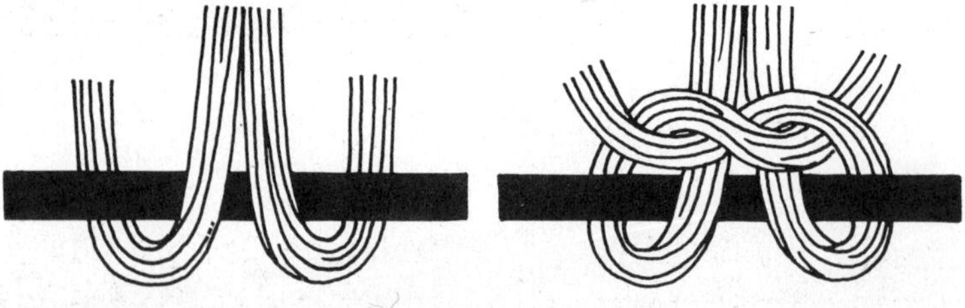

Befestigen der Kette am Längerstab des Warenbaumes

nen und durch Drehen der Kurbel die Kette aufbäumen. Dabei darauf achten, daß das Papier ohne Faltenbildung mitläuft. Wir hören auf, wenn das Kettende am vorderen Streichbaum angekommen ist.

□ Befestigen der Kette am vorderen Längerstab (s. S. 132)

Ist die Kettschlinge aufgeschnitten, führen wir die Fäden auf die gleiche Weise wie beim hinteren um den vorderen Längerstab, knoten jedoch nur einmal. Da das Gewebe meist nicht so empfindlich gegen Knotendruck ist, können wir hier vier bis acht Fäden auf einmal anbinden. Wir beginnen an den beiden Außenseiten und befestigen an jeder Seite und danach in der Mitte zwei Bündel. Nun abwechselnd von beiden Seiten zur Mitte hin arbeiten.

Der Kamm steht beim Anknüpfen in der mittleren Einkerbung des Kammhalters, bei unelastischem Material in der obersten Einkerbung.

□ Endgültiges Spannen der Kette

Um den Kettfäden die endgültige Spannung zu geben, ziehen wir jetzt jeden einzelnen Knoten nach, indem wir die beiden Bindeenden fassen, auf den Kamm zu bewegen und festziehen. Mit einer Schleife sichern! Abwechselnd vom Rand nach innen arbeiten. Immer wieder durch Auflegen der flachen Hand überprüfen, ob die Spannung gleichmäßig ist.

Aufbringen der Kette auf ein selbstgebautes Gurtwebgerät

Die einzelnen Arbeitsschritte

□ Einziehen der Kette in das Webgatter

Die mit einem Fadenkreuz geschärte Kette ziehen wir, wie beim Kircher-Webrahmen beschrieben, in einen Gatterkamm.

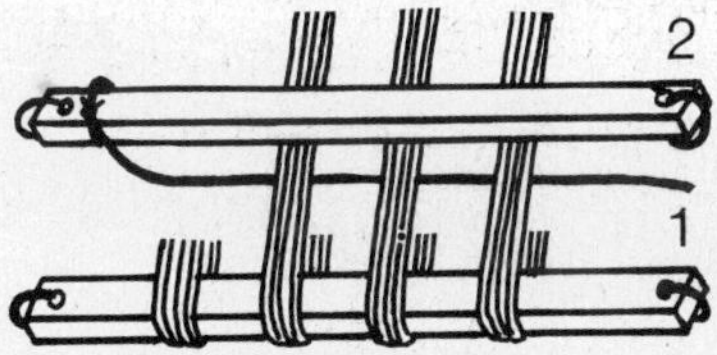

Kettbefestigung am hinteren Holz des Gurtwebgeräts

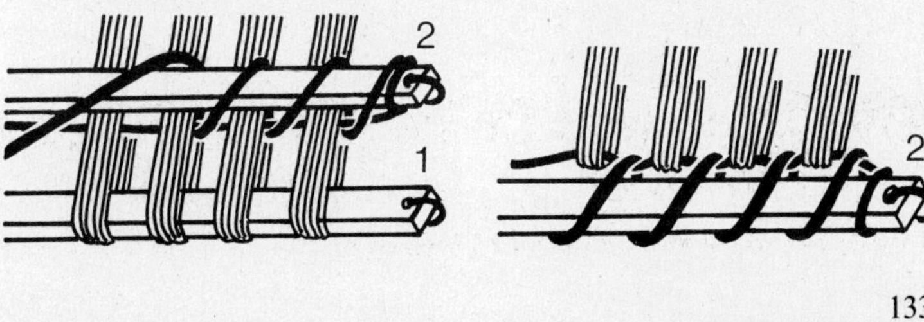

□ Befestigen der Kette am hinteren Holz
Am einfachsten ist es, die hintere Kettstange durch die hintere Kettschlinge zu ziehen und die Fäden durch eine Einteilungsschnur (s. S. 133) zu ordnen.
Die Kette verrutscht weniger leicht, wenn sie statt an dem dicken Stab an einer Schnur hängt. Wir benötigen für diese indianische Befestigungsart ca. 4 m Baumwollschnur (Webbreite 40 cm) zu einem Puschel gewickelt und den vorderen Anknüpfstab als Hilfsgerät. Er wird zuerst durch die Kettschlinge geschoben und am Ende wieder entfernt (s. S. 133).
□ Bäumen der Kette
Eine längere Kette können wir auf das hintere Holz aufbäumen, wenn es eckig ist. Dabei lassen wir von einem Helfer die Fäden spannen, während wir aufwickeln.
□ Befestigen der Kette am vorderen Holz
Hier könnte man genauso vorgehen wie am Ende, wenn die Kette nicht aufgeschnitten ist und wir mit Trenn- und Litzenstab weben, was auch möglich ist. Da wir die Fäden aber durch den Gatterkamm gezogen haben, befestigen wir die offenen Enden am vorderen Holzstab wie beim Webrahmen Bergère. Um einen gleichmäßigen Abstand der Hölzer ein-

Befestigen der Kette am Warenbaum des Gurtwebstuhls

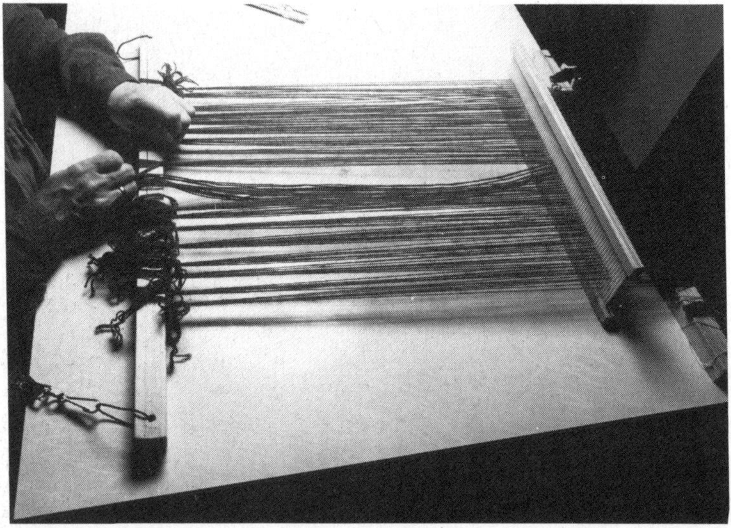

zuhalten, schrauben wir den Kettstab mit Schraubzwingen an eine Tischkante (unten). Das Vorderholz halten wir auf der gegenüberliegenden Seite entweder mit dem Rückengurt in der richtigen Lage oder stecken es hinter zwei Schärklammern. Bücher als seitliche Unterlage schaffen einen Freiraum unter dem Stab und erleichtern das Festbinden der Kette.

Weben auf dem Webrahmen

Haben wir die Vorarbeiten abgeschlossen, ist die erste Hürde geschafft. Jetzt geht es ans Weben!
Bewickeln der Webnadel:
Beim Webrahmen legen wir den Schußfaden mit einer Webnadel ein. Wie man das Schußgarn darauf wickelt, ist hier gezeigt. Zum Weben des Kissens bereiten wir zwei Webnadeln vor: eine mit dem Kettmaterial und eine mit der Lamawolle.

Bewickeln der Webnadel

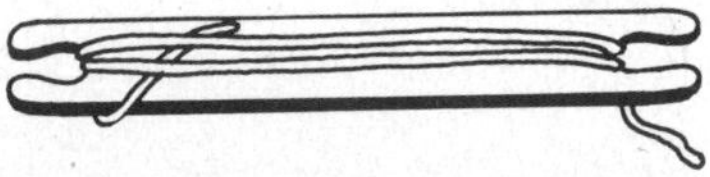

So lehnen wir den Webrahmen von Kircher beim Weben an den Tisch

Das Webgerät richtig halten:
Zum Weben mit dem Schulwebrahmen von Kircher setzen wir uns auf einen Stuhl, nehmen das Gerät mit dem Warenbaum auf den Schoß und drücken die Auskerbungen hinten an den Seitenteilen gegen die Tischkante (s. S.135).
Das Modell Bergère stellen wir auf einen Tisch.
Ein niedriger ist besser geeignet, wenn wir beim Weben sitzen möchten und keinen Drehstuhl haben. Sehr angenehm webt man im Stehen an einem Eßtisch, wenn man die vorderen Füßchen des Webrahmens vor die Tischkante zieht und sich mit dem Körper dagegen lehnt.
Das Gurtwebgerät hängen wir mit der am Kettbaum befestigten Schlaufe an einen Haken in der Wand, eine Türklinke oder an eine Schärklammer, die wir an einen Tisch oder ein Regal geschraubt haben. Dann legen wir den Gurt um die Taille und lehnen uns mit dem Rücken so weit hinein, daß die Kettfäden gespannt sind. Das geht im Sitzen genausogut wie im Stehen.

Das Gurtwebgerät kann man überall befestigen

Die Arbeitsschritte beim Weben

□ Der erste Schuß

Zum Einlegen des ersten Schußfadens stellen wir den Kamm ins Hochfach, auf das Klötzchen bzw. in die oberste Kerbe des Kammhalters. Beim Gurtwebgerät müssen wir das Gatter mit der Hand hochhalten.

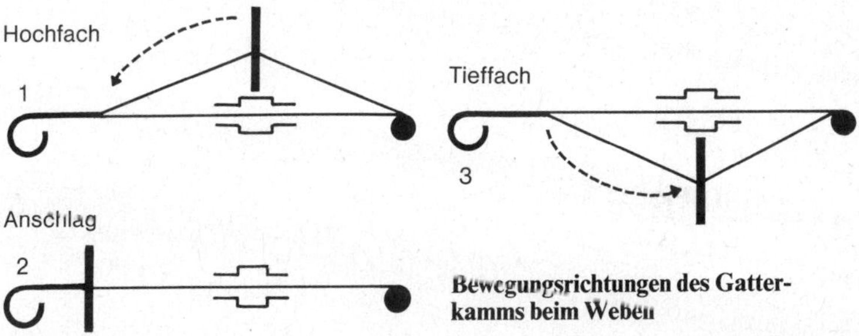

Bewegungsrichtungen des Gatterkamms beim Weben

Nun wickeln wir zwei Umdrehungen von der Webnadel mit Alpaka ab und führen sie von rechts nach links durch das geöffnete Fach. Den Faden ziehen wir so weit durch, daß er ca. 3 cm rechts an der Seite heraushängt.

Wenn wir uns angewöhnen, beim Hochfach von rechts nach links und beim Tieffach von links nach rechts zu weben, erkennen wir immer an der Lage des Schußfadens, welches Fach benutzt werden muß.

□ Sichern des Anfangsfadens

Die Webnadel ablegen, das heraushängende Fadenende etwas ausdünnen, um den äußersten Kettfaden schlingen und in das geöffnete erste Fach zurücklegen. Auf diese Weise wird der Anfang des Fadens mit verwebt.

Lage des Schußfadens im geöffneten Fach

□ Der Anschlag

Nun führen wir den Kamm mit beiden Händen in der gehobenen Stellung nach vorn und schieben den Schußfaden soweit wie möglich auf den Warenbaum zu. Dann drücken wir das Gatter nach unten und bringen es ins Tieffach, unter das Halterungsklötzchen oder in die untere Kerbe (S. 137, oben).

Beim nächsten Anschlag den Kamm von unten herauf nach vorn und nach oben gezogen zurückführen. Diese Kammführung ist wichtig für eine schöne Webkante und eine gute Fachbildung.

□ Einlegen der Schußfäden

Den zweiten Schuß legen wir im Tieffach ein. Er wird so weit durchgezogen, daß er den Randkettfaden ohne Schlaufenbildung umläuft, ihn aber auch nicht einzieht. Der Schuß soll dann schräg im Fach liegen (s. S. 137), damit er sich beim Anschlagen gut um die Kettfäden legen kann, ohne das Gewebe einzuziehen. Nach jedem Schuß legen wir die Webnadel auf dem Gewebe ab und schlagen, wie beschrieben, an. Bildet sich dabei am Rand doch noch eine Schlinge, ziehen wir den Schußfaden noch etwas nach, ehe wir endgültig anschlagen.

Beim Weben muß auf die Schußdichte geachtet werden: Es sollen nicht mehr als vier Fäden auf einen Zentimeter kommen, wenn wir mit dem dünnen Alpaka weben, sonst wird das Gewebe zu hart.

□ Ansetzen des Schußfadens im Gewebe

Ist die Webnadel leergewebt, dünnen wir die letzten 2 cm des Fadenendes etwas aus, bei Zwirnen schneiden wir einen Faden auf dieser Länge ab. Dann legen wir das Ende ins Fach. Den Anfang des neuen Fadens dünnen wir ebenfalls aus und legen ihn so ein, daß sich die ausgedünnten Stellen der beiden Fäden überlappen. Nun den Schuß anschlagen, das Fach wechseln und weiter weben. Ein so ausgeführter Fadenansatz ist im Gewebe kaum sichtbar.

Ansetzen des Schußfadens im Gewebe

□ Ansetzen eines neuen Materials am Rand

Haben wir 2,5 cm gewebt, müssen wir für das Kissen das Schußgarn wechseln. Wir dünnen dazu das Ende des Garns aus und legen es 2 cm weit in das letzte Fach zurück, dabei umschlingen wir den Randkettfaden. Anschlagen und Fach wechseln! Auch der neue Faden aus Lamawolle wird an seinem Anfang etwa über 5 cm ausgedünnt, eingetragen, das Ende um den Randkettfaden geschlungen und ins gleiche Fach zurückgeführt. Die jeweils ausgedünnten Fadenteile sollen auch hier übereinanderliegen.

□ Weben von Streifen

Möchten wir einige Streifen mit andersfarbigem Material in das Kissen weben, ist es bei schmalen Streifen nicht nötig, die Hauptfarbe, also die Lamawolle, jedesmal abzuschneiden, da die Webkante ja in einer Naht unsichtbar verschwindet. Wir legen die Webnadel mit der Hauptfarbe ab, bewickeln eine zweite mit der Musterfarbe, dünnen den Anfang aus und beginnen wie oben beschrieben.

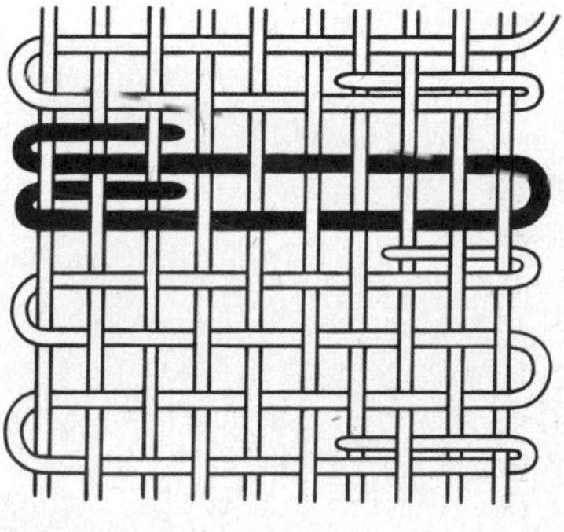

Weben von Streifen

Ist der Streifen beendet, will man aber nach einem kurzen Zwischenstück wieder mit dem gleichen Material weben, legt man es, wie zuvor die Hauptfarbe, auf dem Gewebe ab. Diese wird nun am Rand entlang in einem Bogen ins Fach geführt. Auf die gleiche Weise gehen wir vor, wenn die Musterfarbe wieder an die Reihe kommt. Nach dem letzten Streifen muß man das Ende des Fadens ausgedünnt ins letzte Schußfach zurücklegen.

Werden die Streifen breiter als 3 cm oder soll die Webkante sichtbar bleiben (z. B. bei einem Schal), schneiden wir die Fäden jedesmal ab und versorgen die Enden. Der Ansatz der neuen Farbe erfolgt immer auf der gegenüberliegenden Seite, an der die vorhergehende abgeschnitten wurde (s. oben).

□ Maßstreifen für die Musterverteilung

Soll das Kissen auf der Rückseite genauso aussehen wie auf der Vorderseite, genügt es nicht, die Schußfäden bei jedem Streifen zu zählen, da das Garn unterschiedlich dick ist. Deshalb stecken wir einen 3 cm breiten

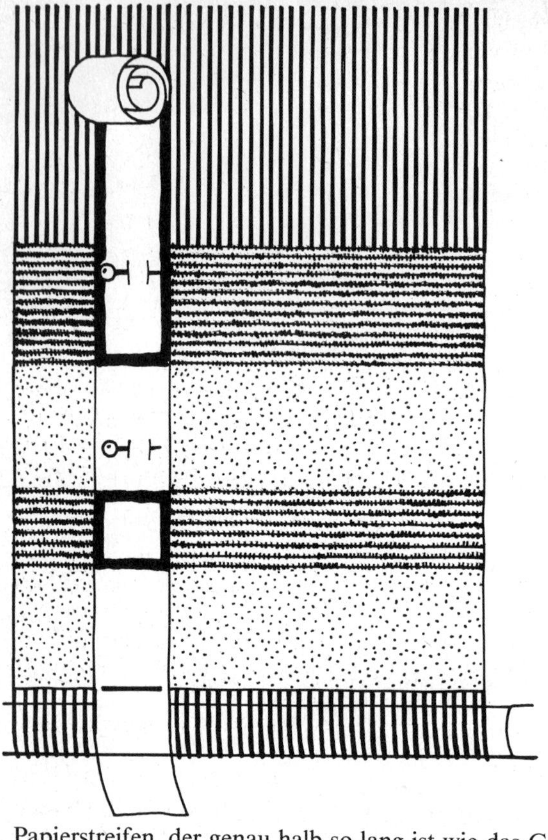

Maßstreifen für Musterabstände

Papierstreifen, der genau halb so lang ist wie das Gewebe werden soll (83 : 2 = 41,5 cm) auf das Webstück und zeichnen die Streifen dort ein (s. oben). Er bietet auch Platz für zusätzliche Notizen, wie z. B. über die verwendete Farbe, die Schußfolge usw. Sind wir mit dem Weben in der Mitte angekommen, drehen wir den Streifen um, da das Muster ja spiegelbildlich weiterlaufen muß: Die Streifen vom unteren Rand der Vorderseite sollen ja auch am unteren Rand der Rückseite liegen, sie müssen zuletzt gewebt werden. Die zweite Kissenhälfte arbeiten wir nach den Angaben auf dem Maßstreifen.

□ Nachlassen der Kette – Aufwickeln des Gewebes

Nähert sich das Gewebe dem Kamm, muß es aufgewickelt und Kette abgewickelt werden. Dafür stellen wir auch den Kircher-Webrahmen auf den Tisch, lösen die Schrauben bzw. Sperriegel am Kettbaum und lassen

zuerst ein Stück Kette ab. Dabei halten wir aber den Kettbaum mit der Hand fest, damit nicht zuviel Kette abrollt. Schrauben wieder anziehen oder die Sperriegel einrasten. Nun das Gewebe auf den Warenbaum aufrollen: Beim Modell von Kircher lösen wir dazu die Schrauben des Warenbaums und bedecken die Zähnchen mit einem Pappstreifen. Beim Webrahmen Bergère drehen wir an der vorderen Kurbel und rollen so das Gewebe auf. Eventuell muß der Vorgang noch einmal wiederholt werden! Nach jedem Aufwickeln müssen wir die Spannung kontrollieren und sie nach Bedarf am Kettbaum regulieren. Das Gewebe wird gleichmäßiger, wenn wir immer nur kleine Stücke aufrollen und Kette nachlassen. Vor dem Weiterweben den letzten Schußfaden noch einmal anschlagen, da er sich etwas gelöst hat. Man muß darauf achten, daß der Maßstreifen nicht mit eingerollt wird.
Beim Gurtwebstuhl können wir das Gewebe einfach auf das vordere Holz rollen. Bei einem Rundholz müssen wir einen zweiten Holzstab vor den „Warenbaum" legen und ihn an beiden Seiten mit einem Band oder Gummi daran befestigen, um ein Zurückrollen des Gewebes zu verhindern.

□ Beenden des Gewebes
Ist das Gewebe nach 83 cm mit der Nahtzugabe von 2,5 cm beendet, legen wir noch drei Schuß mit einem dickeren Abfallgarn ein, damit sich der letzte Schußfaden nicht löst.
Beim Schulwebrahmen heben wir dann die Kettfäden aus den Zähnen heraus, beim Modell Bergère schneiden wir sie hinter dem Gatter ab, ebenso beim Gurtwebgerät. Webgatter herausziehen!
Nun das Gewebe vom Warenbaum rollen, ebenfalls aus den Zähnen heben oder die Schleifen lösen.

□ Säubern des Webgerätes
Nach Beenden jeder Webarbeit den Webrahmen und Kamm von Flusen und Fadenresten befreien, damit er gleich wieder für die nächste Arbeit bereitsteht.

Übertragen der Kette auf den Webstuhl mit vier Schäften

Beim Webstuhl wickeln wir die Kette zuerst auf den Kettbaum auf, ehe sie durch Litzen und Blatt gezogen wird.
Alle Webstuhlteile, die bei dieser Tätigkeit behindern könnten, nehmen wir heraus; das Blatt, bei Hängeladen die ganze Lade und die Schäfte. Bei schmalen Ketten genügt es, wenn wir die Litzen der Schäfte zur Seite schieben, damit in der Mitte des Webstuhls ein freier Durchgang entsteht.

Die Arbeitsschritte beim Übertragen der Kette

□ Anbinden der Peitsche

Zu jedem Kettbaum gehört ein Eisenstab, die „Peitsche", an dessen beiden Enden sich ein Loch befindet, das zur Befestigung einer Schnur, der „Peitschenschnur", dient.

Um die Kette möglichst weit abweben zu können, gibt es Verlängerungen, die vom Kettbaum bis zu den Schäften reichen. Das können Bindfäden, aber auch ein Tuch sein.

An diesen Längerschnüren müssen wir die Peitsche befestigen. Dazu legen wir die Eisenstange auf den Streichriegel und wickeln die Schnüre so oft um den Kettbaum, daß sie noch ca. 10 cm über den Streichriegel hinwegreichen. Es ist für die Spannung der Kette wichtig, daß die Schnüre alle gleich oft um den Kettbaum gewickelt werden. Nun binden wir die Peitsche an der äußersten rechten Doppelschnur fest, indem wir sie von oben um die Stange herumführen und die beiden Enden wieder oben mit einem Kreuzknoten schließen.

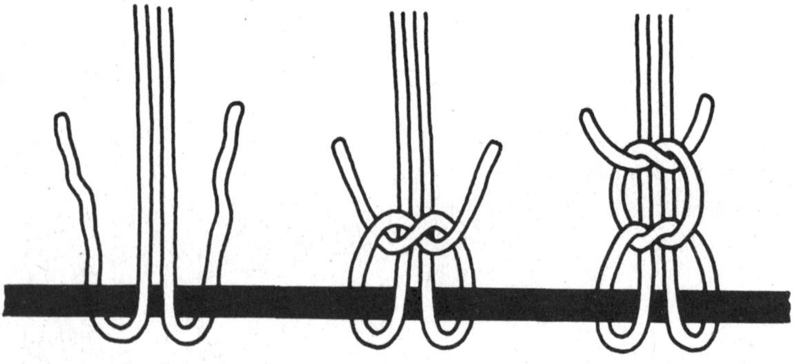

Befestigung der Längerschnüre an der Peitsche

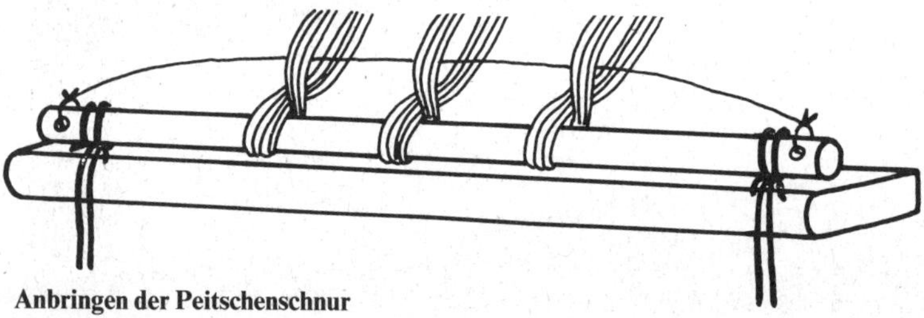

Anbringen der Peitschenschnur

□ Befestigen der Kette an der Peitsche

Jetzt hängen wir den Kettzopf mit der Schlaufe am Gangkreuz auf den Peitschenstab und binden die äußerste linke Längerschnur am Stab fest. Am linken Loch der Peitsche bringen wir eine Baumwollkordschnur an, führen sie hinter dem Gangkreuz durch die Kette und knoten sie ans rechte Peitschenende (s. S. 142).

□ Kette auf Bäumbreite bringen

Zum Bäumen müssen wir die Kette auf die Einstellungsbreite auseinanderziehen. Bei empfindlichen Kettgarnen ist es sogar günstiger, die Kette etwas breiter (5%) aufzubäumen, als es der Einstellungsbreite entsprechen würde, da die Kettfäden beim Weben später nicht so stark strapaziert werden, wenn sie etwas schräg durch Geschirr und Blatt laufen.

Der Reih- oder Reedekamm, ein oben verschließbarer Kamm mit meist 1-cm-Abständen zwischen den Zähnen, hilft, die Kette auf die Bäumbreite zu verteilen. Er wird zwischen Streichriegel und Schäften in den Webstuhl gehängt oder gestellt und gut befestigt.

Vor dem Aufbäumen lesen wir die Kette in einen Reihkamm ein

Nutzen wir nicht die ganze Breite des Webstuhls, muß das Gewebe genau durch die Mitte laufen. Um das zu erreichen, suchen wir die Mitte des Reihkammes, messen die halbe Einstellungsbreite des Gewebes (19,5 cm) nach rechts ab und markieren diese Stelle.
Nun lösen wir die Abbindungen am Gangkreuz und verteilen soviel Fäden in einen Zwischenraum des Reihkammes, wie Kettfäden im Gewebe auf einen Zentimeter kommen, dabei beginnen wir an der markierten Stelle. Beim Kissen füllen wir 20 Zwischenräume auf jeder Seite der Mitte mit vier Fäden, den letzten jedoch nur mit zwei Fäden (39 cm + zwei Randfäden) (s. S. 143).
Wurde die Kette mit mehreren Fäden gleichzeitig gezettelt, erweist es sich jetzt als günstig, wenn wir die Bündel der Kettdichte je Zentimeter angepaßt haben. Ein Bündel möglichst nicht auf zwei Zwischenräume verteilen, da es sonst leicht zu Fadenrissen beim Bäumen kommen kann. Stimmt die Fadenzahl im Bündel mit der Kettdichte nicht überein, legen wir in einen Zwischenraum des Reihkammes mehr Fäden ein, in einem anderen dafür weniger, so daß wir keine Bündel teilen müssen.
Sind alle Kettfäden verteilt, schließen wir den Kamm und sichern den Verschluß. Jetzt die noch fehlenden Längerschnüre an der Peitsche befestigen.

□ Bäumen der Kette

Nun muß die Kette auf den Kettbaum gerollt, „gebäumt“ werden. Dazu sollen die Fäden in der richtigen Reihenfolge liegen und gespannt werden. Das Bäumen geht am besten zu zweit!
Zuerst kontrollieren wir, ob die Arretierhaken am Zahnrad des Kettbaums eingerastet sind. Dann nimmt eine Person den oder die Kettzöpfe nach vorn zum Brustbaum oder Brustriegel. Die Kette wird gegen den Brustriegel geschlagen, damit die Fäden nicht aneinanderhaften, und strammgezogen. Nicht mit den Fingern sortieren oder kämmen!! Längere Ketten führen wir noch um den Knieriegel oder den Warenbaum. Das ergibt eine gleichmäßigere Spannung.
Während so eine Person die Kettfäden spannt, bäumt die zweite die Kette durch Drehen des Kettbaums. Damit die Verlängerungsschnüre nicht die Spannung einzelner Fäden verändern, legt man glatte flache Holzlatten (Bäumlatten) während der ersten Umdrehung zwischen Kettbaum und Kette, bei schmalen Ketten genügt eine dickere Lage Zeitungspapier. Haften die Kettfäden gern aneinander (z. B. bei Wolle), rollen wir zwischen jeder Kettlage Bäumpapier mit ein. Wenn der Kettanfang zwischen Brustbaum und Schafthalterung liegt, ist das Bäumen beendet.

□ Einlegen der Kreuzstäbe

Vor und hinter das Fadenkreuz schieben wir jetzt je einen Kreuzstab, die wir mit reißfestem Garn durch die vorhandenen Löcher zusammenbin-

Die Reihenfolge der Kettfäden kann man an den Kreuzstäben ablesen

den. Nun kann das Fadenkreuz nicht mehr verlorengehen. Die Kreuzschienen befestigen wir hinter den Schäften durch Aufhängen oder Anbinden.
Die Fadenkreuzabbindungen lösen, die vordere Kettschlaufe aufschneiden und jeweils ca. 20 Fäden durch Laufknoten zusammenbinden. Es ist auch möglich, ein Gewicht an die Kettenden zu hängen, damit sie nicht aus den Kreuzstäben rutschen.

□ Entfernen des Reihkamms

Der Reedekamm kann jetzt entfernt werden.

□ Einrichten der Schäfte

Wir müssen feststellen, ob genügend Litzen auf den Schäften sind. Weben wir über die gesamte Webstuhlbreite, müssen überzählige Litzen herausgenommen werden. Bei schmalen Geweben können sie, ganz zur Seite geschoben, auf den Schäften bleiben. Für das Kissen benötigen wir auf jedem der vier Schäfte 39 Litzen.

Auffädeln und Abnehmen von Litzen:
Litzen werden von den Herstellern in Bündeln geliefert. Sie sind an den oberen und unteren Führungsschlaufen zusammengebunden und liegen genau in der Reihenfolge, in der sie auf den Schaft gebracht werden. Wir knoten die Schnüre an einer Seite zusammen, die beiden offenen Enden der anderen Seite verbinden wir mit den Führungsschienen des Schaftes und lassen eine Litze nach der anderen auf die Schienen gleiten. Das Abnehmen geschieht nach dem gleichen Prinzip. Stimmen die Litzenzahlen, setzen oder hängen wir die Schäfte in den Webstuhl.

□ Der Geschirreinzug

Die Gesamtzahl der Schäfte nennt der Weber „Geschirr“.
Für das Kissen verteilen wir die Kettfäden gleichmäßig auf die vier Schäfte. Wir beginnen mit dem Einzug beim ersten Schaft, dem vordersten, auf der linken Seite, es folgt je eine Litze auf dem zweiten, dem dritten und dem vierten Schaft. Dann wiederholen wir die Einzugsfolge, den Einzugsrapport. Der verwendete Einzug hat den Namen „Geradedurch-Einzug“.
Mit der linken Hand holen wir nun das erste Fadenbündel nach vorn, öffnen den Laufknoten und ziehen die Kettfäden etwas stramm. Die Reihenfolge der Fäden läßt sich nun genau an den Kreuzstäben ablesen: Es läuft immer abwechselnd ein Faden über der ersten Schiene und einer unter ihr. Mit der rechten Hand stecken wir einen Einziehhaken durch das Auge der ersten Litze auf der linken Seite des vorderen Schaftes. Mit der linken Hand legen wir den ersten Kettfaden (doppelter Randfaden) auf den Haken und ziehen ihn durch. Es folgt der nächste Faden in die erste Litze des zweiten Schaftes, der dritte in die erste Litze des dritten Schaftes und der vierte in die erste Litze des hintersten Schaftes.
Nun kontrollieren wir die eingezogenen Fäden, ob auf jedem Schaft die erste Litze eingezogen ist und ob die Reihenfolge stimmt. Dann binden wir die vier Fäden mit einem Laufknoten zusammen, damit sie nicht mehr aus den Litzen rutschen können.
Haben wir die nächsten vier Litzen bereitgestellt, ziehen wir die folgenden vier Kettfäden auf die gleiche Weise ein und kontrollieren wieder. So fahren wir fort, bis die ganze Kette in Litzen gezogen ist, in die letzte Litze kommt wieder ein Doppelfaden.
Wir gehen zum Schluß noch einmal alle Viererbündel (Rapporte) durch und verhindern so, daß ein Fehler übersehen wird und die ganze Arbeit umsonst war. Fehler im Einzug laufen durch das ganze Gewebe!

□ Der Blatteinzug

Sind alle Kettfäden im Geschirr, müssen sie noch in den Kamm, das Webblatt, eingezogen werden. Der Weber nennt diesen Arbeitsgang „Blattstechen“. Bei Webstühlen besteht das Blatt nur aus Schlitzen, die

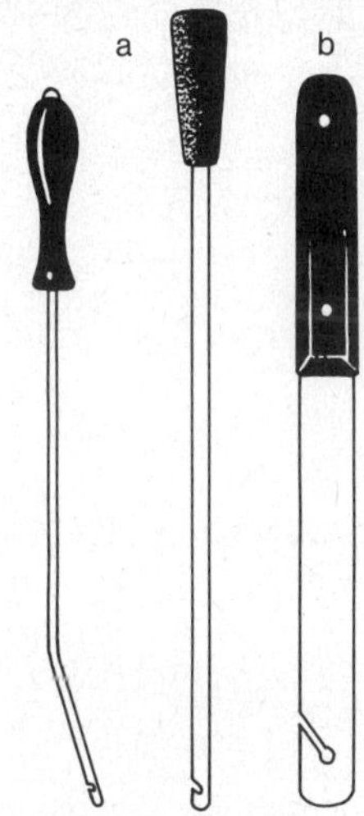

Einziehhaken (a) und Blattstecher (b)

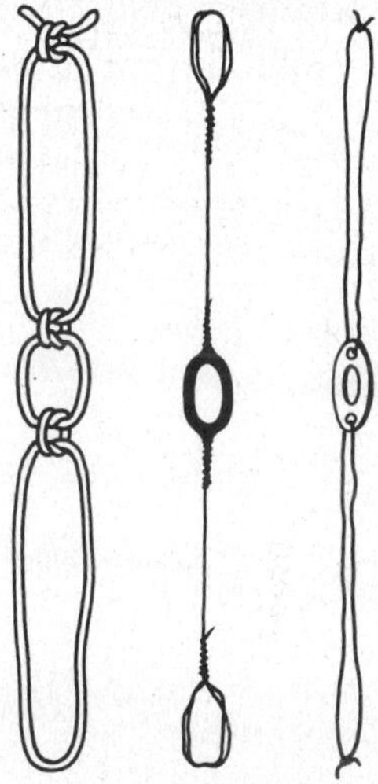

Verschiedene Litzen

Mit der linken Hand wird der erste Kettfaden auf den Haken gelegt und durch die Litze gezogen

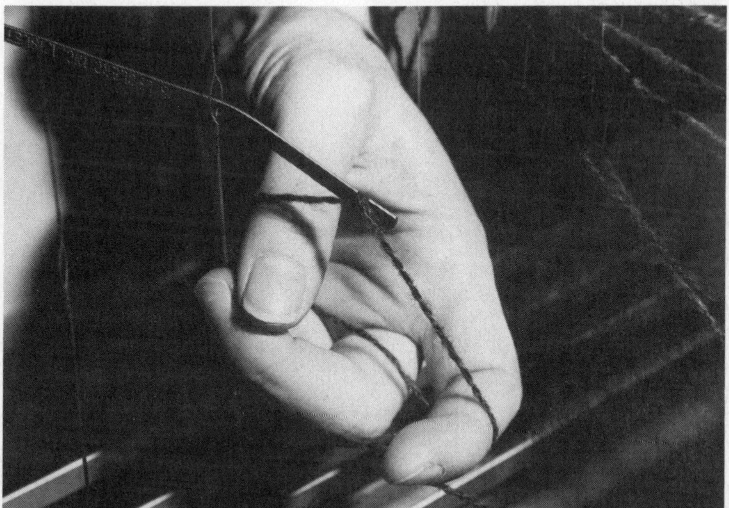

wir „Riet“ nennen. Es hält die Kettfäden im richtigen Abstand voneinander und dient zum Anschlagen des Schusses.
Das Blatt setzen wir genau in die Mitte der Lade ein, die Kette läuft genau durch die Mitte des Blatts. Für das Kissen verwenden wir ein Blatt 40/10, das eine Kettfadendichte von 40 Fäden je 10 cm oder 4 Fäden je cm einstellt. Wie beim Reihkamm stellen wir zuerst die Blattmitte fest und messen dann die halbe Webbreite (19,5 cm) nach rechts ab. So finden wir das Riet für den Einzug des ersten Kettfadens.
Jetzt lösen wir den Laufknoten, der die ersten vier Fäden zusammenhält, stecken den Einziehhaken oder einen speziellen Blattstecher (Blattmesser) durch das ermittelte Riet und ziehen den doppelten Randfaden durch. Nun kommt immer ein Faden in ein Riet bis zur linken Randverstärkung. Die eingezogenen Fäden werden wieder durch Laufknoten gesichert.
Auch beim Blattstechen sollten wir nach jedem Bündel kontrollieren, ob nicht ein Riet ausgelassen oder eins doppelt eingezogen wurde. Wir achten darauf, daß sich keine Kettfäden überkreuzen und überprüfen den Geschirreinzug noch einmal.

Die Kettfäden werden abwechselnd von beiden Seiten am Längerstab des Warenbaums befestigt

Blattauswahl:
Die Webblattnumerierung gibt an, in welchem Abstand die Riete stehen, d. h. wieviel Fäden je 10 cm eingezogen werden können. Ein Webblatt 40/10 nimmt 40 Kettfäden auf 10 cm Gewebe auf bzw. 4 Kettfäden auf 1 cm. Das gleichmäßigste Gewebe entsteht, wenn man das Blatt wählt, das der Kettdichte je cm entspricht. Man kann sich aber auch die Arbeit erleichtern, wenn man dichtere Ketten mit zwei Fäden je Riet in ein gröberes Blatt einzieht, wenn man z. B. bei einer Kettdichte von acht Fäden je cm nicht das Blatt 80/10 wählt, sondern 40/10. Auch bei einem sehr reibungsempfindlichen Kettgarn empfiehlt sich der doppelte Einzug in ein grobes Blatt. Fäden, die jedoch gern zusammenhaften, müssen einzeln eingezogen werden, ebenso gehören gleichbindende Kettfäden nicht in ein gemeinsames Riet, da sie sich dabei leicht verdrehen.

□ Anbinden der Kette

Um die Kette endgültig zu spannen, knoten wir sie an den Nuten- oder Längerstab an, der mit dem Warenbaum entweder durch Längerschnüre oder ein Längertuch verbunden ist. Diese Schnüre befestigen wir in der gleichen Weise wie an der Peitsche (s. S. 142). Auch zum Anknüpfen der Kette benutzen wir die gleiche Technik, dazu nehmen wir vier Fäden auf einmal, binden aber keinen ganzen Kreuzknoten, sondern nur die erste Hälfte. Wir beginnen mit zwei Bündeln an jeder Seite, es folgen zwei in der Mitte. Nun arbeiten wir uns abwechselnd von beiden Seiten zur Mitte vor (s. S. 148).

□ Spannen der Kette

Sind alle Kettfäden am Nutenstab angebunden, regulieren wir die Spannung, indem wir an den beiden Enden der Bündel fest in Richtung Blatt ziehen und eine Schleife auf den halben Kreuzknoten setzen. Wir beginnen wieder außen und gehen von beiden Seiten zur Mitte hin. Immer überprüfen wir durch Auflegen der flachen Hand, ob die Spannung gleichmäßig ist. Es kommt nicht auf die Stärke der Spannung, sondern auf die Gleichmäßigkeit an.

Aufbringen einer Kette mit Direktkettwalze

Mit einer Direktkettwalze, die zu einigen Webstuhlfabrikaten (Arm, Leclerc) angeboten wird, können Schären und Bäumen der Kette in einem Arbeitsgang erledigt und ohne Hilfe einer weiteren Person durchgeführt werden. Diese Einrichtung kann allen Hobbywebern empfohlen werden. Bei dieser Schär- und Bäumhilfe ist der Kettbaum durch Metallstäbe in 2 oder 5 cm breite Abteilungen (Sektionen) eingeteilt, diese werden einzeln bewickelt. Dazu läuft das Garn von Spulen auf einem Spulengatter durch einen Spannkasten mit einem kleinen Blatt, das die Breite des Fadenbündels reguliert. Die Kettlänge messen wir durch Zählen der Umdrehungen des Kettbaums beim Bäumen. Die Fadenfolge wird am Ende beim System Leclerc durch einen Klebstreifen festgehalten. Das System Arm hat einen kleinen Gatterkamm im Spannkasten zur Bildung eines Fadenkreuzes.

Die Schnürung beim Webstuhl

Das Kissen weben wir in der einfachsten Verkreuzung der Kett- und Schußfäden: In der ersten Webreihe oder beim ersten Schuß heben wir die ungeraden Kettfäden – also den 1., 3., 5. Faden usw. –, beim zweiten Schuß die geraden. Diese Reihenfolge wird immer wiederholt. Wenn wir für jeden gehobenen Kettfaden ein Kästchen auf kariertem Papier ausmalen, können wir die Bindung – sie heißt Leinwandbindung – einzeichnen.

Da sich das Muster aus zwei verschiedenen Schußreihen zusammensetzt, benötigen wir zwei Tritte zum Weben, für jeden Schuß einen. Hat der

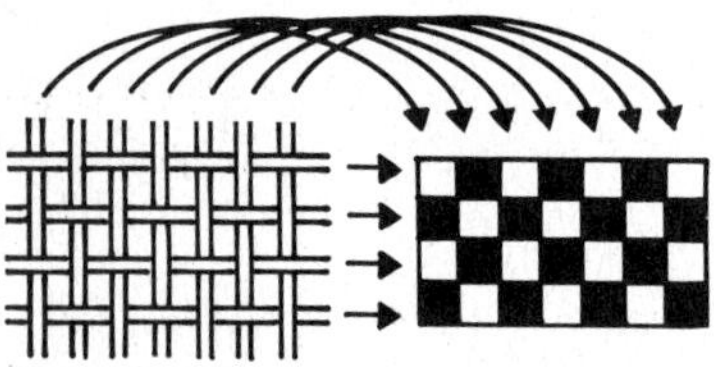

Vom Gewebe zur Gewebedarstellung

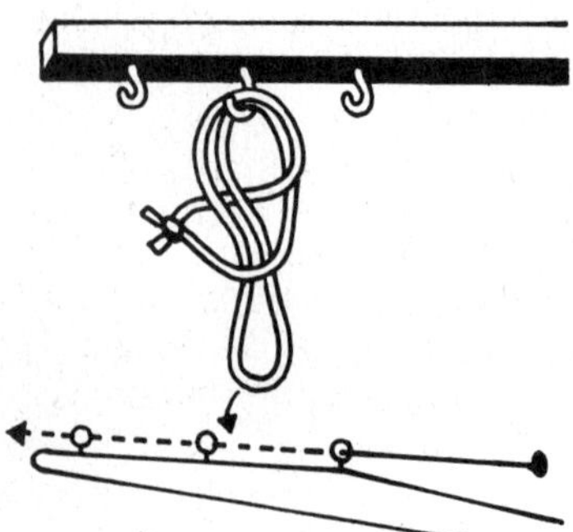

Schnürung beim Hebelwebstuhl (System Leclerc)

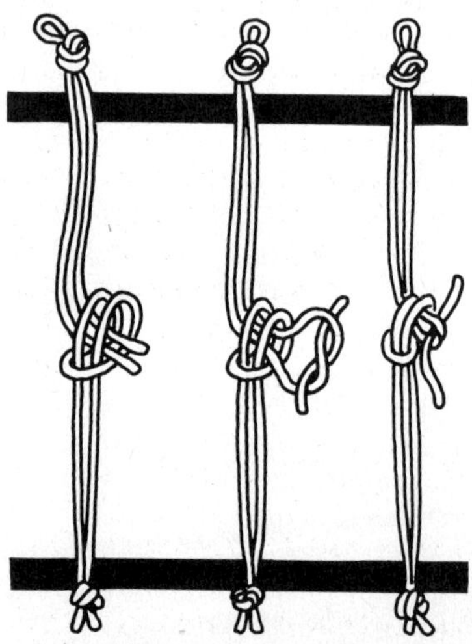

Stellknoten für die Schnürung über Querschemel

Webstuhl sechs Tritte, benutzen wir die beiden mittleren, bei einer Numerierung von links die Tritte 3 und 4.
Nun kommt es darauf an, die Schäfte und Tritte richtig zu kombinieren. Beim „Hebelwebstuhl" schnüren wir die Tritte direkt an die Schaftschienen, bei den anderen Systemen sind die Tritte über Holzlatten, die Querschemel, mit den Schäften verbunden. Diese Verbindung wird in der Regel durch Schnüre hergestellt (Knoten s. S. 150).
Zuerst verbinden wir die Schäfte 1 bis 4 mit den dazugehörenden Querschemeln, dann schnüren wir die Tritte an die entsprechenden Querschemel. Beim ersten Schuß sollen die ungeraden Kettfäden gehoben werden, sie liegen auf Schaft 1 und 3. An Tritt 3 müssen wir daher die Schäfte 1 und 3 binden. Für den zweiten Schuß verknoten wir die Schäfte 2 und 4 mit Tritt 4.

Besondere Hinweise für die drei besprochenen Webstuhltypen
Hebelwebstuhl (Leclerc)
Bei diesem Typ hängen wir die mitgelieferten Schlaufen an die Haken der Schaftschienen und befestigen die Tritte daran.
Rollenzugwebstühle
Bei Rollenzug- bzw. kombinierten Rollenzug- und Wellenzuggeräten binden wird die gesenkten Fäden an: an Tritt 3 die Schäfte 2 und 4, an Tritt 4 die Schäfte 1 und 3!
Kontermarschwebstühle
Weben wir auf einem Kontermarschwebstuhl, müssen sowohl die Hebungen als auch die Senkungen beachtet werden. Die Wippen müssen festgestellt sein, ehe wir uns unter den Webstuhl setzen und mit dem Schnüren beginnen. Wir verknüpfen zuerst die Schnüre für die Hebungen der Schäfte mit den unteren oder längeren Querschemeln, und die von der Schaftunterseite ausgehenden Bänder für Senkungen mit den oberen oder kürzeren Querschemeln. Wir achten darauf, daß diese Schnüre genau durch die Mitte des Gewebes nach unten führen. Die Querschemel sollten waagerecht hängen. Dann verbinden wir Tritt 3 mit den Hebungsquerschemeln von Schaft 1 und 3 sowie mit den Senkungsquerschemeln von Schaft 2 und 4. An Tritt 4 kommen die Hebungen von Schaft 2 und 4 sowie die Senkungen von Schaft 1 und 3.

Weben am Webstuhl

Weben wir auf einem Webstuhl, bei dem die Schäfte auf Schienen liegen und beim Bewegen der Tritte hochgedrückt werden, die außerdem eine Standlade haben, ist nun alles webbereit eingerichtet. Bei anderen Systemen müssen wir noch einmal kontrollieren, ob die Schäfte alle in der gleichen Höhe angebunden sind. Durch Treten der Tritte untersuchen wir, ob sich das Fach, die Öffnung zwischen den Kettfäden, gut bildet. Die gesenkten Fäden sollen beim offenen Fach auf der Ladenbahn aufliegen, Webblatt und Lade dürfen nicht an der Kette scheuern, sonst muß die Höhe der Lade (bei Hängeladen) oder die der Schäfte verändert werden.

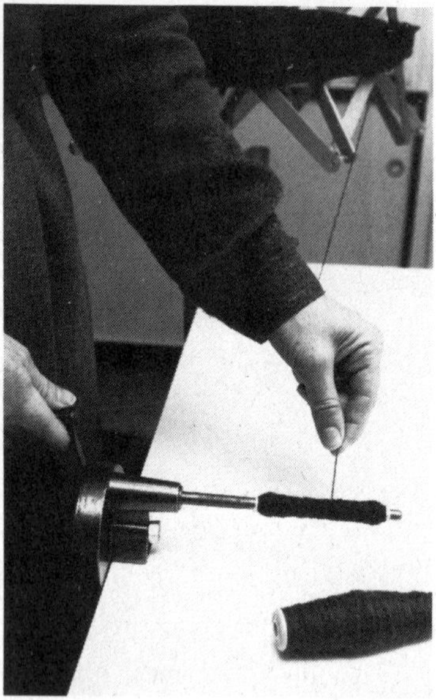

konische Spule

zylindrische Spule

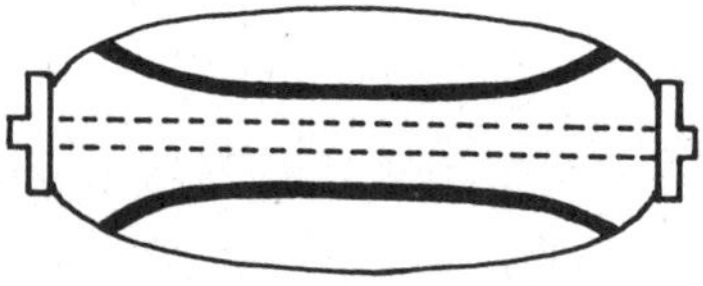

zylindrische Spule mit Köpfchen

Spulen des Schußgarns

Wickelschema bei verschiedenen Spulen

Spulen des Schußgarns
Zum Bewickeln der Spulen benutzt man ein Spulrad, das mit Hand- oder Elektroantrieb betrieben wird. Die Spulen müssen stramm bewickelt sein, damit der Faden beim Weben gut abläuft, dabei sollen Spulen ohne Randbegrenzung nicht bis zum Rand gefüllt werden.

Arbeitsschritte beim Spulen
□ Wir befestigen den Faden durch mehrfaches Umwickeln oder wir klemmen den Anfang im Loch der Spule mit dem Dorn der Spulmaschine fest.
□ Durch Drehen des Spulrades mit der rechten Hand und Führen des Fadens mit der linken Hand füllen wir die Spulen.

Verschiedene Spulmethoden

a) Wir vermindern die Spulbreite ganz langsam auf beiden Seiten, so daß die Spule in der Mitte am dicksten ist.

b) Wir wickeln an beiden Seiten kleine Höcker und füllen dann die Mitte auf.

c) Wie man konische Spulen füllt, wird auf S. 152 gezeigt. Die Spule darf nur so dick sein, daß sie sich im Schützen frei bewegen läßt.

Für das Kissen bereiten wir eine Spule mit Alpaka und eine mit Lamawolle vor, zusätzlich eine mit dickem Abfallmaterial.

Einsetzen der Spulen in den Schützen

Es gibt zwei Arten von Schützen: Einen mit herausnehmbarer oder herausklappbarer Achse für Rollspulen. In diesen Schützen setzen wir die Spule so ein, daß der Faden von unten her abläuft. Der andere Schützentyp hat einen konischen, herausklappbaren Dorn, auf den die konischen Spulen passen, von denen das Garn abgezogen wird.

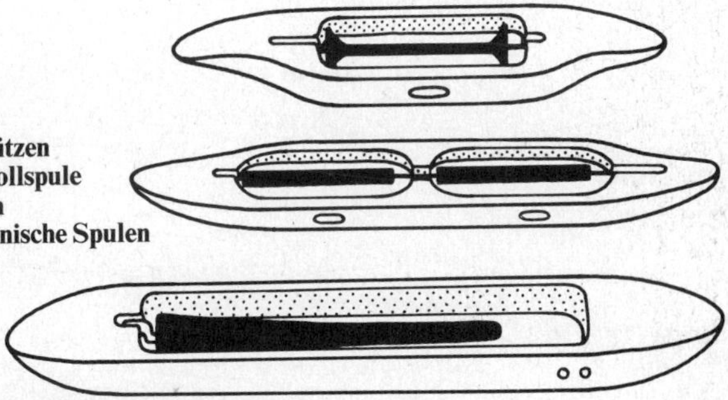

Verschiedene Schützen
a) Schützen mit Rollspule
b) Doppelschützen
c) Schützen für konische Spulen

Weben

Zur Überprüfung der Bindung und bis zum Beginn eines gleichmäßigen Gewebes legen wir einige Schuß dickes Abfallmaterial ein, dann weben wir die 2,5 cm Nahtzugabe mit Alpaka.

Arbeitsschritte beim Weben

Erster Schuß

□ Treten des Trittes 3 mit dem linken Fuß

□ Durchschießen des Schützen mit der linken Hand von links nach rechts. Der Fadenaustritt am Schützen zeigt zum Weber.

Der Schützen sollte so viel Schwung haben, daß er ohne zu stocken bis zur anderen Seite kommt, aber nicht wegfliegt.

Bei Webstühlen mit Hängelade muß diese mit der rechten Hand etwas in Richtung auf die Schäfte zurückgedrückt werden.

□ Auffangen des Schützen mit der rechten Hand und Durchziehen des Fadens

□ Sichern des Fadenendes

Den ersten Schußfaden ziehen wir so weit durch, daß ein 2 cm langes Endstück übrigbleibt. Dieses dünnen wir etwas aus – einige Fasern herausziehen, bei Zwirnen einen Faden abschneiden –, schlingen es um den Randkettfaden und legen es ins gleiche Fach zurück.

□ Anschlagen des Schusses

Mit der linken Hand fassen wir die Lade in der Mitte und schlagen den Faden an, immer bei getretenem Tritt, damit der Schußfaden sich gut einlegen kann.

□ Trittwechsel bei angeschlagenem Blatt

Noch wenn das Blatt am Gewebe steht, treten wir mit dem rechten Fuß Tritt 4.

□ Zweites Anschlagen und Zurückführen der Lade

Schuß noch einmal anschlagen, nicht zu fest, dann Lade zurückführen!

Zweiter Schuß

□ Durchschießen des Schützen von rechts nach links mit der rechten Hand

□ Auffangen des Schützen mit der linken Hand und Durchziehen des Fadens, bis er den Randfaden ohne Schlaufe umschlingt und schräg im Fach liegt (s. S. 137).

□ Anschlagen mit der rechten Hand

□ Trittwechsel

□ Anschlagen

Nach den beiden ersten Schüssen können wir erkennen, ob die Schnürung stimmt und die Spannung gleichmäßig ist. Bilden sich Wellenlinien im Gewebe (s. S.157), können wir sie durch Nachziehen der entsprechenden Kettfadengruppen beseitigen. Nach dem „Anweben" mit Abfallgarn, wenn die Kettfadenabstände ausgeglichen sind, beginnt die Nahtzugabe mit Alpaka.

Ansetzen eines neues Materials

Vor dem Materialwechsel versorgen wir das Schußfadenende, indem wir es etwas ausdünnen und um den Randfaden geschlungen ins geöffnete Fach des letzten Schusses zurücklegen. Nach dem Fachwechsel schießen wir den ersten Schuß mit dem neuen Material ein, dünnen das Ende ebenfalls aus und führen es, um den Randkettfaden geschlungen, ins Fach zurück.

Das Ansetzen der Lamawolle geschieht auf die gleiche Weise.

Schußfadenansatz im Gewebe
Ist eine Spule leer und wollen wir mit dem gleichen Material weiterweben, können wir auch im Gewebe einen neuen Faden ansetzen. Dazu dünnen wir das Ende des alten und den Anfang des neuen Garns aus und legen die Fäden ca. 2 cm übereinander ins Fach (s. S. 138).

Kontrolle des Anschlags
Von Anfang an sollten wir darauf achten, nicht zu locker und nicht zu fest anzuschlagen. Wir zählen immer wieder die Einschüsse je cm. Beim Weben mit Alpaka dürfen es nicht mehr als 4 sein.

Farbwechsel
Möchten wir andersfarbige Streifen in das Kissen weben, versorgen wir das Ende der alten Farbe und den Anfang der neuen ebenfalls durch Zurücklegen ins Fach. Für eine gerade Anschlaglinie ist es günstig, die neue Farbe auf der gegenüberliegenden Seite vom Ende der alten aus zu beginnen (s. S. 139).
Wenn man die Webkante später unsichtbar verarbeitet, braucht man bei schmalen Streifen die Schußfäden nicht abzuschneiden. Entweder weben wir einfach abwechselnd die gewünschten Streifen und erhalten am Rand größere Schlingen oder wir führen die gerade nicht benötigte Farbe an der Kante entlang mit, indem wir die beiden Schußfäden miteinander verkreuzen (s. S. 173).

Aufrollen des Gewebes
Wird das Fach zu klein, so daß der Schützen nur schwer durchpaßt, muß Kette nachgelassen und Gewebe aufgerollt werden. Dazu lösen wir die Verriegelung am Kettbaum, holen 10 bis 15 cm Kette nach vorn und wikkeln dabei gleichzeitig das Gewebe auf. Ist der Kettbaum wieder verriegelt, regulieren wir die Spannung durch Drehen am Zahnrad des Warenbaums.
Besteht die Verbindung zwischen Längerstab und Warenbaum aus Längerschnüren, müssen bei empfindlichen Geweben wieder Latten zwischen Warenbaum und Gewebe bei der ersten Umdrehung eingelegt werden.

Abnehmen des Gewebes
Zur Sicherung der letzten Einschüsse einige Reihen mit Abfallgarn weben. Dann schneiden wir die Kette vor dem Blatt oder vor der Peitsche ab, lösen die Verriegelung des Warenbaums und rollen das Gewebe ab. Die Schleifen am Längerstab werden gelöst und der fertige Stoff abgenommen.

Säubern des Webstuhls
Alle Garnreste vom Webgerät entfernen, Peitsche, Nutenstab und Schnürung lösen, Blatt von Flusen befreien und trocken aufbewahren.

Abschlußarbeiten

Die Schußfäden sichern wir am Anfang und Ende des Gewebes durch eine Zickzacknaht, bei groben Stoffen mit einer geraden Naht, da sich das Gewebe bei Zickzacknähten verzieht. Die überstehenden Kettfäden abschneiden, die Sicherungs- und Anwebfäden lösen.
Alle heraushängenden Fäden abschneiden, wenn die Anfänge wie beschrieben verwebt wurden, sonst verstopfen. Auch Fehler können durch „Stopfen" ausgebessert werden.
Damit sich das Material von den Strapazen des Webens erholen kann, wickeln wir den Stoff in ein nasses Tuch und lassen ihn mehrere Stunden, am besten über Nacht, darin liegen. Leinen- und Baumwollstoffe waschen wir vorsichtig. Das feuchte Gewebe wird dann unter einem Tuch gedämpft. Durch die feuchte Wärme fixieren wir die Kett- und Schußfäden in ihrer Lage, in der Industrie nennt man diesen Vorgang „Dekatieren". Nach dieser Behandlung fühlt sich der Stoff ganz weich an.

Verarbeitung zum Kissen
Das Stoffstück mit der rechten Seite nach innen falten, die Saumzugaben und Streifen genau übereinanderstecken. Die untere Naht auf jeder Seite vor Beginn des dicken Gewebes 5 cm steppen und bügeln. In den offenen Teil der Naht einen 25 cm langen Reißverschluß einnähen. Bei geöffnetem Reißverschluß die Seitennähte schließen.
Jetzt benötigen wir nur noch eine passende Füllung, die wir in Wäschegeschäften oder Kaufhäusern kaufen können, und das Kissen ist fertig.

Fehler beim Weben

Fehler im Einzug
Wurde einmal eine Litze oder ein Riet überschlagen oder doppelt eingezogen, ist es am besten, die Kette bis zum Fehler wieder herauszunehmen. Zusätzlich eingezogene Fäden lassen sich oft in der Spannung nicht gut regulieren, und man sieht den „Fehler" durch das ganze Gewebe.

Ungleiche Spannung im Gewebe
Entsteht beim Weben der ersten Zentimeter keine gerade Schußlinie, sondern bilden sich Einbuchtungen oder Wölbungen, so ist die Kette un-

Ungleiche Kettspannung

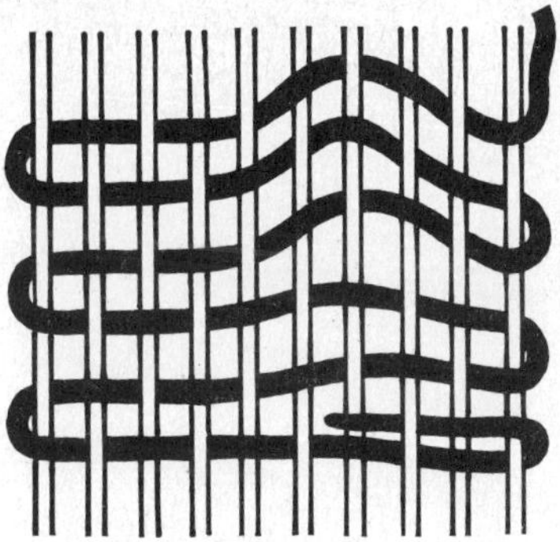

a) zu lose Kettfäden

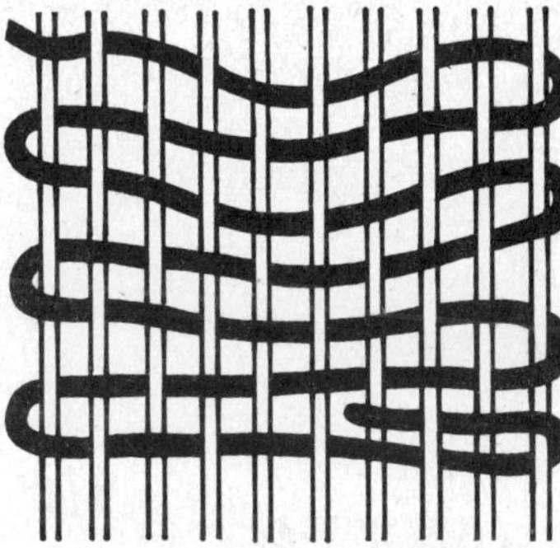

b) zu fest angezogene Kettfäden

gleich gespannt. Wo es möglich ist, lösen wir die Anbindung am vorderen Längerstab und berichtigen die Spannung.

Das Gewebe wird immer schmaler

Bis 5 Prozent der Breite kann sich ein Gewebe durch das Verkreuzen der Fäden immer einziehen. Wird es mehr, legt man den Schuß zu knapp ein. In diesem Fall immer etwas mehr Schußgarn eingeben, bis die richtige Breite wieder erreicht ist. Durch zu starkes Zusammenziehen des Gewebes können die Randfäden reißen.
Nur wenn alle Mühen, die richtige Breite zu halten, scheitern, benutzen wir einen Breithalter. Dazu stellen wir seine Spannweite genau auf die Einstellungsbreite der Kette ein, stecken die Nadelspitzen in die Gewebekanten und drücken vorsichtig auseinander.

Einsetzen des Breithalters

Das Gewebe wird schief

Wächst das Gewebe auf einer Seite schneller als auf der anderen, ist nicht gleichmäßig angeschlagen worden.

Übersprungene Fäden

Einen falschen Einschuß über die ganze Webbreite merkt man meist früh genug, um den Fehler durch Zurückweben zu reparieren.
Manchmal bildet sich jedoch an einzelnen Kettfäden das Fach nicht richtig, Fäden werden übersprungen, ohne daß man es merkt. An dieser Stelle ziehen wir nach Abschluß der Arbeit den fehlerhaften Schuß aus und stopfen einen neuen mit einer Nadel ein. Der eingestopfte Faden sollte sich an jeder Seite 2 cm mit dem korrektlaufenden Schußfaden überlappen.

Ein gerissener Kettfaden

Reißt ein Kettfaden, reparieren wir den Schaden wie folgt:
a) Ein Stück Kettgarn abmessen, das gut vom Gewebe zum Kettbaum reicht.
b) Diesen Faden an das Ende des gerissenen Fadens, der vom Kettbaum herkommt, anknoten.
c) Durch Zurückziehen des alten Fadens fädeln wir den neuen in Blatt und Litze ein. Wir ziehen ihn soweit durch, daß er noch ca. 5 cm auf dem Gewebe liegt.
d) Die Anknotstelle wieder lösen und die überflüssige Länge des gerissenen Fadens mit dem Ersatzfaden in einer Schleife abbinden.
e) Das auf dem Gewebe liegende Ende in der richtigen Bindung neben dem zweiten Ende des gerissenen Fadens 2 cm weit einstopfen. Eine

Sichern eines eingezogenen Ersatzfadens am Gewebe

Stecknadel in Schußrichtung einstecken und den Rest des eingestopften Fadens in 8er Form um die Nadel wickeln und dabei die richtige Spannung herstellen (s. S.158).

f) Haben wir so viel gewebt, daß der alte Kettfaden wieder ca. 7 cm ins Gewebe reicht, lösen wir die Schleife und bringen den alten Faden wieder nach vorn. Ihn stopfen wir, wie zuvor den Ersatz, ein und spannen ihn genauso um eine Nadel. Ersatzfaden am Gewebe abschneiden!

Garne für Kette und Schuß

Bei der Auswahl der Grundmaterialien für unsere Gewebe sollten wir uns von den Eigenschaften leiten lassen, die wir von der fertigen Arbeit erwarten: Soll das Webstück allein zur Dekoration dienen, brauchen wir an die Haltbarkeit keine so großen Anforderungen zu stellen. Anders bei Kleidungsstoffen und Gebrauchsgegenständen für Wohnung und Haushalt: Hier ist auf die Strapazierfähigkeit und Pflegeleichtigkeit Rücksicht zu nehmen. Darüber hinaus spielen Aussehen und fühlbare Eigenschaften aber die wichtigere Rolle: Soll ein Gewebe Glanz haben, soll es matt sein, glatt oder flauschig, hart oder weich, sich kühl anfühlen oder Wärme vermitteln, soll es grob sein oder fein? Schließlich sollte auch die aufzuwendende Arbeitszeit in einem angemessenen Verhältnis zur Materialqualität stehen. Da Weben ein zeitaufwendiges Hobby ist, sind Materialien von hoher Qualität vorzuziehen. Gerade die vielen Möglichkeiten individueller Gestaltung durch Materialwahl und Zusammenstellung machen eine der reizvollsten Seiten des Handwebens aus. Werfen wir nun zunächst einen Blick auf die für uns wichtigen Naturfasern, die tierischen Fasern Wolle und Seide und die pflanzlichen Fasern Baumwolle und Leinen, die man in vielen verschiedenen Kombinationen und Strukturierungen kaufen kann.

Wolle

Die Schafwolle wurde schon sehr früh für die Herstellung von Geweben benutzt. Die Anfänge der Schafzucht liegen wahrscheinlich in Persien und Mesopotamien und reichen bis ins 6. Jahrtausend v. Chr. zurück. Mehrere Eigenschaften machen Wolle zu einem bis heute unübertroffenen Rohstoff für die Bekleidungsherstellung: Da ist zuerst ihr großes Warmhaltevermögen zu nennen. Die schuppenartig aufgebauten und gekräuselten Wollhaare schließen viele kleine Lufträume zwischen sich ein,

die wie eine Isolierschicht wirken und die Körperwärme festhalten. Je mehr gekräuselt ein Wollhaar ist, um so größer ist sein Warmhaltevermögen. Ein zweiter Vorzug der Wolle liegt in ihrer Dehnbarkeit und Elastizität. Bei richtiger Pflege zieht sich auch im Gewebe die Faser immer wieder in ihre alte Form zurück. Schließlich kann Wolle eine große Menge Feuchtigkeit aufnehmen, ohne sich naß anzufühlen.
Da Wolle, wie alle Eiweißstrukturen, auf Waschlaugen empfindlich reagiert, unter Druck und feuchter Wärme leicht verfilzt, müssen beim Waschen besondere Vorsichtsmaßnahmen beachtet werden: Kein Reiben, fast kaltes Wasser und Verwendung eines Spezialwaschmittels erhalten die guten Eigenschaften dieser Faser.
Die Wolle der verschiedensten Schafrassen läßt sich grob in drei Qualitätsgruppen einteilen:
Das edelste Material stammt vom Merinoschaf. Es liefert eine lange, feine und stark gekräuselte Faser.
Das Vlies der englischen Talschafrassen, der Heidschnucken und des Pyrenäenschafs besteht aus langen glatten und kräftigen Haaren. Diese Grobwollen ergeben einen sehr festen, aber etwas harten Faden. Die Strapazierbarkeit der englischen Tweedstoffe beruht auf der Verwendung dieses Wolltyps.
Um eine Faser zu erhalten, die sowohl die Weichheit der Merinowolle als auch die Festigkeit der Grobwollen in sich vereinigt, hat man verschiedene Kreuzungen der genannten Schafrassen vorgenommen und dabei die verschiedensten Qualitäten schon in der Wollsorte selbst erhalten. Alle diese Mischformen sind unter der Bezeichnung „crossbred“ oder „Kreuzzuchtwollen“ im Handel. Die Neuseelandwolle ist die bekannteste der Crossbredwollen.
In den Spinnereien werden die einzelnen Wollfasern auf zwei verschiedene Arten zu Fäden versponnen:
Nach der Reinigung leitet man die Rohwolle von langhaarigen Qualitäten durch Maschinen, die mit Hilfe von Kämmen die Fasern parallel legen, strecken und alle kurzen Haare (Kämmlinge) aussortieren. Das so vorbereitete Material wird zu einem festen, oft reibempfindlichen, glatten, glänzenden und dünnen Faden versponnen, *dem Kammgarn*. Es kommt fast immer als Zwirn in den Handel, das bedeutet: zwei oder mehr Fäden sind in entgegengesetzter Spinnrichtung zusammengedreht, der Fachmann sagt „verzwirnt worden.“
Kürzere und gekräuselte Rohwollen eignen sich für dieses Verfahren nicht. Diese Qualitäten kratzt man in einer Krempelmaschine – durch

Rechts: Garne und Zwirne mit verschiedenen Strukturen

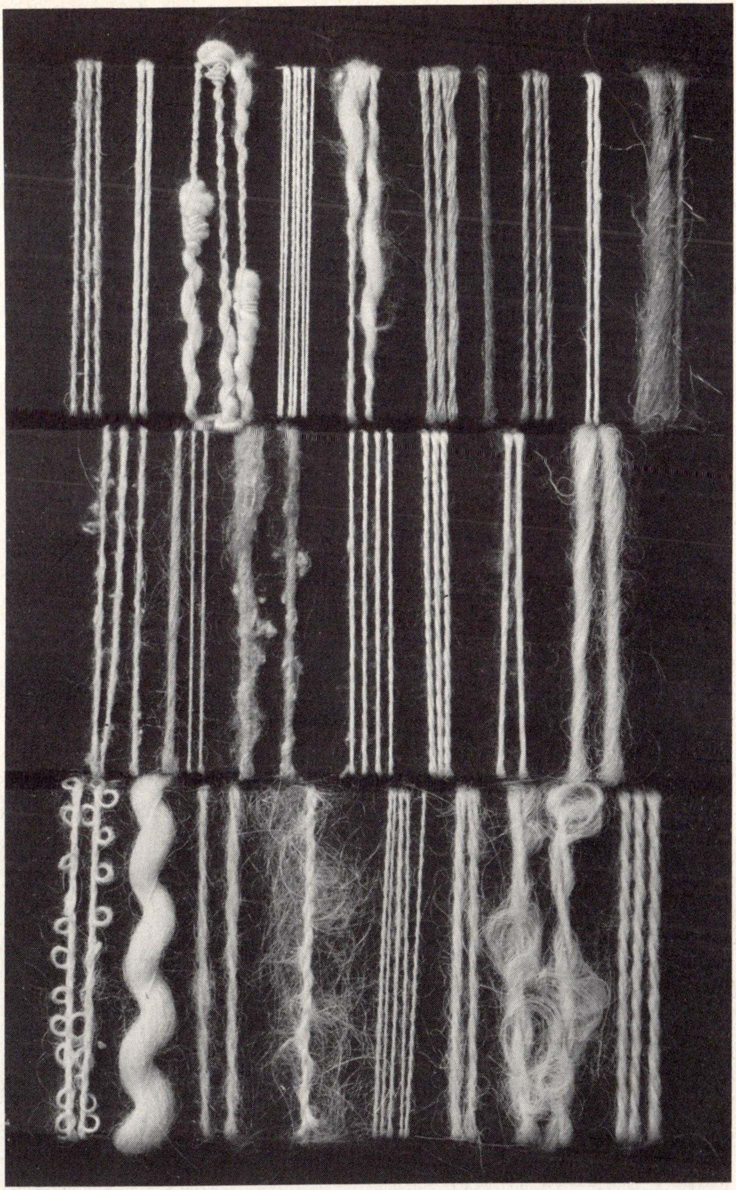

eine oder mehrere mit Nägeln bestückte Walzen – auf und verspinnt sie zum sogenannten *Streichgarn*, das einen weicheren haarigeren Charakter im Faden zeigt, da die kurzen Enden der einzelnen Haare sich nicht vollständig eindrehen lassen. Streichgarne sind in den verschiedensten Dicken als einfaches Garn oder als Zwirn zu erhalten. Abwandlungen sind Effektgarne; Schlingenzwirne, Knotenzwirne, Flammenzwirne (S. 161). Streichgarne sind in der Regel besser dehnbar als Kammgarn. Sie halten die Wärme besser wegen ihrer moosigen Oberfläche und loseren Drehung.

Die mit dem Wollsiegel „Reine Schurwolle" ausgezeichneten Produkte müssen zu 100 Prozent aus Wolle bestehen, die vom lebenden Schaf stammt. Ein Zusatz von Reiß- oder Sterblingswolle ist nicht erlaubt.

Neben dem Schaf liefern noch andere Tiere Fasern mit interessanten Eigenschaften und gutem Aussehen.

Das grobe Haar der Hausziege wird oft mit Wolle zum *Haargarn* versponnen, das wegen seiner guten Strapazierfähigkeit vor allem zur Teppichherstellung verwendet wird. Dieses Garn ist aber auch für Tragetaschen sehr geeignet.

Auch das flauschige *Mohair* stammt von einer Ziege. Im Handel finden wir es oft mit Wolle oder einer synthetischen Faser versponnen und aufgerauht. Es gibt aber auch reine Mohairgarne, aufgerauht oder als Schlingenzwirne, die vielen Geweben ein interessantes Aussehen verleihen.

Die Flaumhaare der Kaschmirziege werden zu *Kaschmirgarn* verarbeitet. Es ist das edelste, weichste Ziegenhaar und sehr teuer, da ein Tier pro Jahr nur etwa 125 g Wolle liefert.

Aus den Hochländern von Südamerika kommt die sehr weiche und trotzdem reißfeste Wolle, die aus den Haaren von Lamas und Alpakas – mit den Kamelen verwandten Tieren – hergestellt wird. Während das feinere *Alpaka* vor allem als Zwirn zu kaufen ist, gibt es die etwas grobere *Lamawolle* unversponnen oder als Handspinngarn. Sie besticht vor allem durch eine feine Melierung innerhalb jeder Naturfarbe.

Kamelhaar und *Angora* (vom Kaninchen) runden das Angebot an tierischen Fasern ab.

Zum Weben sind alle genannten Fasern ideale Ausgangsmaterialien für Kleidungsstücke jeder Art.

Webwolle wird meist in Strängen zu 100 g, seltener auf Kreuzspulen (s. S. 114), in den Handel gebracht. Es gibt sie in sehr vielen und modischen Farben.

Wolle bewahren wir grundsätzlich möglichst kühl, gut gelüftet und nicht zu trocken auf. In ständig beheizten Räumen verschließt man sie locker in Plastiktüten, um ein Austrocknen zu verhindern. Die meisten Wollgarne sind eulanisiert, d. h. gegen Mottenfraß geschützt. Unbehandelte Rohwolle und Handspinngarne kann man selbst mit einem Schutzmittel waschen. Lavendelblüten, in Nesselbeuteln in der Wolle verteilt, oder Wermutsträuße im Wollvorrat halten die gefürchteten Insekten ab.

Seide

Seide ist der kostbarste Rohstoff für Textilien und begehrt wegen ihres wunderschönen Glanzes. Die Trageeigenschaften ähneln denen der Wolle: Seide isoliert gut und nimmt viel Feuchtigkeit auf. Sie ist reißfester als Wolle, jedoch nicht so gut dehnbar.
Der erste Bericht über Seide findet sich in einem Buch aus der zweiten Hälfte des 3. Jahrtausends vor unserer Zeitrechnung. Die chinesische Provinz Shantung wird als Heimat der Seidenproduktion angegeben.
Die abgehaspelte *Rohseide* kommt unter dem Namen *Grège* in den Handel. Die Reste des Kokons zerlegt man in einer Krempelmaschine in kürzere Fasern, die dann zur *Schappseide* versponnen werden. Die hierbei anfallenden Abfälle verarbeitet man zu der sehr strapazierfähigen *Bouretteseide*.
Neben den Zuchtformen des Seidenspinners gibt es in Ostasien verschiedene wildlebende Schmetterlinge, deren Raupen sich ebenso vor dem Verpuppen einspinnen. Der Tussah-Spinner ist die bekannteste Art. Der Faden dieser Raupen ist gelblich, dicker, enthält viele Unregelmäßigkeiten und läßt sich deswegen schlechter abhaspeln. Doch machen gerade die Unregelmäßigkeiten den Reiz dieser *Wildseiden* aus.
Mit dem gestiegenen Interesse an der Handweberei sind auch wieder Seidengarne im Einzelhandel erhältlich: Wildseiden in regelmäßigen und unregelmäßigen Fäden, herrlich glänzende Schappseiden in verschiedenen Stärken als Einfachgarne oder Zwirne und Bouretteseide. Alle Qualitäten gibt es als Rohseide, aber auch sehr gut eingefärbt, sogar mit Naturfarben in sehr harmonischen Nuancen.
Kammzüge von Tussah- oder Zuchtseiden lassen sich sehr gut auf dem Handspinnrad verspinnen, ebenso Mischungen von Wolle und Seide.
Seide bewahrt man wie Wolle auf, am besten in einem verschlossenen Plastikbeutel. Auch sie muß vor Mottenfraß geschützt werden.

Baumwolle

Die Samenhaare der strauchartigen Pflanze Gossypium aus der Verwandtschaft der Malven bilden das Ausgangsmaterial. Die Qualität dieser Zellulosefasern aus den verschiedenen Anbaugebieten und von den verschiedenen Sorten ist unterschiedlich: Faserlänge, Glanz, Farbe und

Weichheit spielen bei der Beurteilung die größte Rolle. Die längsten Baumwollfasern (3–4 cm) kommen aus Ägypten und Peru, die USA liefern den größten Anteil der Weltproduktion, vor allem mittellange (2–3 cm) Sorten.
Baumwolle zeichnet sich durch große Reißfestigkeit aus, sie ist unempfindlich gegen hohe Temperaturen und gegen Waschmittel, also in dieser Hinsicht pflegeleicht. Ferner nimmt sie schnell Feuchtigkeit auf, fühlt sich aber rasch feucht an, trocknet jedoch wieder schnell. Damit hängt auch zusammen, daß Wärme sehr rasch abgeleitet wird, Baumwolle hat also eine schlechte Isolierwirkung. Wegen dieser Eigenschaften ist sie ein ideales Material für Sommerkleidung, Wäsche und Trockentücher. Als Schwächen gelten die Neigung zum Knittern und zum Einlaufen beim Waschen. Wegen ihrer Eigenschaften ist die Baumwolle in warmen Gegenden unserer Erde schon eine alte Kulturpflanze. Die Altertumsforscher haben sie bereits für das 3. Jahrtausend vor unserer Zeitrechnung in Indien und Peru nachgewiesen.
Die Pflanze stellt hohe Ansprüche an das Klima: Das frostempfindliche Gewächs braucht in der Jugend viel Feuchtigkeit, während der Reife aber Trockenheit. Die Samenkapseln platzen dann auf und geben 20 bis 40 erbsengroße Samen frei, die rundum mit über 10000 verschieden langen Samenhaaren besetzt sind, der „Baumwolle".
Da die Reife der Kapseln sich über Wochen erstreckt, bietet die Ernte mit der Hand die beste Gewähr für reife Baumwollfäden. Die maschinelle Ernte setzt sich aber mehr und mehr durch, was Qualitätsminderungen zur Folge hat. Vor dem Verspinnen entfernen Entkörnungsmaschinen die Samen.
Baumwollgarne gibt es in großer Vielzahl. Sie kommen meist auf Kreuzspulen zu 250 g in den Handel.
Baumwollkord, der in der Teppich- und Bildweberei oft als Kettgarn dient, ist ein mehrstufiger Zwirn, bei dem schon verzwirnte Fäden wieder neu zusammengedreht werden, und der daher sehr fest ist.
Feinere Zwirne werden in vielen Farben, mercerisiert und nicht mercerisiert, angeboten. Beim Mercerisieren behandelt man die Faser mit Natron- oder Kalilauge, streckt sie etwas und verleiht ihr so einen gewissen Glanz. Das billigere nicht mercerisierte Garn nimmt die Feuchtigkeit besser auf, mercerisierte Fasern lassen sich besser färben und sind reißfester. Beide Qualitäten eignen sich gut als Webmaterial und werden oft für Handtücher und Tischwäsche mit Leinen im Schuß verarbeitet. Effektgarne aus Baumwolle, z. B. *Bouclé* oder *Flammengarn* (s. S. 161), können auch zum Weben verwendet werden. Mischgarne aus Leinen und Baumwolle stellen ein besonders schönes Material dar, das unter den Namen *Cottolin* und *Partolin* im Handel ist.

Leinen

Das aus Stengeln der Flachspflanze gewonnene Leinen ist ein sehr reißfestes, aber störrisches Material. Es leitet Wärme gut ab, läßt sich gut waschen, neigt aber zum Knittern. Daher sollte man Leinengewebe nach dem Waschen nicht schleudern. Ehe die Baumwolle ihren Siegeszug antrat, fertigte man in Europa Kleidung und Wäsche aus Leinen. Auch heute noch bekommt kostbare Tischwäsche ihren Glanz durch diese Fasern. Leinen ist eine ebenso alte Kulturpflanze wie die Baumwolle, nur gedeiht sie auch in kälteren Gegenden.

Es bedarf jedoch einer langen und komplizierten Bearbeitung, um die Faser in einer spinnfähigen Form aus den Stengeln zu befreien. Dazu legt man die ausgeraufte, getrocknete, von Blättern und Samen befreite Pflanze in stehendes Wasser oder – in taureichen Gegenden – aufs Feld zur „Röste“. Durch die Einwirkung von Bakterien und Pilzen werden die Zellschichten voneinander getrennt. Nach zwei bis drei Wochen müssen die Flachsbündel wieder trocknen. Durch Schlagen und Brechen entfernt man dann die noch anhängenden Rindenteile. Beim Hecheln – ein Ziehen der Bündel über ein Nagelbrett – werden die Fasern parallel gelegt und die langen von den kurzen getrennt. Versponnen erhält man einen graubraunen, starren Faden, der erst durch Bleichen seine weiße Farbe bekommt.

Heute liefert vor allem Schweden schöne Leinengarne für die Handweberei. Sie werden gebleicht, ungebleicht und in vielen kochechten Farben angeboten, meist auf 250-g-Spulen. Die beste Qualität führte man früher unter der Bezeichnung *Rot-Gold-Schild,* heute sprechen wir von Flachsgarn. Es ist als Garn oder Zwirn im Handel. Kürzere Fasern verspinnt man zu einem unregelmäßigen Leinenwerggarn, Bauern- oder Shantungleinen genannt. Am Handwebstuhl lassen sich am einfachsten Mischgarne aus Leinen und Baumwolle verarbeiten.

Leinen ist wie Baumwolle problemlos in der Aufbewahrung, da beide Fasern nicht von Motten angegriffen werden und ihnen trockene Räume nicht schaden.

Chemiefasern

Zu den Chemiefasern sollen hier die aus pflanzlichen Ausgangsmaterialien gewonnenen Endlosfasern wie die Acetatseide als auch die auf Erdöl- bzw. Kohlebasis herstellbaren Fasern gerechnet werden. Die gelösten Ausgangsprodukte werden durch feine Düsen gepreßt und die entstandenen Fäden erstarren anschließend zu den verschiedenen Fasern. Die meisten Chemiefasern des Handels sind sehr reißfest und pflegeleicht.

Sie können vor der Herstellung chemisch auf ihren späteren Verwendungszweck abgestimmt werden. Auch hat die Industrie verschiedene Verfahren der Nachbehandlung entwickelt, wodurch die Fasereigenschaften weiter spezialisiert werden können.
Während aber die Cellulosefasern wie Viscose oder Modal die tragefreundlichen Eigenschaften von Naturprodukten bewahren konnten, erwiesen sich bei den synthetischen Fasern wie Nylon oder Dralon die mangelnde Wasseraufnahmefähigkeit und die Neigung zur elektrostatischen Aufladung als große Nachteile, die man durch Mischung mit Naturfasern oder auch durch spezielle Nachbehandlung zu bessern sucht. Handgewebe aus reinen Synthetics sind in der Regel von nicht befriedigenden Eigenschaften, da dem Handweber die Veredelungsverfahren der Textilindustrie nicht zur Verfügung stehen. Mischgarne mit Modal oder Viscosezusatz, aber auch „Metallfäden" stellen eine Bereicherung des Garnsortiments dar, der man sich nicht verschließen sollte.

Garne für die Kette

Das Kettmaterial muß beim Weben die größten Belastungen aushalten: Einmal durch die Spannung, die beim Einziehen der Kette ausgeübt wird, zum anderen durch den zusätzlichen Zug, der beim Heben und Senken auf die einzelnen Fäden wirkt. Hinzu kommt die Reibung beim Anschlagen des Schusses. Daher müssen an das Kettgarn die höchsten Qualitätsanforderungen gestellt werden: Es muß gut gedreht sein, reißfest, elastisch und scheuerfest. Am besten geeignet sind Zwirne aus Wolle oder Baumwolle. In besonderen Fällen können bei etwas Übung auch einfache Garne (ungezwirnt) aus Wolle oder Seide verarbeitet werden. Leinen ist ein sehr starres Material und als Kettgarn nur etwas für Könner. Es verarbeitet sich leichter, wenn man ein feuchtes Tuch auf die Kette legt. Auch vor aufgerauhtem Mohair sei gewarnt: Die Fäden verhaken sich leicht ineinander, und der Fachwechsel wird dadurch mühsam.
Beim Weben mit verschiedenen Fasern nehmen wir die elastischere für die Kette: z. B. Wollkette mit Seidenschuß oder eine Baumwollkette mit Leinenschuß. Innerhalb der Kette sollte man die Kombination verschiedener Fasern vermeiden, da dadurch eine ungleichmäßige Spannung entsteht.
Strickgarne eignen sich in der Regel nicht als Kettgarne, als Ausnahme mag Alpaka gelten. Sie sind nämlich zu weich, und ihre Dehnbarkeit ist schwer abzuschätzen, so daß sich das Gewebe nach dem Abnehmen vom Webgerät zu sehr zusammenzieht und der Stoff sich hart und brettig anfühlt. Umgekehrt gibt es einige Webgarne, z. B. von Rauma und Klippan, mit denen man gut stricken kann.

Garne für den Schuß

Das Material für den Schuß unterliegt weit weniger Einschränkungen, was die Reiß- oder Scheuerfestigkeit angeht. Die Auswahl kann sich hier zunächst nach dem Verwendungszweck des fertigen Stücks richten, zum anderen auch nach dem Aussehen und der gewünschten Struktur.
In den folgenden Anleitungen stellen wir verschiedene Materialien vor, um vor Fehleinkäufen zu schützen und ein Grundsortiment anzugeben, das mit zunehmender Erfahrung ausgebaut und erweitert werden kann.

Fadenlängen – Garngewichte

Um abschätzen zu können, wieviel Garn einzukaufen ist, müssen wir wissen, wieviel Meter Garn dem angegebenen Gewicht entspricht: Wir müssen die Lauflänge des Garns wissen.
Die nötigen Angaben finden sich meist auf der Banderole der Stränge und Spulen oder auf der Farbmusterkarte. Es sind im Augenblick noch verschiedene Maßsysteme in Gebrauch, die wichtigsten sind hier im folgenden erklärt:
Das Nm-System: Da ist zunächst das numerisch-metrische System, das vor allem bei Wolle verwendet wird. Es ist eine Längennumerierung; die Zahl, mit der die Garnstärke bezeichnet wird, gibt an, wieviel Meter Garn 1 g Gewicht ergeben. Also:

Nm 1 bedeutet:	1 m wiegt	1 g	1000 m wiegen 1 kg
Nm 2 bedeutet:	2 m wiegen	1 g	2000 m wiegen 1 kg
Nm 3 bedeutet:	3 m wiegen	1 g	3000 m wiegen 1 kg

Je höher also die Zahl, desto feiner das Garn.
Handelt es sich um einen Zwirn, ist die Anzahl der einzelnen Fäden hinter der Nm-Zahl zu finden, also: Nm 1/2 bedeutet: Zwirn aus zwei Fäden der Stärke Nm 1. Dabei gilt folgendes: Jeder Faden hat Nm 1, d. h. der Zwirn ist doppelt so schwer, also:

Nm 1/2 bedeutet:	0,5 m wiegt	1 g	500 m wiegen 1 kg
Nm 2/2 bedeutet:	1 m wiegt	1 g	1000 m wiegen 1 kg
Nm 3/2 bedeutet:	1,5 m wiegt	1 g	1500 m wiegen 1 kg
Nm 4/2 bedeutet:	2 m wiegen	1 g	2000 m wiegen 1 kg
Nm 7/2 bedeutet:	3,5 m wiegen	1 g	3500 m wiegen 1 kg

Bei Zwirnen gilt also: Erste Zahl dividiert durch die zweite Zahl ergibt die Fadenlänge in m pro g.
Ne-System: Auch Baumwolle und Leinen mißt man mit einer Längennumerierung, meist aber noch mit dem numerisch-englischen System. Alle Angaben sind hier auf das englische Längenmaß Yard (= 2,743 m) und das englische Pfund (= 435,59 g) bezogen.

Umrechnungstabelle von Ne auf die Fadenlänge von je 1 kg Garn

Baumwolle Einfach-Garne (nicht gezwirnt):

Ne 1	1700 m/kg
Ne 3	5100 m/kg
Ne 4	6800 m/kg
Ne 5	8500 m/kg
Ne 6	10200 m/kg

Baumwolle Zwirne:

Ne 6/12	800 m/kg
Ne 8/4	3250 m/kg
Ne 10/4	3800 m/kg
Ne 8/2	6500 m/kg
Ne 10/2	8455 m/kg
Ne 12/2	11835 m/kg
Ne 16/2	13529 m/kg
Ne 20/2	16911 m/kg
Ne 24/2	20000 m/kg

Leinengarne Einfach-Garne (nicht gezwirnt; l = Leinen)

Nel 1	600 m/kg
Nel 3	1800 m/kg
Nel 4	2400 m/kg
Nel 6	3400 m/kg
Nel 14	8456 m/kg
Nel 16	9664 m/kg

Leinenzwirne

Nel 2/2	540 m/kg
Nel 8/6	720 m/kg
Nel 8/4	1080 m/kg
Nel 8/2	2160 m/kg
Nel 10/2	2700 m/kg
Nel 12/2	3240 m/kg
Nel 14/2	3800 m/kg
Nel 16/2	4320 m/kg
Nel 20/2	5400 m/kg
Nel 25/2	6800 m/kg

Tex-System: Ein drittes Meßsystem, das sich in der Industrie durchzusetzen beginnt, ist die Gewichtsnumerierung in „tex". Die tex-Zahl gibt an, wieviel Gramm 1000 m wiegen.
Also:
1 tex bedeutet: 1000 m wiegen 1 g
2 tex bedeuten: 1000 m wiegen 2 g
3 tex bedeuten: 1000 m wiegen 3 g
Je größer die Zahl, um so gröber das Garn!
den-System: Für Seide hat sich eine besondere Gewichtsnumerierung durchgesetzt, die zuweilen auch bei anderen Materialien auftaucht. Hier mißt man die Feinheit in Denier (den). Die den-Zahl gibt an, wieviel Gramm 9000 m Faden wiegen.
1 den bedeutet: 9000 m wiegen 1 g
20 den bedeutet: 9000 m wiegen 20 g
Die Gewichtsnumerierungen „tex" und „den" lassen sich auf folgende Weise in die metrische (Nm) umrechnen:

$$Nm = \frac{1000}{tex} \text{ bzw. } Nm = \frac{9000}{den}$$

Streifen im Schuß – Eine Weste aus Flicken

Das Ansetzen von Fäden im Schuß und eine gleichmäßige Webkante lassen sich auch beim Weben mit Flicken üben, einer Technik, die in Skandinavien sehr beliebt ist. Man kann aus diesem Material nicht nur Teppiche, sondern auch schicke Kleidungsstücke herstellen (s. S. 171). Am besten eignen sich durch häufigen Gebrauch alt gewordene Baumwollstoffe, z. B. alte Bettbezüge. Neue Stoffe lassen sich schlechter verarbeiten, weil sie zu steif sind. Da hilft auch kein Waschen!

Arbeitsanleitung für Webrahmen und Webstuhl

Das Schnittmuster

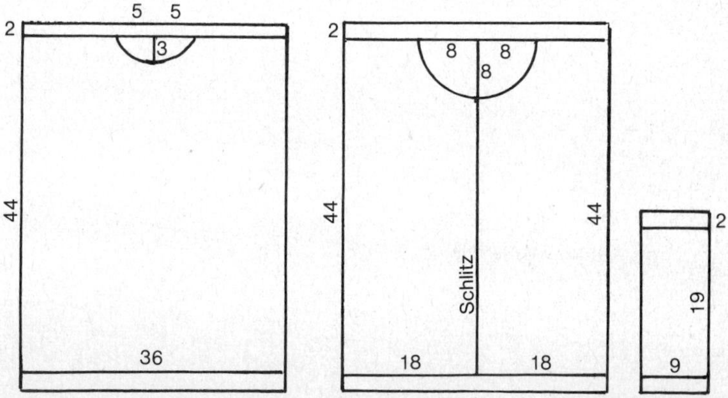

Materialberechnung für eine Weste bis Gr. 42
Kettmaterial: Coton à tricoter G. Picaud (220 m/100 g), Farbe 39
Schußmaterial: Streifen aus Baumwollstoff (nach Anweisung gefärbt) 1 bis 1,5 cm breit, Feu d'artifice G. Picaud (Frisette-Lurex), Farbe 10
Baumwollgarn für Säume
Materialbedarf: Coton à tricoter 150 g, Stoffstreifen ca. 95 m, Feu d'artifice 10 g, Baumwollgarn 30 g
Blatt: Webrahmen: 40/10 einfädig, Webstuhl: 40/10 einfädig

Kettdichte: 4 Fäden je cm
Schußdichte: 2 Fäden je cm
Bindung: Leinwandbindung
Kettlänge: Webrahmen: 170 cm, Webstuhl: 190 cm
Einstellungsbreite: 40 cm
Schärzettel: 160 Fäden + 2 Randfäden einfarbig rot

Materialbedarfsrechnung:
Kette:
Webrahmen 162 × 170 = 275,4 m : 2200 = 0,125 kg = 125 g
Webstuhl 162 × 190 = 307,8 m : 2200 = 0,140 kg = 140 g
Schuß: 2 × 40 × 118 = 94,4 m

Einfärben der Flicken

Besonders gut harmonierende Farben erreichen wir durch Einfärben mit Batikfarben.
Wir haben einen ausgedienten weißen Bettbezug aus Baumwollstoff in sechs gleich große Teile geteilt – die Verschlußkanten vorher abreißen – und mit je einem Beutel Farbe nach Vorschrift bei 90 °C mit den unten angegebenen Farben aus der Serie Deka L eingefärbt. Wir nehmen jedoch etwas mehr Wasser, der Stoff muß darin schwimmen. Außerdem benötigen wir noch zwei Stoffstücke zusätzlich, da einige Farben als „Nachfarbe", also als zweite Färbung in einem Farbbad gefärbt wurden. Die Erstfärbungen können für andere Webstücke verwendet werden.

Die Farben

Beige – Nr. 93
Dunkelbraun – Nr. 95
Mittelbraun – zweite Färbung im Bad von Nr. 95
Dunkelviolett – Nr. 85
Hellviolett – zweite Färbung im Bad von Nr. 81
Rotviolett – zweite Färbung im Bad von Nr. 82 + 1 Messerspitze Nr. 76
Um die Waschechtheit zu erhöhen, ist eine Nachbehandlung mit dem Mittel 111/L unbedingt nötig.

Vorbereiten der Stoffstreifen

Die gefärbten, getrockneten und gebügelten Stoffstücke in 1 bis 1,5 cm breite Stücke reißen. Sie dürfen nicht breiter sein, da das Gewebe sonst zu steif wird. Aus diesem Grund eignen sich Bettbezüge auch besser als Bettücher. Die Streifen schneiden wir an den Enden schräg ab und wikkeln sie auf ein Knäuel, jede Farbe für sich. So behalten wir beim Weben die Übersicht, wieviel von jeder Farbe noch da ist. Von einer Farbe

Weste aus Flicken

schneiden wir einen Schrägstreifen von 3 cm Breite und 50 cm Länge zur späteren Versäuberung des Halsauschnittes.
Beim Weben von Teppichen mit Flicken (Breite 2 cm) können die einzelnen Streifen vorher mit der Nähmaschine wie Schrägstreifen zusammengenäht werden. Man erspart sich so häufiges Ansetzen beim Weben breiter Farbstreifen.

Schären der Kette
Benutzen wir Schärklammern, zetteln wir in zwei Teilen: ein Teil mit 80 Fäden und ein Teil mit 82 Fäden. Für die Fadenkreuze schrauben wir zusätzliche Klammern an.

Einzug und Schnürung

Webrahmen
Wir ziehen die Kette in ein Gatter 40/10 genau durch die Mitte ein.
Mercerisierte Baumwolle ist sehr glatt, sie läßt sich leichter an Kett- und Warenbaum befestigen, wenn wir die Enden mit einer Nagelbürste anfeuchten.

Webstuhl
Geschirreinzug: Gerade-durch-Einzug über vier Schäfte.
Blatteinzug: Die Kette soll genau durch die Mitte eines Blattes 40/10 laufen. In ein Riet kommt ein Faden. Die Randfäden doppelt einziehen!
Schnürung: Die Schnürung entspricht der vom Kissen, da wir mit der gleichen Bindung weben: der Leinwandbindung.

Weben
Ein Stoff aus Flicken würde beim Zuschneiden ausfransen, deshalb weben wir die Teile gleich in der richtigen Form. Die Schnittwahl stimmen wir darauf ab.
Für den Rücken benötigen wir ein Rechteck, das bei gespannter Kette 47 cm lang ist und über die ganze Webbreite gearbeitet wird. Für die Vorderteile weben wir einen Schlitz in der Kettmitte und erhalten so zwei schmale Rechtecke von ebenfalls 47 cm Länge. Die Seitenteile entstehen an den Außenseiten, wenn wir jeweils über 42 Kettfäden 19 cm hoch weben. Die anderen Kettfäden bleiben unverwebt. Da sich dabei die Kettspannung ändert, kann man dieses Verfahren nur bei kleinen Webstükken anwenden.
Zusätzlich brauchen wir am Anfang 3 cm für den Saum und zwischen den einzelnen Teilen jeweils 4 cm, die wir mit nichtmercerisiertem Baumwollgarn, immer über die ganze Webbreite, weben.

Ansetzen von Stoffstreifen im Gewebe

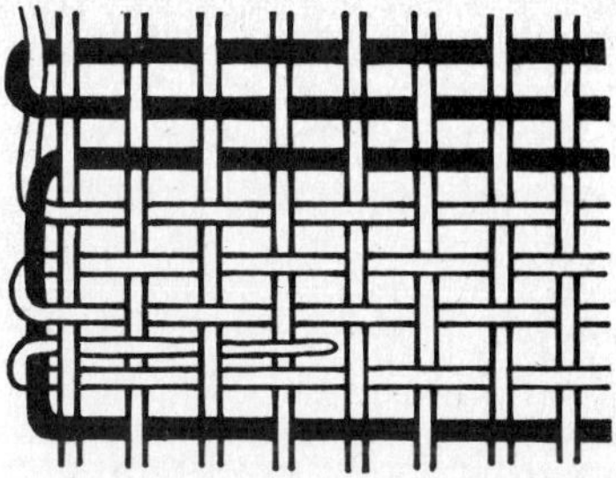

Weiterführung der Schußfäden beim Streifenweben

Das Gewebe sieht interessanter aus, wenn wir die Farbstreifen nicht zu breit planen, drei Schüsse je Farbe sind die Obergrenze. Es lohnt sich daher nicht, die Stoffstreifen auf eine Spule zu wickeln, wir legen sie gleich von Hand ein.
Beim Ansetzen einer neuen Farbe überlappen sich die schräg geschnittenen Enden. Wir achten darauf, daß die Reißkanten der Flicken nicht zu sehr auf der Außenseite der Weste zu sehen sind und rollen die Streifen daher etwas ein.
Mit dem Lurexgarn weben wir in unregelmäßigen Abständen jeweils zwei Schüsse. Das gibt der Weste nicht nur den besonderen Pfiff, sondern befestigt auch die Stoffstreifenreihen. Den Lurexfaden führen wir am Rand hoch, indem wir ihn jedesmal mit dem Flickenschuß umschlingen. Eine gute Webkante ist für die weitere Verarbeitung wichtig!

Abschlußarbeiten
Gewebe vom Webstuhl nehmen, die Schnittstellen und Saumenden mit der Nähmaschine im Zickzackstich versäubern, dann erst auseinanderschneiden und unter einem feuchten Tuch dämpfen. Alle Säume nähen wir mit der Hand, die Schulternähte schließen wir abgeschrägt mit der Maschine. Dann verbinden wir die Seiten mit Vorder- und Rückenteilen, Kante an Kante stoßend, mit Überwendlingsstichen (s. S. 86). Die Rundung für den Hals sichern wir zuerst mit geraden Nähmaschinenstichen, schneiden sie aus und versäubern mit dem Schrägstreifen. Sind die Webkanten gut geraten, kann man die Weste in dieser Form tragen.
Besonderen Schick bekommt sie jedoch durch das Aufnähen eines Samtbandes von 1 cm Breite auf die Kanten und Nähte.

Streifen in der Kette – Ein Schal für kalte Tage

(Entworfen und gewebt von Petra Markert)

Das Material für einen Schal soll weich sein und vor allem nicht kratzen. Kaschmir und Seide sind ideal, aber sehr teuer.
Wir haben Alpaka in zwei gut harmonierenden Farbtönen ausgewählt und der etwas rauheren Wolle vorgezogen. Als besondere Raffinesse verwenden wir für den Schuß zusätzlich ein meliertes Mohairbouclé.
Haben wir bisher mit einfarbigen Ketten gewebt, so schären wir für den Schal Streifen.

Arbeitsanleitung für Webrahmen und Webstuhl

Angaben zur Materialberechnung
Breite des Schals: 25 cm, Länge des Schals: 130 cm
Kettmaterial: Alpaga des Andes „Misti" (3400 m/kg), Farbe Nr. 7 Dunkelbraun, Farbe Nr. 24 Beige
Schußmaterial: Alpaga des Andes (wie Kette), Mohairbouclé „Tweeddoux" Beige-Braun
Materialbedarf: Alpaka Farbe 7: 100 g, Farbe 24: 50 g; Mohairbouclé: 50 g

Blatt: Webrahmen 40/10 einfädig, Webstuhl 50/10 einfädig
Kettdichte: Webrahmen 4 Fäden je cm, Webstuhl 5 Fäden je cm
Schußdichte: vier (bzw. fünf) Fäden je cm mit Alpaka, zwei Fäden je cm mit Mohairbouclé
Bindung: Leinwandbindung
Kettlänge: Webrahmen 1,90 m, Webstuhl 2,10 m
Einstellungsbreite: 26 cm

Schären einer gestreiften Kette
Jeder Streifen der Kette ist 2 cm breit und besteht aus acht Kettfäden bei der Webrahmenkette, aus 10 Kettfäden bei der Webstuhlkette. Die Randstreifen bekommen einen zusätzlichen Kettfaden für die Randverstärkung. Da es besser aussieht, wenn die Seitenstreifen des Schals die gleiche Farbe haben, wurde der Schärzettel darauf abgestimmt:

Webrahmen		*Webstuhl*	
9 Fäden Braun		11 Fäden Braun	
8 Fäden Beige		10 Fäden Beige	
8 Fäden Braun	} 5mal	10 Fäden Braun	} 5mal
8 Fäden Beige		10 Fäden Beige	
9 Fäden Braun		11 Fäden Braun	

Ein Schal für kalte Tage

Das sind insgesamt 13 Streifen, sieben braune und sechs beigefarbene. Die Webrahmenkette besteht aus 106 Fäden, die für den Webstuhl aus 132 Fäden.
Bei den verschiedenen Schärmethoden ist zu beachten:

Schären mit einem Faden an Schärklammern

□ Bei dieser Kettlänge unbedingt mit zusätzlichen Schärklammern für das Fadenkreuz, bei der Webstuhlkette für zwei Fadenkreuze, schären.
□ Streifen in der Reihenfolge zetteln, in der sie in der Kette liegen sollen: neun (elf) braune Fäden das sind 4 ½ bzw. 5 ½ Runden, es folgen acht (zehn) Fäden Beige (4 bzw. 5 Runden) usw.
□ Beim Farbwechsel die erste Farbe an der Umkehrschärklammer abschneiden und die neue dort anknoten. Darauf achten, daß der Knoten genau am Schärstift sitzt.

Schären mit mehreren Fäden

Damit wir die geringe Kettgarnmenge nicht auf zu viele Spulen verteilen müssen, schären wir nur mit zwei Fäden gleichzeitig, die Randfäden zusätzlich einfach.
Bei Streifenketten stimmen wir die Fadenzahl, mit der wir zetteln, an Hand des Schärzettels auf die Farbfolge und die Kettdichte ab. Wir suchen die einfachste und praktischste Möglichkeit aus.

Schären von Streifen mit der Direktkettwalze

Beim Arbeiten mit diesem Gerät ist es am besten, die Streifenbreite auf die Breite der einzelnen Sektionen abzustimmen. Dabei können die Breiten der Streifen mit den Sektionen übereinstimmen, mehrere Sektionen einen Streifen bilden. Es ist auch möglich, eine Sektion selbst in Streifen zu unterteilen. Beim Bäumen füllen wir nacheinander alle Sektionen gleicher Farbfolge, z. B. beim Schal zuerst die braunen, dann die beigefarbenen.

Einzug und Schnürung

Webrahmen
Gatter 40/10 einfädig
Webstuhl
Geschirreinzug: Gerade-durch-Einzug über vier Schäfte
Blatteinzug: Blatt 50/10 einfädig
Die Kette wird auf dem Webstuhl stärker gespannt, und der Anschlag ist fester, daher nehmen wir eine größere Kettdichte, um eine gute Leinwandbindung zu erhalten.

Schnürung: Schnürung für Leinwandbindung wie auf S. 150 angegeben.

Weben
Beim Weben in Leinwandbindung messen wir die Schußfadendichte immer wieder nach, damit das Gewebe nicht zu fest wird!
Die Streifenfolge kann man beliebig wählen. Wenn man einen symmetrischen Schal weben möchte, schreibt man die Folge auf ein Papiermaß (s. S. 140).
Die Schußfolge des abgebildeten Schals:
Wir geben die Streifenfolge bis zur Mitte an. Sie muß von da an rückwärts (gegengleich) wiederholt werden. Die Zahlen in Klammern gelten für den Webstuhl.

8 cm Beige
zwei Schuß Mohair (3)
zwei Schuß Beige
zwei Schuß Mohair (3)
1,5 cm Beige
zwei Schuß Braun (3)
1 cm Beige
zwei Schuß Mohair
1 cm Beige
5 cm Braun
ein Schuß Mohair
1,5 cm Braun
drei Schuß Mohair
4 cm Braun
ein Schuß Mohair
1 cm Braun
ein Schuß Mohair
2 cm Braun
drei Schuß Mohair
6 cm Braun
drei Schuß Mohair
2 cm Braun
ein Schuß Beige
1,5 cm Braun
drei Schuß Beige (4)
3 cm Braun
drei Schuß Mohair
1 cm Braun
drei Schuß Beige (4)
4,5 cm Braun
drei Schuß Beige (4)
1,5 cm Braun
ein Schuß Beige
1,5 cm Braun
drei Schuß Beige
2,5 cm Braun
Mitte

Die Gewebemitte ist nach 69 cm erreicht.

Abschlußarbeiten
Das Gewebe vom Webstuhl nehmen und je zwei oder vier Kettfäden mit einem Rollknoten (s. S. 85) sichern. Dann legen wir den Schal für mehrere Stunden zwischen ein nasses Tuch und dämpfen ihn, wenn die Feuchtigkeit gut eingezogen ist. Trocknen lassen! Zum Schluß schneiden wir die Fransen auf die gewünschte Länge.

Rips – Hirtentasche einmal anders

(Entworfen und gewebt von Arlette Wehmer-Filiatre)

An der abgebildeten Umhängetasche finden wir einen alten Bekannten aus der Wirkerei wieder: den Schußrips (auch Längsrips genannt), eine Abwandlung der Leinwandbindung, bei der der Schuß die Kette ganz verdeckt und bei der Rippen in Kettrichtung entstehen. Um das zu erreichen, heben und senken wir immer zwei nebeneinanderliegende Kettfäden in gleicher Weise.
Ein Kettrips (Querrips) dagegen verlangt eine ganz enge Stellung der Kettfäden, um den Eintrag zu verdecken.
Schußripse liefern sehr strapazierfähige Gewebe und sind daher für Taschen besonders geeignet. Sehr oft webt man ihn zweifarbig und erhält bei einem Farbwechsel nach jedem Eintrag Längsstreifen. Querstreifen entstehen, wenn wir die Farbe immer nach zwei Schüssen ändern. Bei der abgebildeten Tasche legen wir zwei verschiedene Farben in ein Fach und erzeugen damit eine Melierung im Stoff. Der Wechsel von Rips mit Leinwandbindung gliedert die Fläche interessant auf, es bilden sich „Höhen" und „Tiefen".

Arbeitsanleitung für Webrahmen und Webstuhl

Das Schnittmuster

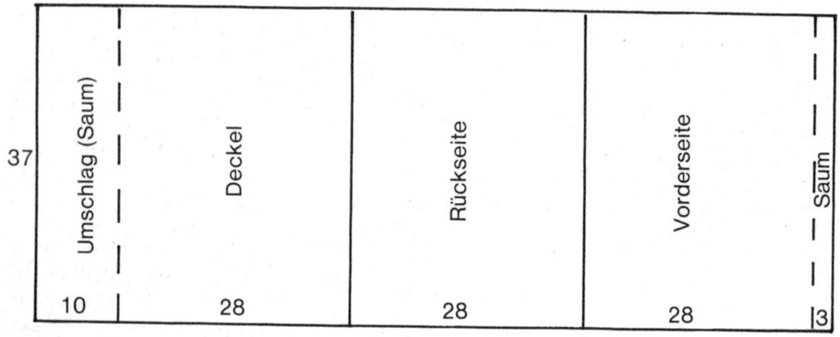

Angaben zur Materialberechnung
Breite der Tasche: 37 cm
Länge der Tasche: 28 cm
Schnur: 1,6 m + 2 × 15 cm für Fransen
Kettmaterial: Klippans Ullgarn (Nm 7/2-3300 m/kg) Farbe 3069

Rips-Hirtentasche

Schußmaterial: Klippans Ullgarn (Nm 7/2-3300 m/kg)
Farbe 3069 bräunliches Violett
3049 Messing
3026 Violett
3021 Rot
Materialverbrauch: 100 g je Farbe; Rot ca. 6 m

Blatt: Webrahmen 20/10 zweifädig, Webrahmen 40/10 einfädig
Kettdichte: vier Fäden je cm
Schußdichte: acht Fäden je cm (vier Schuß zweifädig)
Bindung: Schußrips (Längsrips)
Kettlänge:
Webrahmen 1,5 m (97 + 10 + 40 = 147)
Webstuhl 1,7 m (97 + 10 + 60 = 167)
Einstellungsbreite: 40 cm (37 + 3 = 40)

Schären der Kette

Wir schären 160 Fäden in der angegebenen Kettlänge. Ein zusätzlicher Faden zur Randverstärkung ist bei Rips nicht nötig.

Einzug und Schnürung

Webrahmen

Gatter 20/10, zwei Fäden je Loch und Schlitz.
Beim Aufbäumen müssen wir darauf achten, daß sich die Kettfäden, die zusammen durch ein Loch bzw. durch einen Schlitz gehen, nicht verdrehen.

Webstuhl

Geschirreinzug: Gerade-durch-Einzug über 4 Schäfte
Blatteinzug: 40/10 einfädig
Schnürung:

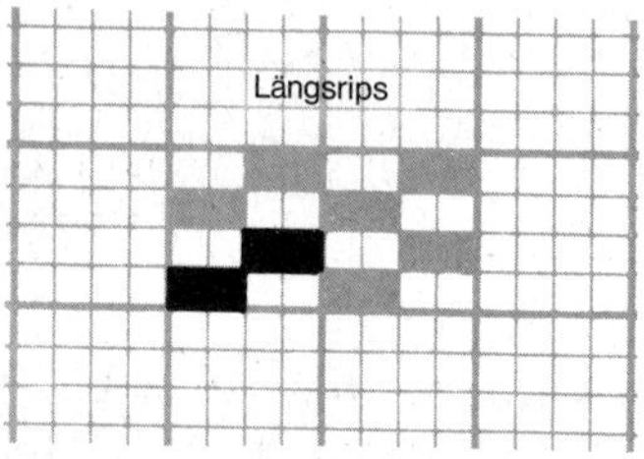

Wir weben mit vier Tritten, zwei benötigen wir für die Leinwandbindung, zwei für den Rips.

Hebelwebstuhl
Leinwandbindung:
Tritt 2: 1. und 3. Schaft als Hebung
Tritt 5: 2. und 4. Schaft als Hebung
Rips:
Tritt 3: 1. und 2. Schaft als Hebung
Tritt 1: 3. und 4. Schaft als Hebung

Kontermarschwebstuhl
Leinwandbindung:
Tritt 2: 1. + 3. Schaft Hebung / 2. + 4. Schaft Senkung
Tritt 5: 2. + 4. Schaft Hebung / 1. + 3. Schaft Senkung
Rips:
Tritt 3: 1. + 2. Schaft Hebung / 3. + 4. Schaft Senkung
Tritt 4: 3. + 4. Schaft Hebung / 1. + 2. Schaft Senkung

Rollen-Wellenzugwebstuhl
Leinwandbindung:
Tritt 2: 2. + 4. Schaft als Senkung
Tritt 5: 1. + 3. Schaft als Senkung
Rips:
Tritt 3: 3. + 4. Schaft als Senkung
Tritt 4: 1. + 2. Schaft als Senkung

Weben
Ripsweben verlangt eine besondere Technik. Damit die Kette abgedeckt ist, müssen wir viel Schußgarn einlegen. Dazu schießen wir den Schützen oder die Webnadel durch das Fach und drücken den Faden mit dem Zeigefinger im Abstand von 2 cm ans Gewebe. Die genaue Größe der dabei entstehenden Bögen muß man ausprobieren, sie ist von Material zu Material verschieden. Ist die Kette noch zu sehen oder zieht sich die Webkante ein, wurde zuwenig Schußgarn eingewebt, bilden sich überstehende Schlaufen haben wir zuviel Material eingetragen (s. Abb. S. 75).
Für die Umhängetasche tragen wir in jedes Ripsfach zwei Fäden verschiedener Farbe ein. Dazu benutzen wir zwei Webnadeln, zwei Schützen oder ein Doppelschiffchen.
Ein besonderer Hinweis zum Weben auf dem Webrahmen:
Da der Kammeinzug für den Rips eingestellt ist, müssen wir die Leinwandbindung mit einem Lesestab einlesen. Dazu heben wir für den ersten Eintrag alle ungeradzahligen Fäden auf den Stab, stellen ihn hochkant, legen den Schußfaden ein, drücken ihn mit dem Stab ans Gewebe und entfernen den Lesestab. Nun noch einmal mit dem Gatter anschla-

gen. Auf die gleiche Weise heben wir die geradzahligen Kettfäden, dann wieder die ungeradzahligen usw. Dieses Verfahren ist etwas mühsam, aber es handelt sich ja immer nur um 1 cm breite Streifen in Leinwandbindung, also um vier Schüsse.

Schußfolge:
L = Leinwandbindung, R = Rips

10 cm Kettfarbe	L	(Webrahmen-Rips)
5 cm Messing-Violett	R	
1 cm Kettfarbe	L	
drei Schuß Violett-Rot	R	
1 cm Kettfarbe	L	
vier Schuß Messing-Violett	R	
1 cm Kettfarbe	L	
3 cm Messing-Violett	R	
1,5 cm Kettfarbe	L	
3 cm Messing-Violett	R	Deckel
1 cm Kettfarbe	L	
vier Schuß Messing-Violett	R	
1 cm Kettfarbe	L	
drei Schuß Violett-Rot	R	
1 cm Kettfarbe	L	
5,5 cm Messing-Violett	R	
1 cm Kettfarbe	L	
3 cm Messing-Violett	R	
1 cm Kettfarbe	L	
vier Schuß Messing-Violett	R	
1 cm Kettfarbe	L	
drei Schuß Violett-Rot	R	5mal wiederholen
1 cm Kettfarbe	L	
5,5 cm Messing-Violett	R	
1 cm Kettfarbe	L	
3 cm Kettfarbe	L	(Webrahmen R)

Abschlußarbeiten

Am abgenommenen Gewebe versäubern wir Anfang und Ende auf der Nähmaschine mit Zickzackstichen. Jetzt können wir die Kettreste abschneiden, den Stoff in ein nasses Tuch wickeln und nach einigen Stunden Ruhezeit dämpfen.

Säume umschlagen und mit der Hand festnähen! Vorder- und Rückseite legen wir links auf links aufeinander und nähen mit Wollgarn überwendlich zusammen.

Für die Schnur wenigstens 45 Fäden von 2,5 m Länge (1,6 m + 0,5 m für Einflechten + 0,4 m Fransen und Knoten) abmessen. Für die eine Quaste die Fäden nach 15 cm mit einem Überhandknoten zusammenknoten und dort mit dem Flechten des Zopfes beginnen. Wir sichern das Geflecht 20 cm vor Fadenende wieder mit einem Knoten. Mit dem Aufnähen des Zopfes auf die Taschenseiten beginnen wir an einer unteren Ecke.

Von Bindung, Rapport und Patrone

Wie die Musiker ihre eigene Schrift zum Aufschreiben der Kompositionen entwickelten, benutzen auch die Weber eine Zeichensprache, um alles Wichtige zum Nachweben eines Musters ablesen zu können. Das Aufschreiben der Bindung, also der Verkreuzung von Kett- und Schußfäden, haben wir schon kennengelernt: Auf kariertem Papier stellt der Abstand zwischen zwei senkrechten Linien einen Kettfaden dar, zwischen zwei waagerechten Linien einen Schußfaden.

Aus einem alten Musterbuch (Aachen 1897–98, Museum Neumünster)

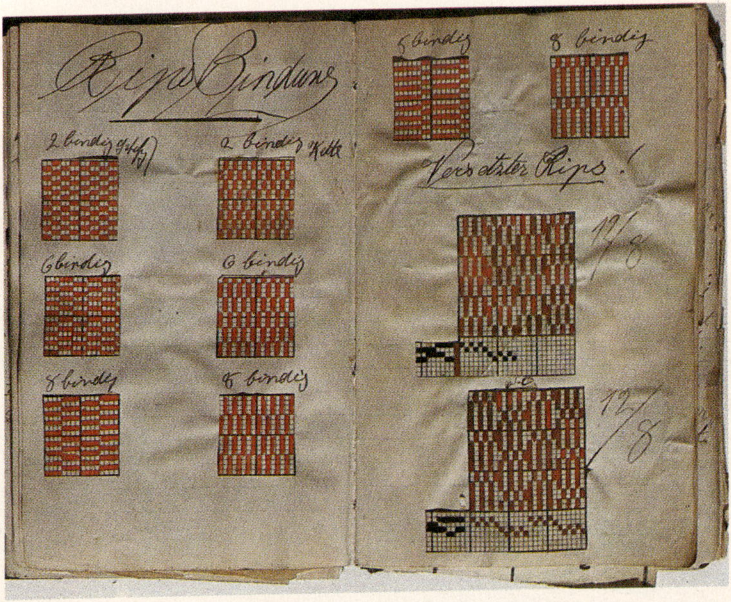

Wir tragen die gehobenen Kettfäden mit ausgefüllten Kästchen, die gesenkten mit leeren ein und erhalten so das Bindungsbild – die Bindungspatrone.

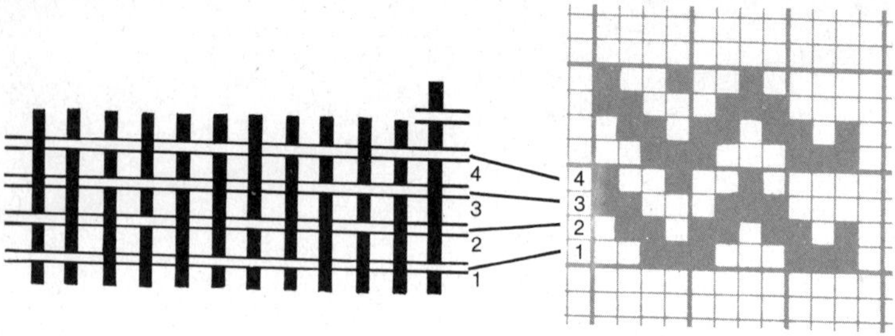

Betrachten wir die Bindungspatrone genauer, werden wir feststellen, daß sie sich aus kleineren Bausteinen zusammensetzt. Diese Bausteine enthalten alle Hebungen und Senkungen bis zur Wiederholung. In Schuß- und Kettrichtung zusammengesetzt bilden sie das Bindungsmuster. Wir nennen einen solchen Baustein „Rapport". Er wird mit schwarzer Farbe in der Zeichnung besonders hervorgehoben.

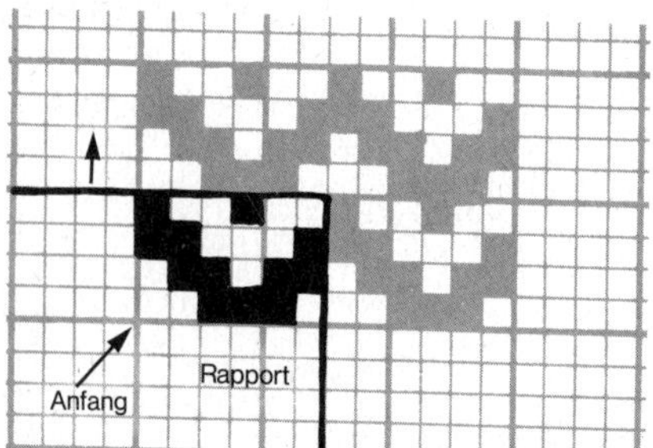

Um eine gute Übersicht über ein Webmuster zu haben, zeichnet man mehrere Rapporte. Zum Herausfinden des Geschirreinzuges, der Trittfolge und der Schnürung benötigen wir jedoch nur einen Rapport.
Um ein Gewebe auf dem Webstuhl herstellen zu können, müssen wir der Bindungspatrone noch Angaben zur Webtechnik hinzufügen.

Der Blatteinzug
Über der Bindungspatrone (wir zeichnen jetzt nur den Rapport) können wir in zwei Kästchenreihen angeben, ob die Kette einfädig oder mehrfädig ins Blatt eingezogen wird:

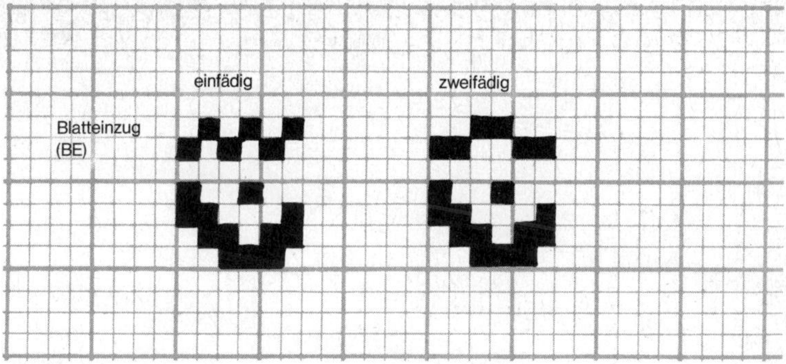

Der Geschirreinzug

Dann müssen wir überlegen, wie wir die Kettfäden in die Schäfte, also das Geschirr, einzuziehen haben, um die Bindung weben zu können. Dabei gilt die Regel: Jeder anders bindende Kettfaden kommt auf einen neuen Schaft, oder alle gleichbindenden Kettfäden kommen auf den gleichen Schaft. Wir zeichnen den Geschirreinzug über die Bindungspatrone und den Blatteinzug mit einem senkrechten Strich ins Kästchen. Die Schäfte numerieren wir von unten nach oben, im Webstuhl von vorn nach hinten.

Nun untersuchen und vergleichen wir die Hebungen und Senkungen der Kettfäden:

Der erste Kettfaden kommt auf den ersten Schaft.

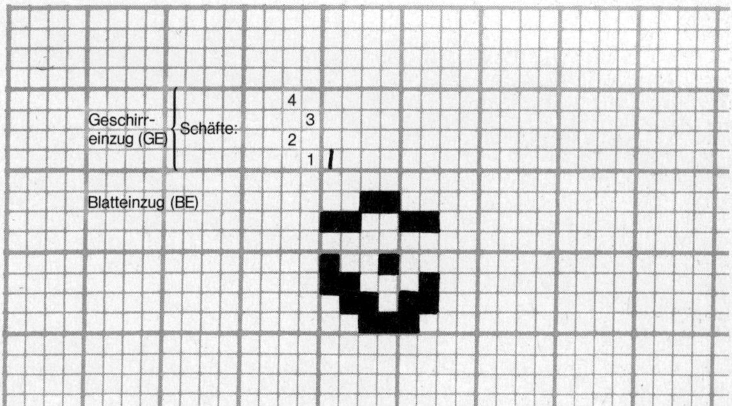

Der zweite Kettfaden bindet anders als der erste. Wir müssen einen anderen Schaft benutzen und legen ihn auf Schaft 2.

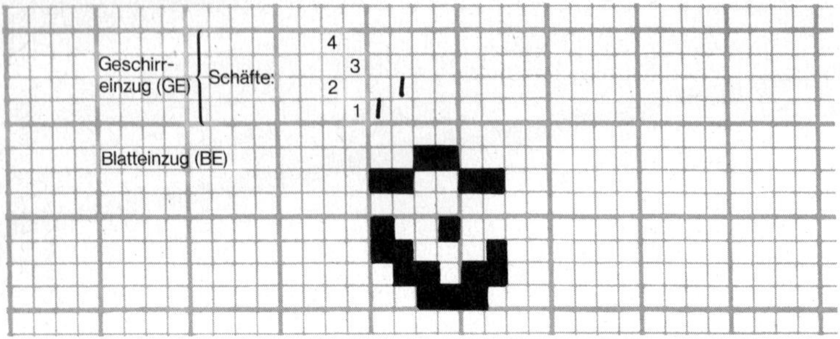

Der dritte Kettfaden bindet anders als die beiden ersten, er kommt also auf Schaft 3.

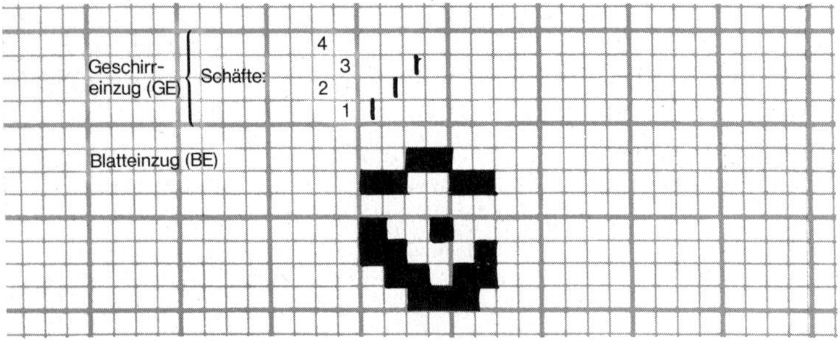

Der vierte Kettfaden bindet ebenfalls anders als die drei Vorgänger. Er wird auf Schaft 4 eingezeichnet.

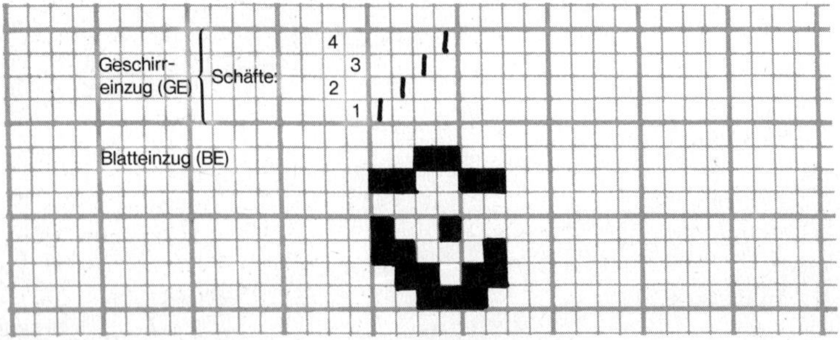

Der fünfte Kettfaden des Rapports bindet genauso wie der dritte. Er muß auf den gleichen Schaft gelegt werden, den dritten.

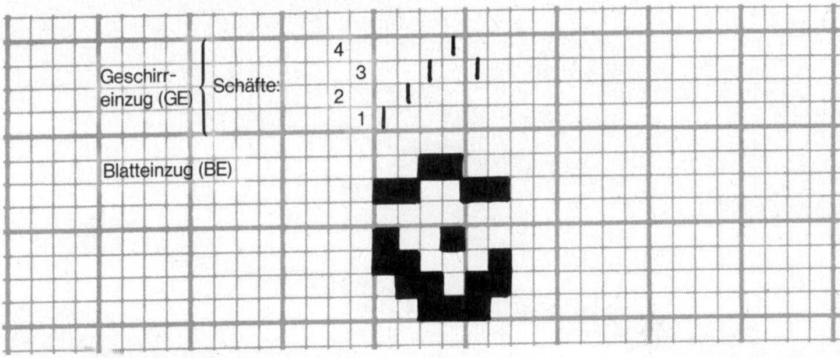

Der sechste Kettfaden schließlich bindet wie der zweite und muß daher auf Schaft 2 eingezogen werden.

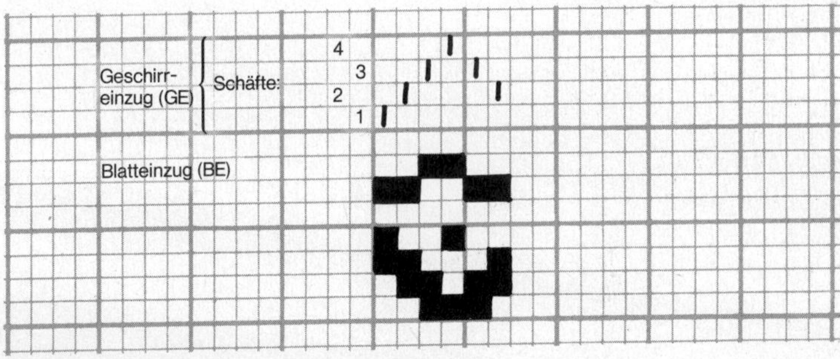

Diese Einzugsfolge, dieser Einzugsrapport, wiederholt sich nun über die ganze Breite der Kette.
Änderungen im Geschirreinzug können sich bei sehr dichten Ketten ergeben: Hier verteilt man die Fäden auf mehr Schäfte als unbedingt nötig, um ein Durchscheuern durch Reibung im Geschirr zu verhindern.

Die Trittfolge
Für die Reihenfolge der Schüsse sind die Tritte zuständig. Auch hier gilt die gleiche Regel: Für jeden anders bindenden Schuß muß ein neuer Tritt getreten werden, für jeden gleichbindenden der gleiche Tritt. Wir beginnen unten, ordnen den ersten Schußfaden des Rapports dem ersten Tritt zu und kennzeichnen das durch einen waagerechten Strich im Kästchen daneben:

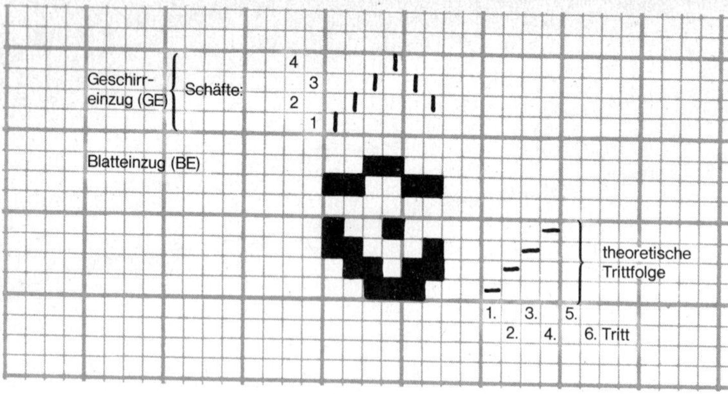

Die drei folgenden Einschüsse binden alle verschieden ab, jeder braucht einen neuen Tritt. Wir benutzen der Reihe nach für den zweiten Eintrag den zweiten Tritt, für den dritten Eintrag den dritten Tritt und für den vierten Schuß den vierten Tritt.

Die auf diese Weise gefundene Trittfolge nennen wir auch die theoretische. Sie hat den Nachteil, daß wir beim Weben die Füße kreuzen müssen, wenn wir die Tritte in dieser Reihenfolge treten. Man hat daher die sogenannte praktische Trittfolge eingeführt, bei der die Füße abwechselnd von außen nach innen wandern. Wir benutzen daher für Schuß 1 den zweiten Tritt, für Schuß 2 den fünften Tritt, für Schuß 3 den dritten Tritt und für Schuß 4 den vierten Tritt.

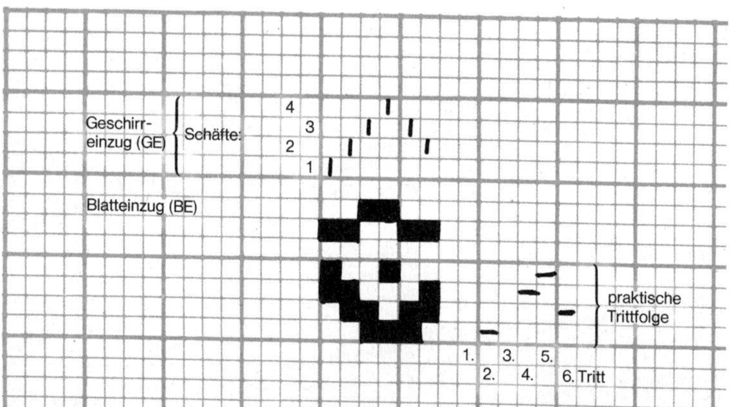

Die Schnürung

Damit beim Treten der Tritte die für die Bindung richtigen Kettfäden gehoben werden, geben wir einen Plan für die Schnürung an, nach dem wir die Schäfte an die Tritte binden. Für jede Hebung malen wir ein Kästchen aus, genau an der Stelle, an der sich der entsprechende Tritt und der zu hebende Schaft treffen. Die Kästchen für die Senkungen bleiben leer oder werden bei Webstühlen mit Tieffach mit einem Kreuz (X) gekennzeichnet.

Für den ersten Schuß treten wir Tritt 2. Er soll die Kettfäden 3 – 4 – 5 heben. Kettfaden 3 liegt auf Schaft 3. Wir füllen daher neben Schaft 3 auf der Linie von Tritt 2 ein Kästchen als Hebung aus.

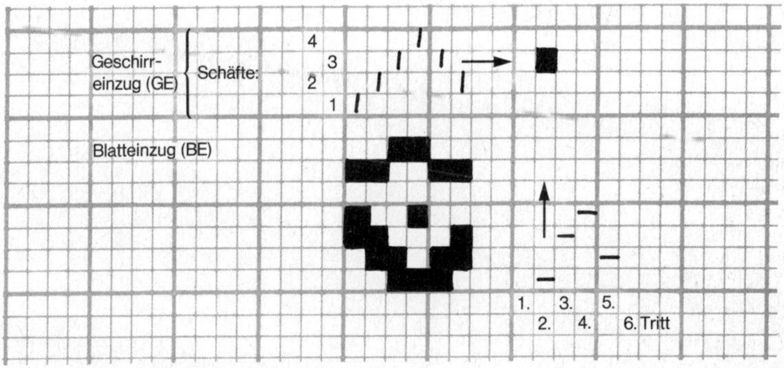

Kettfaden 4 liegt auf Schaft 4, für ihn zeichnen wir ebenfalls eine Hebung über Tritt 2 ein.

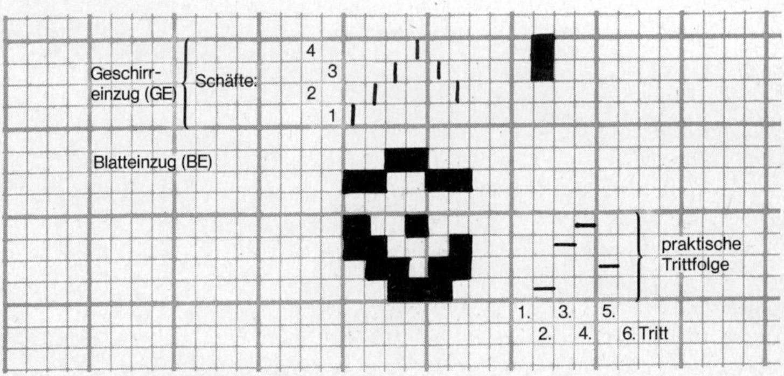

Kettfaden 5 liegt auf Schaft 3, der schon markiert ist.

Nun betrachten wir den zweiten Schuß: Tritt 5 soll dafür die Kettfäden 2, 3, 5 und 6 heben. Kettfaden 2 liegt auf Schaft 2, wir füllen das Kästchen neben Schaft 2 auf Tritt 5 aus. Kettfaden 3 liegt auf Schaft 3, wir zeichnen das Kästchen auf Tritt 5 neben Schaft 3 aus. Kettfaden 5 liegt auf Schaft 3, Kettfaden 6 auf Schaft 2. Beide Schäfte sind schon markiert.

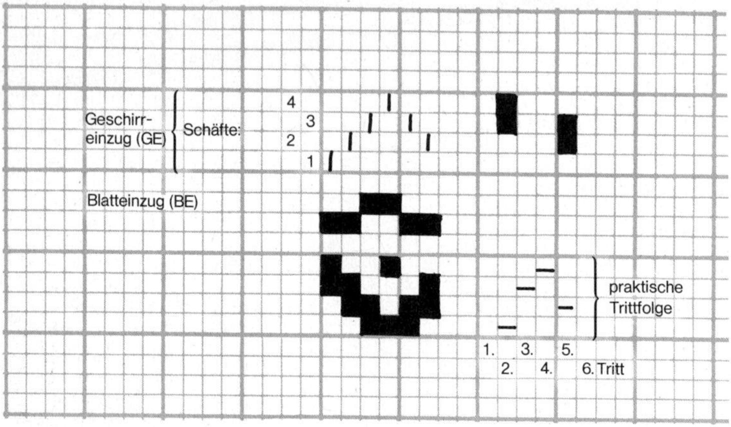

Die Schnürung für Tritt 3 und 4 finden wir auf die gleiche Weise: An Tritt 3 müssen wir die Schäfte 1 und 2 binden, um die Kettfäden 1, 2 und 6 zu heben; an Tritt 4 die Schäfte 1 und 4 zur Hebung des 1. und 4. Kettfadens.

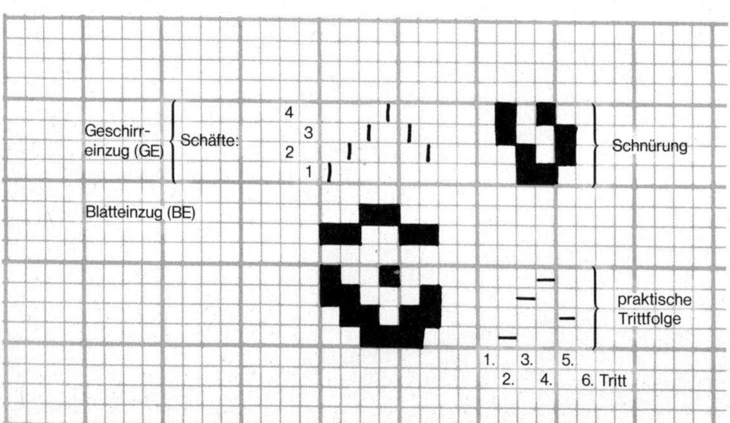

Eine Stola für den Abend

Nach diesem Plan können wir jeden Schaftwebstuhl schnüren. Bei Hebelzuggeräten beachten wir die Hebungen, bei Kontermarschwebstühlen Hebungen und Senkungen (die leeren Kästchen), bei Rollen- und Wellenzugwebstühlen die Senkungen. Ist die Bindungspatrone durch Einzeichnen des Blatteinzugs, des Geschirreinzugs, der Trittfolge und der Schnürung zur „Fertigungspatrone“ ergänzt, haben wir alle Angaben, um ein bestimmtes Muster weben zu können. Alle anderen Angaben, die wir noch zur Ausführung eines Gewebes brauchen, wie Kettlänge, Gewebebreite, Kett- und Schußdichte, richten sich nach der gewünschten Stoffmenge und dem ausgewählten Material.

Panama – Eine Stola für den Abend

(Entworfen und gewebt von Arlette Wehmer-Filiatre)

Heben und senken wir immer je zwei Kettfäden zugleich und legen wir je zwei Schußfäden ins gleiche Fach, so entsteht eine weitere Abwandlung der Leinwandbindung: die Panamabindung. Charakteristisch für sie ist ein schachbrettartiges Gewebebild, das leicht etwas schwer und steif wirkt. Daher führen wir den Schuß bei der Stola in regelmäßigen Abständen über und unter ein Bündel von acht bzw. sechs Kettfäden und lösen so das strenge Bindungsbild auf. Außerdem weben wir den Eintrag mit verschiedenen Garnen: mit gerauhtem Mohair, Schlingenmohair und naturfarbener Seide (sie muß nicht handgesponnen sein) und erzielen so einen raffinierten Effekt durch die Wirkung der Materialien.

Arbeitsanleitung für Webrahmen und Webstuhl

Angaben zur Materialberechnung
Länge der Stola: 180 cm + 20 cm Fransen auf jeder Seite
Breite der Stola: 66 cm (Webstuhl), bzw. 55 cm (Webrahmen)
Kettmaterial: Kammgarn (Nm 16/2 oder 20/2 8000 bis 10000 m/kg)
Farbe: roh
Schußmaterial: Schewe Mohair „fine“ (5000 m/kg), naturfarben (Farb-Nr. 5529); Schlingenzwirn, naturfarben; handgesponnene oder andere Seide, naturfarben
Materialbedarf: Kammgarn 200 g Webstuhl, 150 g Webrahmen
Mohair „fine“ 200 g; Schlingenzwirn 50 g; Seide 20 g

Blatt: Webrahmen 40/10 zweifädig, Webstuhl 40/10 zweifädig
Kettdichte: 8 Fäden je cm
Schußdichte: 8 Fäden je cm

Bindung: Panama mit Schußflottungen in bestimmten Abständen
Kettlänge: Webrahmen 2,35 m, Webstuhl 2,55 m
Einstellungsbreite: Webrahmen 57 cm, Webstuhl 67,5 cm

Schären der Kette

Webrahmen: 10 Einzugsrapporte zu 42 Fäden + 36 Fäden (symmetrischer Rand) = 456 Fäden
Webstuhl: 12 Einzugsrapporte zu 42 Fäden + 36 Fäden (symmetrischer Rand) = 540 Fäden
Schären mit Schärklammern und einem Faden: Wegen der hohen Kettfadenzahl schären wir vier Ketteile mit je 114 Fäden bzw. 57 Runden bei der Webrahmenkette, bzw. 4 Ketteile zu je 135 Fäden für die Webstuhlkette.
Schären am Schärbrett oder Schärrahmen: Bei diesen Geräten können wir mit vier Fäden gleichzeitig zetteln und das Fadenkreuz mit der Hand einlesen. Dazu müssen wir das Kettgarn auf vier Scheibenspulen wikkeln.

Einzug und Schnürung

Webrahmen
Gatter 40/10
Einzugsrapport:
18mal zwei Fäden je Loch und Schlitz
1mal drei Fäden,
1 Loch bzw. Schlitz freilassen
1mal drei Fäden
Diesen Rapport 10mal wiederholen und mit 18mal zwei Fäden je Loch und Schlitz enden! Panama können wir auf dem Webrahmen weben, wenn wir entweder zwei Fäden in jedes Loch und jeden Schlitz einziehen oder bei einfädigem Gattereinzug die Bindung mit dem Lesestab einlesen: Bei Mittelstellung des Kammes heben wir abwechselnd zwei Kettfäden auf den Stab und drücken zwei unter ihn, stellen ihn aufrecht und bekommen so das erste Fach. Für die nächsten zwei Einträge müssen die Kettfäden in umgekehrter Reihenfolge eingelesen werden. Da die ganze Stola in Panama gewebt werden soll, ziehen wir die Methode des doppelten Fadeneinzugs vor. Das gleichzeitige Heben oder Senken sechs nebeneinanderliegender Kettfäden erreichen wir, wenn wir zweimal drei Fäden in zwei Löcher oder Schlitze einziehen und den dazwischenliegenden Schlitz bzw. das dazwischenliegende Loch freilassen.

Bindungspatrone:

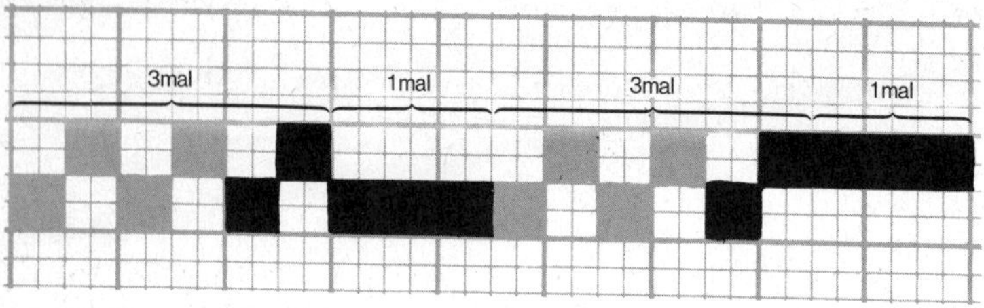

Fertigungspatrone:

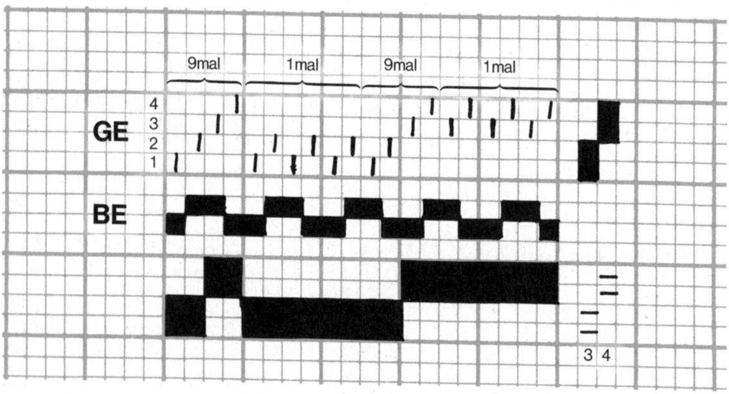

Geschirreinzug (s. Patrone): Der Einzug setzt sich aus zwei Teilen zusammen: Die Kettfäden für die Panamabindung laufen dort geradedurch über vier Schäfte, wo der Schuß acht Kettfäden auf einmal überspringt; wo er flottet, benutzen wir abwechselnd die Schäfte 1 und 2 oder 3 und 4.

Einzugsrapport:

36 Fäden geradedurch auf vier Schäfte
 6 Fäden abwechselnd auf Schaft 1 und 2
36 Fäden geradedurch auf vier Schäfte
 6 Fäden abwechselnd auf Schaft 3 und 4.

Diesen Rapport wiederholen wir sechsmal und enden mit 36 Fäden, die wir geradedurch auf vier Schäfte verteilen. Beim Webstuhl laufen die Kettfäden also einzeln durch die Litzen!

Blatteinzug: Blatt 40/10 zweifädig
Damit sich gleichbindende Kettfäden nicht verdrehen können, sollten sie im Riet getrennt sein. Wir beginnen daher mit einem Einzelfaden im ersten Einzugsriet, ziehen dann immer zwei Fäden je Riet ein und enden mit einem Faden.
Schnürung: Die Schnürung entnehmen wir der Fertigungspatrone.

Weben

Panama verlangt zwei Einschüsse in jedes Fach. Wir spulen das Schußgarn nie zusammen auf eine Spule, sondern arbeiten mit zwei Webnadeln oder Schützen, die wir nacheinander durch das Fach führen. So verdrehen sich die Fäden nicht, und der Rand wird gleichmäßig. Es gibt aber auch Doppelschützen mit zwei Spulen (s. S. 153), die sich für diese Bindung gut eignen.
Schußrapport:
20 Einträge Panama (jeweils zwei Fäden) mit Mohair „fine", ein Schuß Schlingenzwirn (mit einem Faden), zwei Schuß Seide (mit einem Faden), ein Schuß Schlingenzwirn (mit einem Faden). Diese Schußfolge wiederholen wir 28mal und enden mit 20 Panamaeinträgen. Die Musterstreifen sind ca. 6 cm breit.

Abschlußarbeiten

Wenn wir die Stola vom Webstuhl genommen haben, knoten wir die Fransen unmittelbar am Gewebe ab, oder wir fertigen ein Ziergeflecht an und knoten dann ab. Nun wickeln wir das Webstück über Nacht in nasse Tücher, dämpfen und lassen es trocknen. Zum Schluß schneiden wir die Fransen auf die gewünschte Länge.

Musterung durch verschiedene Trittkombinationen – Sets für den Kaffeetisch

Alle bisher beschriebenen Gewebe konnten sowohl auf dem Webrahmen als auch auf dem Webstuhl hergestellt werden. Beim Weben der Sets wollen wir die besonderen Möglichkeiten des Webstuhls ausprobieren. Dabei lernen wir eine neue Verkreuzungsart der Kett- und Schußfäden, den Köper, kennen und entdecken, daß verschiedene Bindungen entstehen, wenn wir bei ein und derselben Schnürung die Tritte in verschiedener Reihenfolge und Kombination benutzen.
Wir haben die Farben in breite Streifen aufgeteilt, damit das Gewebebild deutlich hervortreten kann. Jedes Set weben wir in einer anderen Bindung. Das verwendete Garn besteht zu 60 Prozent aus Baumwolle und

40 Prozent aus Leinen, es ist unregelmäßig versponnen und läßt sich ausgesprochen gut zu Tischwäsche und Handtüchern verweben, gut waschen und bügeln. In eine Kette aus diesem Cottolin kann man auch den Schuß mit feinem, glänzendem Langfaserleinen eintragen und erzielt so einen festlicheren Charakter der Sets. Wer es dagegen rustikaler liebt, sollte das dickere Partolin (75% Baumwolle + 25% Leinen) benutzen und eine Kettdichte von sechs Fäden je cm.

Arbeitsanleitung für den Webstuhl

Angaben zur Materialberechnung
Länge eines Sets: 40 cm + je 1 cm Fransen auf jeder Seite
Breite eines Sets: 32 cm
Die folgenden Angaben gelten für sechs Sets.
Kettmaterial und Schußmaterial: Cottolin (40% Leinen + 60% Baumwolle Nel 22/2 – 6500 m/kg)
Farbe 1498 (Zürcher) Weiß
Farbe 1423 (Zürcher) Dunkelblau
Materialbedarf: 200 g je Farbe

Blatt: 40/10 zweifädig
Kettdichte: 8 Fäden je cm
Schußdichte: 8 Fäden je cm
Bindung: gleichseitiger Köper, Ableitungen davon in Kombination mit Leinwandbindung
Kettlänge: 3,50 m (44 × 6 = 264 + 26 + 60 = 350 cm)
Einstellungsbreite: 35 cm (32 + 3 = 35)

Schären der Kette
Schärzettel:
52 Fäden Weiß
176 Fäden Blau
52 Fäden Weiß
Wir können mit 2 oder 4 Fäden gleichzeitig schären.

Einzug und Schnürung
Geschirreinzug: Wir ziehen alle Kettfäden einzeln geradedurch über vier Schäfte ein.
Blatteinzug: Blatt 40/10 zweifädig
Bei dünnem Material bekommen wir eine feinere Webkante, wenn wir auch die Randfäden einzeln durch die Litzen ziehen, beim Blatteinzug aber drei Fäden ins erste und letzte Riet nehmen.

Fertigungspatrone:

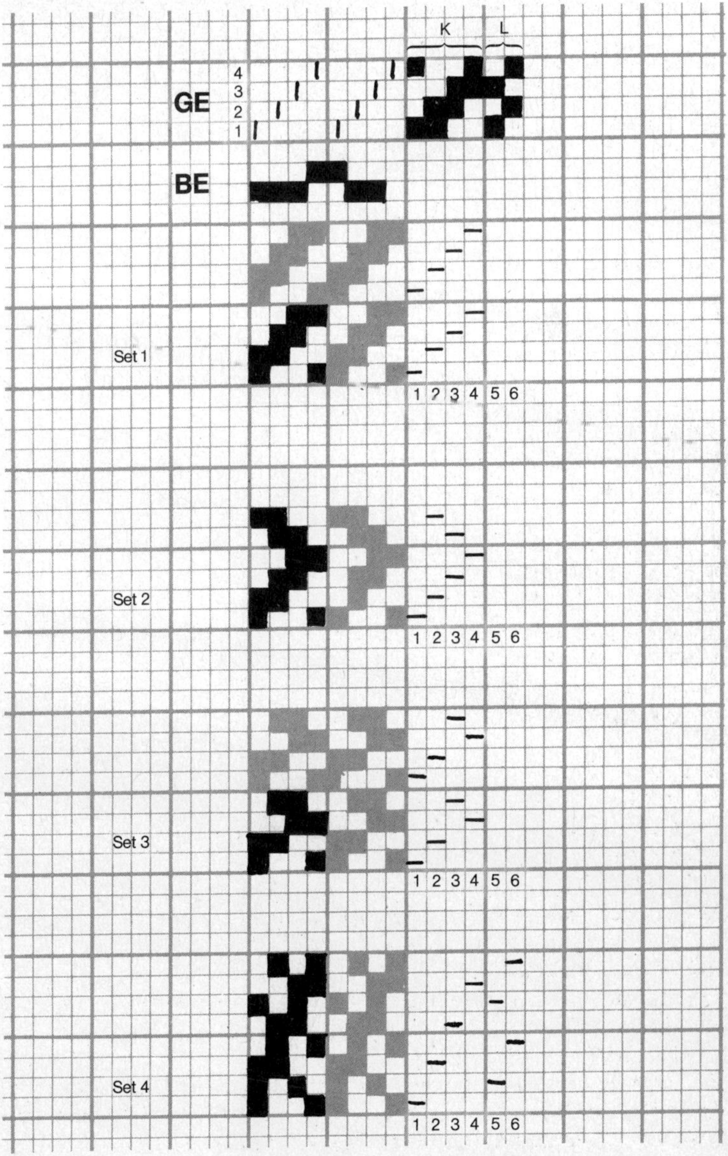

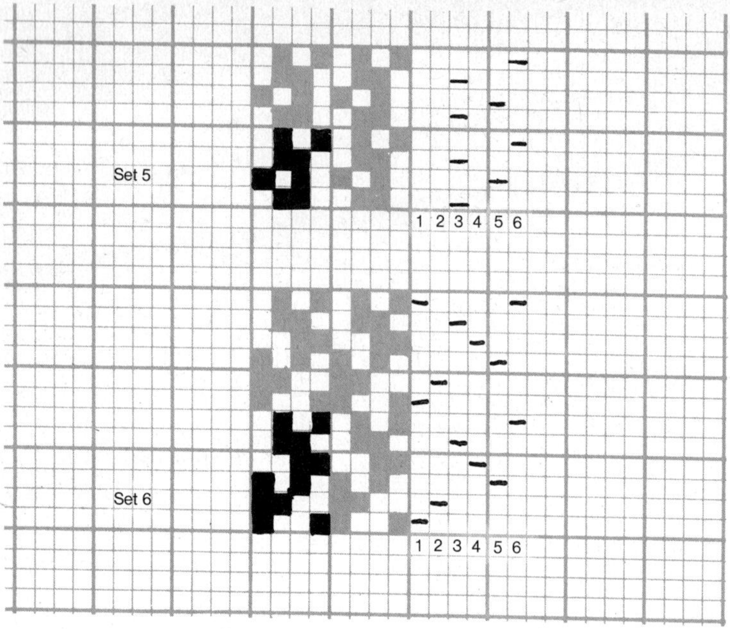

Schnürung: Da wir den Köper und Teile dieser Bindung mit Leinwandbindung kombinieren, ist beim Weben diesmal die theoretische Trittfolge am angenehmsten. Wir schnüren dazu den Köper an die Tritte 1 bis 4, die Leinwandbindung an die Tritte 5 und 6. Den Schnürungsplan lesen wir aus der Fertigungspatrone ab.

Weben

Schußfolge: Für alle Sets weben wir 2 cm Saum in Leinwandbindung mit den Tritten 5 und 6 am Anfang und am Ende. Zwischen zwei Sets benötigen wir also ein 4 cm breites Stück in Leinwandbindung, für das wir das weiße Cottolin benutzen.

Die Farbfolge für die Sets:

7 cm Weiß
29 cm Blau
7 cm Weiß

Sets für den Kaffeetisch

Set 1
Wenn wir 2 cm in Leinwandbindung gewebt haben, erproben wir beim ersten Set den Köper, indem wir nacheinander die Tritte 1, 2, 3, 4 treten und wieder bei Tritt 1 beginnen. Es entsteht ein Gewebebild mit den für Köper typischen diagonalen Streifen, die wir „Grat" nennen. Da immer gleich viele Kettfäden gehoben und gesenkt werden, sieht das Gewebe auf beiden Seiten gleich aus. Wir sprechen von gleichseitigem Köper.
Eine Hilfe zum Weben längerer Schußrapporte: Um Fehler zu vermeiden, unterbrechen wir die Arbeit immer nur nach einem abgeschlossenen Schußrapport. Kompliziertere Trittfolgen schreiben wir auf ein Klebeschildchen und befestigen es gut sichtbar am Webstuhl.

Set 2
Wir treten die Tritte vorwärts und rückwärts, also
1, 2, 3, 4, 3, 2,
1, 2, 3, 4, 3, 2 usw.
Es entsteht so eine Zickzackmusterung, ein Spitzköper.

Set 3
Vertauschen wir die Tritte 3 und 4, bekommen wir einen Kreuzköper mit der Trittfolge 1, 2, 4, 3.

Set 4
Viele Mustermöglichkeiten ergeben sich aus der Kombination des Köpers oder von Köperteilen mit Leinwandbindung. Man kann zwischen jeden Köperschuß einen Eintrag in Leinwandbindung legen: 1, 5, 2, 6, 3, 5, 4, 6.
Mit dieser Trittfolge erhalten wir ein sehr interessantes Gewebebild.

Set 5
Wir benutzen immer nur einen Tritt aus der Köperbindung und kombinieren ihn mit Leinwandbindung:
3, 5, 3, 6,
3, 5, 3, 6 usw.
Die mit weißem Schußgarn gewebten Teile des Sets entstehen durch folgenden Wechsel:
1, 5, 1, 6, zweimal weben
3, 5, 3, 6, zweimal weben

Set 6
Umrahmt man die verkreuzten Teile des Kreuzköpers mit Leinwandbindung, so ergibt sich folgende Trittfolge:
1, 2, 5, 4, 3, 6,
1, 2, 5, usw.

Die genannten Trittfolgen sind nur einige Beispiele! Es ist empfehlenswert, 50 cm mehr Kette als nötig zu schären und zuerst die verschiedenen Möglichkeiten auszuprobieren.

Abschlußarbeiten
Das Gewebe vom Webstuhl nehmen. Auf jeder Set-Seite, dort, wo das Muster beginnt, immer je drei Kettfäden durch Hohlsaumstich bündeln und sehr fest ziehen. Set erst abschneiden, wenn der Hohlsaum an beiden Seiten der Saumzugabe gearbeitet wurde: Je nach gewünschter Fransenlänge einen Schußfaden ausziehen und dort durchschneiden. Entfernen wir nun die restlichen Schußfäden bis zum Hohlsaum, haben wir einen gleichmäßigen Fransenabschluß. Die Sets warm von Hand waschen, tropfnaß aufhängen und noch feucht bügeln.

Der Spitzeinzug – Ein Jackenstoff in Spitzköper

Alle Bindungen, die wir bisher verwendet haben, entstanden mit dem gleichen Einzug: Die Kettfäden wurden der Reihe nach auf die Schäfte 1 bis 4 eingezogen. Diesen Einzug haben wir „Gerade-durch-Einzug" genannt. Er kann sowohl auf Schaft 1 als auch auf Schaft 4 beginnen:

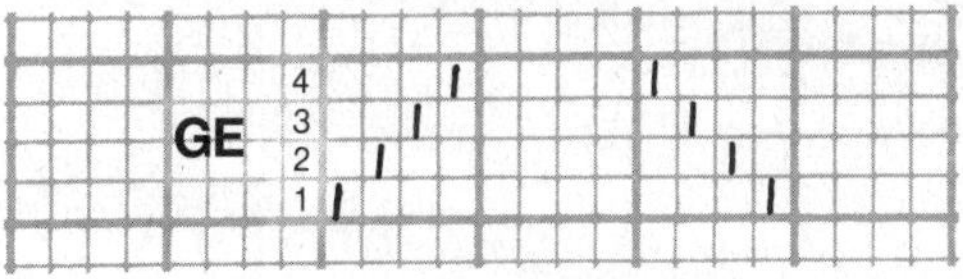

Setzen wir beide Einzugsrichtungen zusammen, erhalten wir den Spitzeinzug:

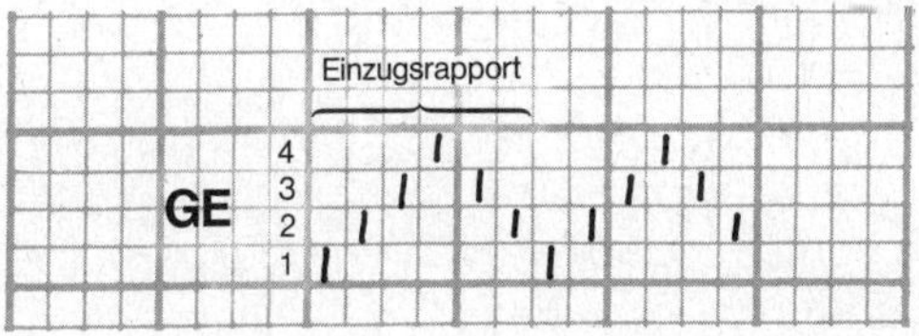

Die Schäfte 4 und 1 werden bei der Richtungsänderung nur einmal benutzt. Mit diesem Einzug können wir Spitz- und Rautenköper weben. Es gibt mehrere Möglichkeiten, diesen Einzug abzuwandeln:

□ Wir unterbrechen ihn an der Spitze.

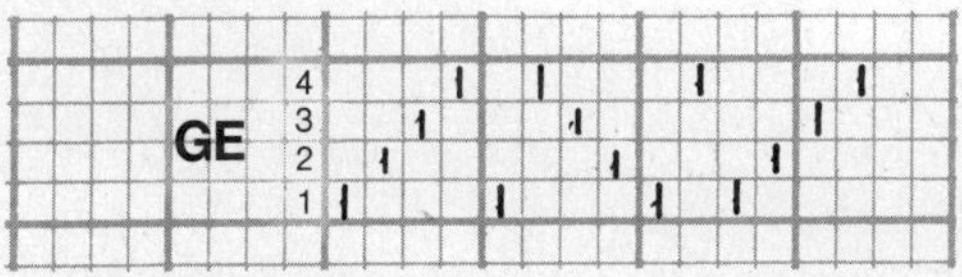

□ Läßt man beim Einziehen zwischen 1. und 4. Schaft einen Schaft aus, bekommt das Bindungsbild einen Bruch. Der Fischgrätköper wird auf diese Weise hergestellt.

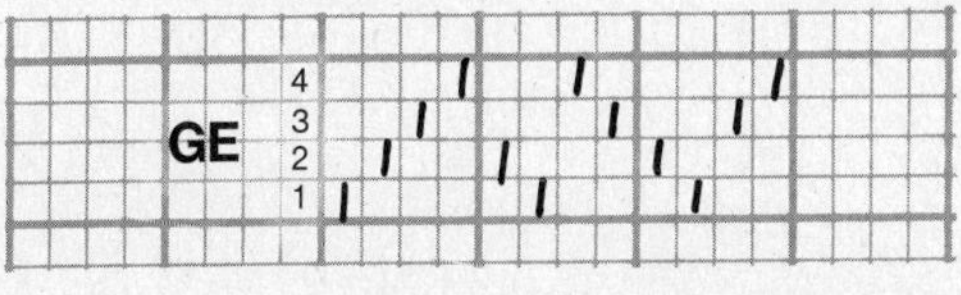

□ Ziehen wir mehrere Male geradedurch ein, ehe wir die Richtung ändern, entstehen großflächigere Muster als beim einfachen Spitzeinzug. Diese Einzugsart benutzen wir beim Weben des Jackenstoffes.

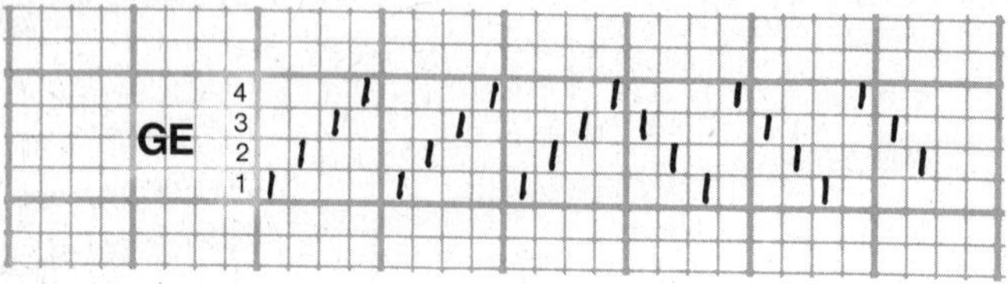

Arbeitsanleitung für den Webstuhl

Schnittmuster und Stoffbedarf
Den Stoff webt man am besten erst, wenn man einen Schnitt zum Selbstschneidern gefunden oder von einer Schneiderin die Angaben über Länge und Breite des Stoffes erfragt hat. Haben wir einen Schnitt gekauft, probieren wir (auf dem Fußboden) einen günstigen Zuschneideplan aus, indem wir die einzelnen Schnitteile so gruppieren, daß sie eine Bahn bedecken, bei der möglichst wenig Abfall entsteht. Durch Messen der Breite und Länge der bedeckten Fläche erhalten wir die notwendigen Maße.

Beispiel für eine Jacke Gr. 40
(Vogue-Schnitt 7181 Gr. 2)
Bei diesem Schnitt erweist sich die Passe als breitestes Stück: 66 cm. Die Gewebebreite kann sich danach richten, da alle anderen Teile gut aus dieser Breite zu schneiden sind:

Stoffbedarf:

Rücken	70,5 cm
Vorderteil	79,0 cm
Vorderteil	79,0 cm
Passe	21,0 cm
2 Ärmel	118,0 cm
Kragen, Tasche	26,5 cm
Oberkragen	10,0 cm
	404,0 cm

Nach oben aufgerundet benötigen wir für den ausgesuchten Schnitt 4,10 m Stoff, 66 cm breit.

Angaben zur Materialberechnung
Kettmaterial: Klippan Webwolle (Nm 7/2–3100 m/kg)
Farbe 3065 Dunkelbraun: 300 g
Farbe 3081 Blauviolett: 100 g
Bergå Pakogarn (60% Wolle + 40% Alpaka Nm 8/2–3600 m/kg)
Farbe 54 Braun: 300 g
Mohair-Schlingenzwirn von Zürcher (2250 m/kg)
Farbe 8768 Flaschengrün: 100 g
Schußmaterial: Klippan Webwolle (Nm 7/1–7000 m/kg)
Farbe 1047 Rost: 100 g
Bergå Pakogarn, Farbe 2155 Rost: 200 g
Lewolaine (Wolle, handgesponnen 1500 m/kg)
Farbe Biscuit: 200 g
Chataigne: 200 g
Marron: 200 g

Blatt: 50/10 einfädig
Kettdichte: 5 Fäden je cm
Schußdichte: 3 bis 8 Fäden je cm (je nach verwendetem Schußmaterial)
Bindung: Spitzköper
Kettlänge: 5,10 m (4,10 + 40 + 60 = 5,10 m)
Einstellungsbreite: 70 cm (66 + 2 + 2 = 70 cm)

Schären der Kette
Schärzettel: 352 Fäden = 16 Einzugsrapporte zu 22 Fäden
Farbfolge:
ein Faden Dunkelbraun (Klippan) } 11 mal
ein Faden Braun (Pakogarn) }
zwei Fäden Violett
ein Faden Mohair Grün
Wenn wir die Farbfolge 14mal schären, ergibt das 350 Fäden. Die zwei noch benötigten Fäden verteilen wir auf den Anfangs- und Endrapport und messen dort 23 statt 22 braune Fäden ab. Wir haben die Kette wegen der farblichen Auflockerung und der gewünschten Weichheit des Gewebes mit zwei verschiedenen Materialien gezettelt. Die Webwolle von Klippan hat ein schönes, klares Dunkelbraun, ist aber etwas rauh. Pakogarn dagegen gibt es in gebrochenen Farben. Durch den Alpakaanteil ist es sehr weich, allerdings auch teurer. Aus preislichen Gründen könnte man in der Kette auf dieses Material verzichten, nicht dagegen auf die violetten Fäden und das grüne Mohair. Sie geben dem Stoff durch ihre Farbe und Struktur ein interessantes Aussehen.

Einzug und Schnürung

Fertigungspatrone:

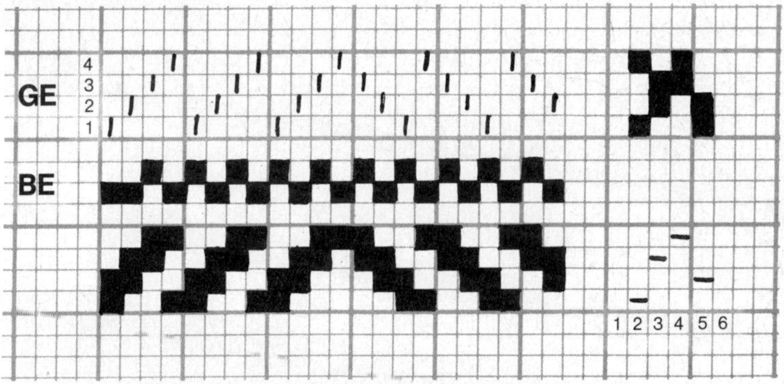

Geschirreinzug: Bei dem längeren Einzugsrapport ist es hilfreich, die Fertigungspatrone als Gedächtnishilfe am Webstuhl anzubringen. Wir ziehen immer einen Rapport zu Ende ein und kontrollieren ihn sofort.

Blatteinzug: Blatt 50/10 einfädig

Am Rand je einmal zwei Fäden in ein Riet

Schnürung: Die Schnürung führen wir nach dem Schnürungsplan der Fertigungspatrone aus.

Weben

Um eine gute Abbindung der Randfäden zu erreichen, müssen wir beim ersten Einschuß (Tritt 2) den Faden von links nach rechts einlegen.

Schußfolge

Die Schußstreifen können beliebig gewählt werden. Wenn wir die verschiedenen Materialien unregelmäßig verweben, gibt es beim Zuschneiden keine Schwierigkeiten wegen eines evtl. zu beachtenden Rapports. Die beiden dünnen rostfarbenen Garne heben die Bindung hervor, die dicken lösen sie auf. Diese bringen durch ihren Tweedcharakter aber einen schönen Farbeffekt ins Gewebe. Diese handgesponnene Wolle legen wir mit höchstens zwei Schüssen hintereinander je Farbe ein.

Ein Tip für die praktische Arbeit:

Wir brauchen die verschiedenen Farben nicht abzuschneiden, wenn der Streifen beendet ist, sondern führen die gerade nicht benutzten Fäden am Webrand mit, indem wir sie mit dem jeweiligen Schußfaden umschlingen. Damit die Kanten gleich dick werden, verteilen wir die weiterzuführenden Garne auf beide Gewebeseiten.

Abschlußarbeiten
Ist die Kette abgewebt, schneiden wir den Stoff ab, rollen ihn auf und lösen die Schleifen am Nutenstab des Warenbaumes. Sind Anfang und Ende mit Zickzackstichen gesichert, lassen wir das Gewebe in nassen Tüchern über Nacht liegen und dämpfen es am nächsten Tag. Trocknen lassen und bis zur Verarbeitung gerollt aufbewahren! Manchmal nehmen kleinere Webereien oder Fachhochschulen für Textiltechnik Stoffe zum Dekatieren an, das erspart das mühsame Dämpfen großer Flächen.

Ein gesprungener Einzug für Halbdräll – Eine Decke mit dekorativen Borten

(Entworfen und gewebt von Arlette Wehmer-Filiatre)

Aus Skandinavien kommen Webmuster zu uns, bei denen ein Schußfaden, der mehrere Kettfäden überspringt, Muster auf einen Grund aus Leinwandbindung „malt". Es können auf diese Weise ganze Flächen oder nur Borten gestaltet werden. Wegen der damastartigen Wirkung der Muster, vor allem wenn sie Ton in Ton mit feinem Leinengarn gearbeitet werden, sprechen wir von Halbdamast oder mit der schwedischen Bezeichnung von Halbdräll. Je nach Art der Flottung der Musterfäden gibt es verschiedene Einzüge für solche „lancierten" Gewebe. Für lange Übersprünge läßt man die Kettfäden immer auf zwei Schaftpaaren hin und her wandern, bei vier Schäften sind so vier Musterblöcke oder Partien möglich, wenn wir die Schäfte 1 und 2, 2 und 3, 3 und 4 sowie 4 und 1 miteinander kombinieren.

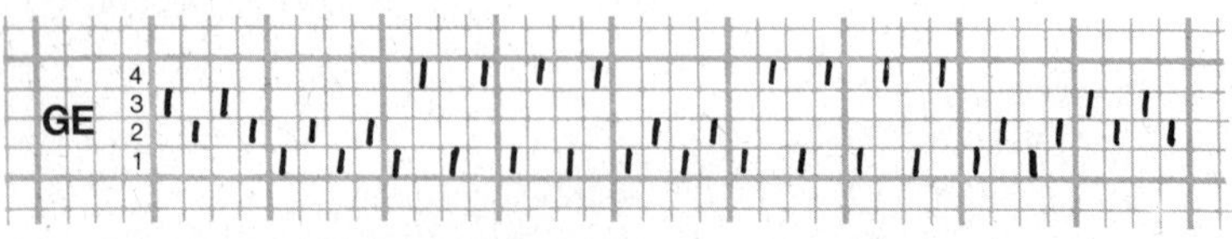

Für die Wolldecke benutzen wir einen finnischen Einzug, bei dem der Musterfaden nur über drei Kettfäden läuft; die Rückseite des Gewebes ist wie bei einem Damast umgekehrt gemustert. Wer die Möglichkeiten des Einzugs erst einmal an einem kleinen Webstück ausprobieren möchte, kann z. B. einen Tischläufer mit Cottolin in der Kette und Leinen oder mercerisierter Baumwolle im Schuß arbeiten. Die folgende Anleitung ist auf zwei Stoffbahnen abgestimmt, die zusammengenäht eine schöne Tagesdecke für ein Bett ergeben. Man kann aber auch eine kürzere Bahn für eine Decke zum Zudecken weben. Als Material wurde wegen der raffinierten Farbschattierungen und weil cs sehr weich ist, Alpaka gewählt.

Decke mit dekorativen Borten

Wer Wolle vorzieht, sollte für den Schuß eine weiche, ungezwirnte, wenig gedrehte Qualität nehmen.

Arbeitsanleitung für den Webstuhl

Angaben zur Materialberechnung

Stoffbedarf für eine Tagesdecke: 2 Bahnen zu 86 cm Breite und 280 cm Länge
Kettmaterial: Alpaka Beige (Nm 8/2 speziell für die Kette): 1 kg
Schußmaterial:
Handgesponnenes Alpaka Beige: 1 kg
Handgesponnenes Alpaka Schwarz: 100 g
Alpaka Rost-Rot und Orange-Rot: je 100 g
(alle ca. 3000 m/kg bis 3600 m/kg)
Handgesponnene Wolle von Kühlmann „Skibob" (ca. 2000 m/kg)
Farbe: natur: 100 g
Blatt: 30/10 zweifädig
Kettdichte: 6 Fäden je cm
Schußdichte: 6 Fäden je cm
Bindung: Leinwandbindung; Borten lanciert (Halbdräll)
Kettlänge: 7 m
(2,80 m + 2,80 m + 0,30 m [Fransen] + 0,50 m + 0,60 m = 7 m)
Einstellungsbreite: 90 cm (86 cm + 2 cm [Leiste] + 2 cm = 90 cm)

Schären der Kette

Schärzettel: 540 Fäden Beige
Die lange Kette schärt sich am einfachsten am Schärbrett oder Schärrahmen. Wenn wir mit sechs Fäden gleichzeitig arbeiten, müssen wir 45mal nach unten und 45mal nach oben schären (45 Gänge).

Einzug und Schnürung

Geschirreinzug: Der Einzug besteht aus vier Teilen, von denen die Teile I und III aus den Einzugsfolgen II und IV zusammengesetzt sind. Die Kettfäden laufen nicht geradedurch: Es werden einzelne Schäfte ausgelassen. Der Weber spricht von einem „gesprungenen" oder „sprungweisen" Geschirreinzug. Die Teile I bis IV ergeben einen Rapport von 120 Fäden, den wir viermal einziehen. Den Schluß bilden die Folgen I und II.
Blatteinzug: Ein Blatt 30/10 ziehen wir zweifädig ein.
Schnürung: Die Schnürung ergibt sich aus dem Schnürungsplan. Die Leinwandbindung liegt auf den Tritten 1 und 2. Die Tritte 3 bis 6 sind für das Muster reserviert.

Fertigungspatrone:

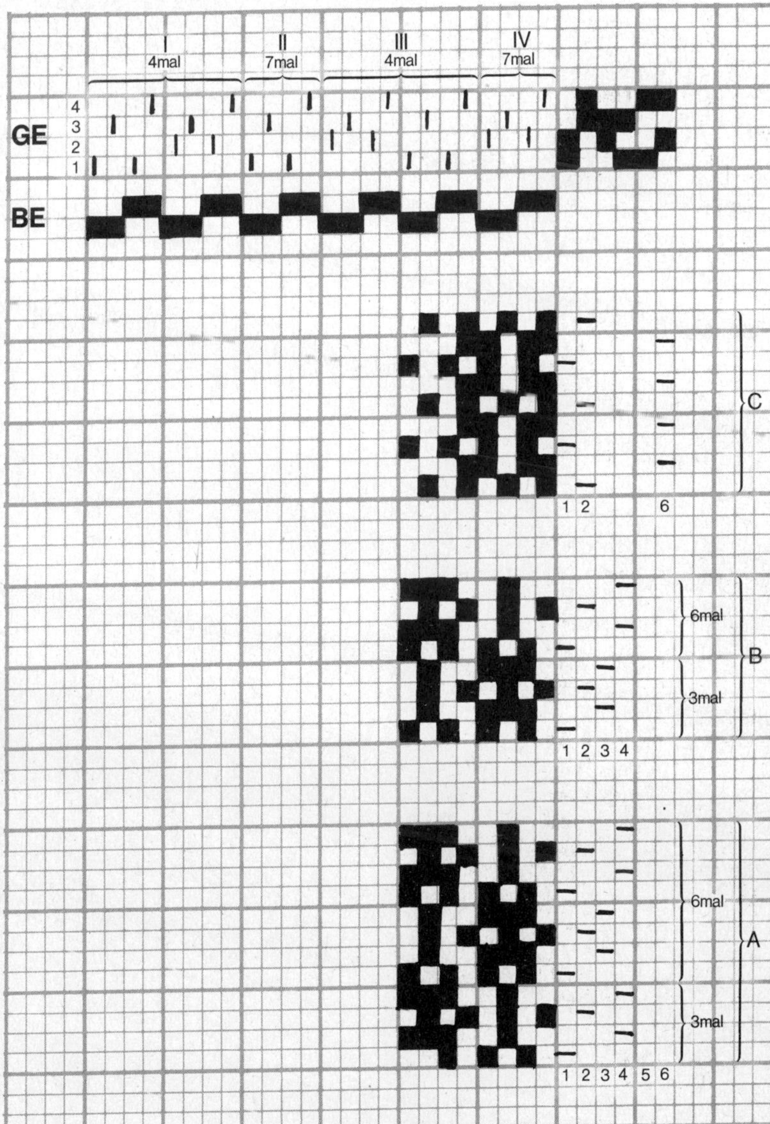

Weben

Streifenfolge:

20 cm		Leinwandbindung
40 cm I	6,5	cm Borte A
	9	cm Leinwandbindung
	1	cm Borte C
	3	cm Leinwandbindung
	1	cm Borte C
	3	cm Leinwandbindung
	1	cm Borte C
	9	cm Leinwandbindung
	6,5	cm Borte A
60 cm II	20	cm
		1 Schuß „Skibob“
	9	cm
		1 Schuß „Skibob“ — Leinwandbindung
	11	cm
		1 Schuß „Skibob“
	20	cm
40 cm	5	cm Borte B
	10,5	cm Leinwandbindung
	1	cm Borte C
	3	cm Leinwandbindung
	1	cm Borte C
	3	cm Leinwandbindung
	1	cm Borte C
	10,5	cm Leinwandbindung
	5	cm Borte B
II		
I		
20 cm		Leinwandbindung

Leinwandbindung: Die Leinwandbindung weben wir mit der handgesponnenen Alpaka-Wolle in Beige. Um die großen Flächen etwas aufzulockern, legt man in regelmäßigen oder unregelmäßigen Abständen einen Faden der dickeren Wolle „Skibob“ ein.

Borten: Bei den breiten Borten (A und B) verwenden wir schwarzes Alpaka für das Muster und rostrotes für den Zwischenschuß in Leinwandbindung. Diese Borten entstehen an den Rändern der Decke nach Trittfolge A, in der Mitte nach Trittfolge B. Jedesmal wiederholen wir den er-

sten Teil 3mal, es folgt ein zweiter Teil, der 6mal gewebt wird. Daran schließt sich noch einmal Teil I mit drei Wiederholungen an. Die schmalen Borten sind immer gleich. Wir benutzen rostrotes Garn für die Leinwandbindung, ein helleres Orange-Rot für das Muster und weben einmal Trittfolge C. Eingerahmt wird die Borte mit je einem Schuß der naturfarbenen Wolle „Skibob" in Leinwandbindung.
Zwischen den beiden Stoffbahnen 30 cm Kette unverwebt für die Fransen aufrollen.
Bei gelockerter Kette messen.

Abschlußarbeiten
Ist das Gewebe vom Webstuhl genommen, knoten wir die Kettreste zu Fransen, wickeln die Stoffbahnen über Nacht in nasse Tücher und dämpfen sie. Die Teile zusammennähen und noch einmal bügeln.

Doppelgewebe – Eine praktische Einkaufstasche

Auf einem vierschäftigen Webstuhl kann man, jedoch nur in Leinwandbindung, zwei Stofflagen gleichzeitig übereinander weben. Das eröffnet uns zwei interessante Möglichkeiten: Weben wir die Stofflagen an beiden Seiten geschlossen, so entsteht ein schlauchartiges Gewebe, mit dem

wir strapazierfähige Taschen in Leinwandbindung oder Rips herstellen können. Lassen wir jedoch eine Webkante offen, ist das Stoffstück nach der Fertigstellung auseinander zu klappen und wir erhalten ein doppelt breites Gewebe. Die Umbruchstelle ist dabei als feine Linie sichtbar. Wir sollten die Doppelwebtechnik an einem kleinen Stück üben, um ein Gefühl für das Weben gleichmäßiger Kanten zu bekommen, ehe wir uns an etwas Größeres wagen. Eine praktische Einkaufstasche wäre gerade das Richtige. Als Kettgarn verwenden wir einen Baumwollkord, wie wir ihn vom Bildweben kennen. Im Schuß können wir sehr gut Reste von Baumwollgarnen, Leinengarnen und Halbleinenmaterial der Lauflängen 2500-6500 m/kg verarbeiten. Von den im Handarbeitseinzelhandel erhältlichen Garnen sind die Qualitäten Cotty-flower (Baumwollgarn 3400 m/kg) und Estate (Halbleinen 2500 m/kg – Wollservice Ingolstadt) gut geeignet und in schönen Farben lieferbar.

Arbeitsanleitung für den Webstuhl

Angaben zur Materialberechnung

Maße der Tasche: Breite 46 cm, Höhe 52 cm, Boden 10 cm, Säume 8 cm
Kettmaterial: Baumwollkord (Ne 12/9 oder Nm 20/3 × 3 – 1900 m/kg)
Schußmaterial: Reste von Leinen (Nel 4–6)
Cottolin (Halbleinen Nel 22/2)
Estate (Halbleinen – 2500 m/kg)
Baumwolle-Mediagarn oder Cotty-flower (Ne 8/4)
Materialbedarf: Baumwollkord: 200 bis 280 g; Reste 250 bis 300 g

Blatt: 30/10 zweifädig für stärkeres Schußgarn (Estate, Leinen Nel 4)
40/10 zweifädig für feineres Schußgarn (Cottolin, Baumwolle)
Kettdichte: 3 oder 4 Fäden je cm
Schußdichte: je nach Material 8 bis 14 Fäden je cm
Bindung: Längsrips (Schußrips) als Scheinrips mit einem Kettfaden
Kettlänge: 1,30 m (65 cm + 5 cm + 60 cm = 1,30 m)
Einstellungsbreite: 50 cm (46 cm + 4 cm = 50 cm)

Schären der Kette

Schärzettel:
300 Fäden bei Blatt 30/10 + 1 Faden = 301 Fäden
400 Fäden bei Blatt 40/10 + 1 Faden = 401 Fäden
Die Kette schären wir wie üblich, nur mit einer Fadenzahl für die doppelte Gewebebreite, da wir ja zwei Stofflagen weben. Damit kein Fehler in der Bindung auftritt, benötigen wir für das Schlauchgewebe eine ungerade Fadenzahl

Einzug und Schnürung

Fertigungspatrone:

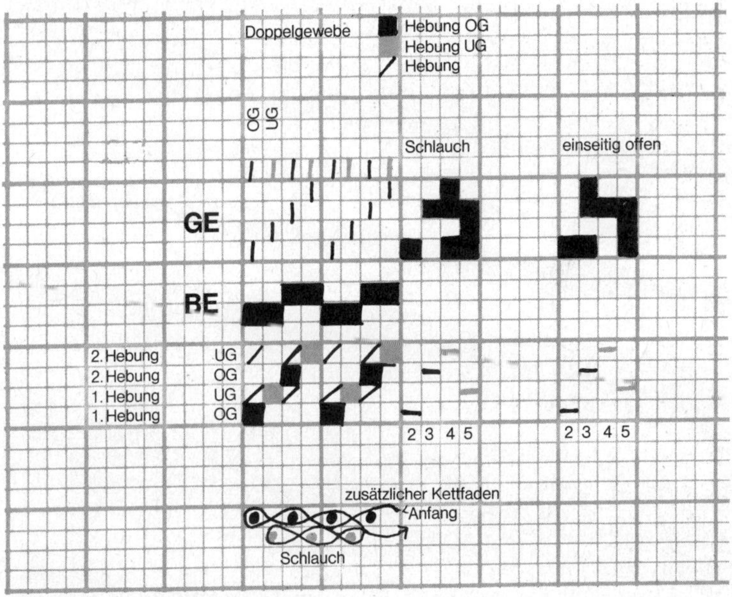

Geschirreinzug: Wir ziehen die Kette geradedurch über vier Schäfte ein. Die Fäden für das Obergewebe (OG) kommen dabei auf die Schäfte 1 und 3, die für das Untergewebe (UG) auf die Schäfte 2 und 4.
Blatteinzug: Ziehen wir die Kette zweifädig in ein Blatt 30/10 bzw. 40/10 ein, geht durch jedes Riet ein Faden jeder Gewebeschicht.
Schnürung: Wir benutzen die Tritte 2 bis 5 (vgl. Fertigungspatrone).

Tritt 2:

Für den ersten Schuß heben wir den ersten Kettfaden des Obergewebes; die Kettfäden des Untergewebes und der zweite Kettfaden des Obergewebes sind gesenkt. Der zu hebende Kettfaden liegt auf Schaft 1. Wir binden Schaft 1 an Tritt 2.

Tritt 5:

Beim zweiten Schuß weben wir im Untergewebe: Der erste Kettfaden des Untergewebes und die Kettfäden des Obergewebes müssen gehoben werden. Die drei Kettfäden gehen durch die Schäfte 2, 1 und 3. Wir verbinden sie mit Tritt 5.

Tritt 3:
Nun ist der zweite Schuß im Obergewebe an der Reihe: Wir heben den zweiten Kettfaden des Obergewebes, die anderen Fäden bleiben gesenkt. Dieser Kettfaden liegt auf Schaft 3. Wir schnüren Schaft 3 an Tritt 3.
Tritt 4:
Für den zweiten Schuß im Untergewebe müssen der zweite Untergewebskettfaden und die Obergewebskette gehoben werden. Wir befestigen also die Schäfte 4 sowie 1 und 3 am Tritt 4.

Weben
Streifenfolge: Da bei einem Längsripsgewebe die Kette unsichtbar bleibt, wird die Streifenfolge allein durch den Schuß bestimmt. Am besten macht man sich dazu eine Zeichnung oder wickelt mit dem Schußgarn Streifen um einen Karton, um die Farbwirkung abschätzen zu können. Wer in Leinwandbindung weben möchte, sollte ein farblich passendes Kettgarn auswählen. Dann muß aber auch die Kettdichte enger eingestellt werden. Beim Weben mit Media-Baumwollgarn müßten es z. B. sechs Fäden je cm sein.

Was beim Weben zu beachten ist
Beim Schlauchgewebe weben wir abwechselnd einen Schuß im Obergewebe und einen im Untergewebe. Wir achten darauf, daß genügend Schußmaterial für die Ripsbindung eingelegt wird, damit die Kette bedeckt wird und sich die Webkanten nicht zu sehr einziehen. Für den Gewebeanfang schnüren wir die Schäfte 1 und 2 an Tritt 1, die Schäfte 3 und 4 an Tritt 6 und weben einige Schüsse in Leinwandbindung, die beide Gewebeschichten verbindet und den Schlauch unten schließt.

Abschlußarbeiten
Am abgenommenen Gewebe verknoten wir je zwei Kettfäden mit einem Kreuzknoten (s. S. 85) und schneiden die überstehenden Enden ab. Die Tasche in ein nasses Tuch wickeln, wenn die Feuchtigkeit durchgezogen ist, dämpfen und trocknen lassen. Die oberen und unteren Kanten fassen wir mit Schrägband oder Baumwolltresse ein. Für den Boden auf beiden unteren Seiten ein Dreieck absteppen, die Tasche wenden, die Dreiecke auf dem Boden festnähen. Nun schlagen wir den oberen Saum nach innen und steppen die Kante mit der Nähmaschine ab. Als Bodenverstärkung legen wir einen passend zugeschnittenen Pappkarton ein. Die Henkel können wir als Brettchengewebe arbeiten. Wir benötigen für zwei Henkel 1,25 m Band, gut 2 cm breit.

Von der Planung zum fertigen Stoff

Wer kennt nicht die verdorbene Freude an einem Kleidungsstück, das zwar gut gefiel, beim Tragen aber knitterte oder sich ausbeulte oder das nach der ersten Wäsche nur noch ein trauriger Abglanz seiner einstigen Schönheit war. Vor ähnlichen Enttäuschungen ist man auch beim Weben nicht sicher: oft geben zwei im einzelnen wunderschöne Farben kein gutes Gewebebild, verändert sich die Wirkung der Farben ungünstig, oder die Trageeigenschaften verleiden das mit so viel Mühe gearbeitete Stück. Daher sollen nun einige Hinweise für die Planung von Geweben gegeben werden. Die Struktur einzelner textiler Materialien und ihre Eignung zum Weben, die Trage- und Pflegeeigenschaften wurden schon auf den Seiten 159ff. besprochen. Im folgenden stehen Schnittauswahl und die Wirkung von Bindung und Farbe im Vordergrund.

Zur Auswahl des Schnittmusters

Grundsätzlich verarbeiten wir handgewebte Stoffe wie fertig gekaufte. Ein individuell gearbeitetes Gewebe verlangt allerdings auch einen schicken Schnitt. Man sucht sich daher in jedem Falle vor Webbeginn ein Schnittmuster aus. Bei feineren Stoffen ist man in der Wahl des Schnittes völlig frei, für grobere Stoffe ist ein Schnitt mit wenig Einzelteilen günstiger. Die Verarbeitung wirft aber auch hier keine Probleme auf, wenn man vor dem Ausschneiden der Schnitteile die Ränder mit Zickzackstichen versäubert. Knopflöcher bereiten bei groben Stoffen manchmal Schwierigkeiten.

Struktur und Material

Die plastische Oberfläche eines Stoffes, sein Aussehen und Anfühlen – wir fassen diese Eigenschaften unter dem Begriff Struktur zusammen – sind abhängig vom Material: Durch Einsatz verschieden starker Garne
sind abhängig vom Material: Durch Einsatz verschieden starker Garne
können wir z. B. Höhen und Tiefen, Streifen oder Karos schaffen. Die harten Linien der Leinwandbindung verschwinden unter dem Flaum gerauhten Mohairs. Kammgarn verleiht den Stoffen einen sanften Glanz, Streichgarn wirkt voller und wärmer. Starres feines Leinen ergibt kühl wirkende Gewebe. Manchmal genügt schon der Faden eines kontrastrierenden Materials, um einen besonderen Effekt zu erzielen – wir bewahren daher alle Reste auf! Es gibt unendlich viele Möglichkeiten, durch Materialkombinationen Leben in ein Gewebe zu bringen! Dabei sollten wir auch den Einfluß der fühlbaren Eigenschaften des Gewebes nicht unterschätzen: Ein Schal, und sei er noch so schön, wird im Schrank bleiben, wenn er kratzt. Angora, Alpaka, Kaschmir geben dem Gewebe Weichheit und Wärme.

Struktur und Bindung

Neben dem Material hat die Verteilung der Bindungspunkte Einfluß auf das Aussehen der Gewebeoberfläche. Leinwandbindung und Panama ergeben schachbrettartige Strukturen und liefern relativ feste Gewebe. Beim Köper liegen die Verkreuzungen von Kette und Schuß weiter auseinander, der Stoff fällt daher weicher. Die für diese Bindung charakteristischen schrägen Linien, Grate genannt, können zu Rauten zusammengesetzt oder auch, wie beim Fischgrätköper, unterbrochen werden. Fließende Stoffe entstehen mit der Atlasbindung. Hier sind die Kreuzungspunkte unregelmäßig im Gewebe verteilt, die Übersprünge der Schuß- und Kettfäden sehr groß. Diese Bindung eignet sich daher nur für sehr feine Garne, und der Webstuhl muß wenigstens fünf Schäfte haben.
Auch die Kombinationen verschiedener Bindungen in einem Webstück führt zu interessanten Strukturen: Entsteht z. B. durch die Kombination von Rips und Leinwandbindung eine reliefartige Oberfläche, so lebt das Nebeneinander von Kett- und Schußkreuzköper durch die Licht-Schattenwirkung der beiden Bindungen. Auch die Sets auf Seite 199 sind Beispiele für Variationsmöglichkeiten der Struktur nur durch die Bindung.

Leinwandbindung

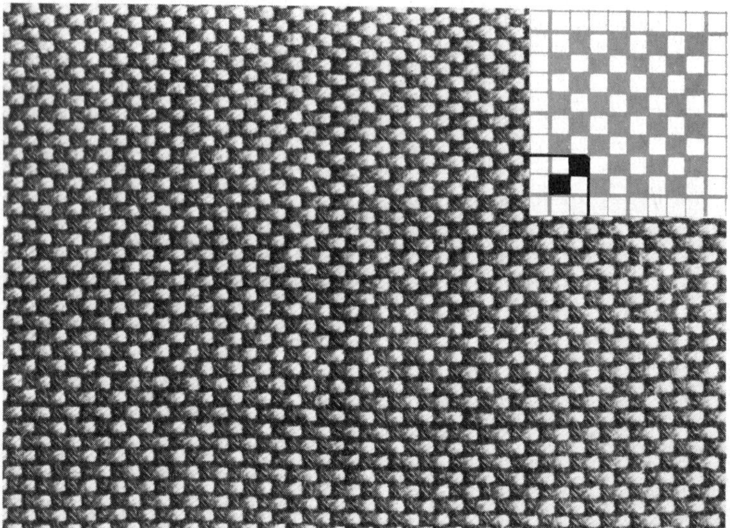

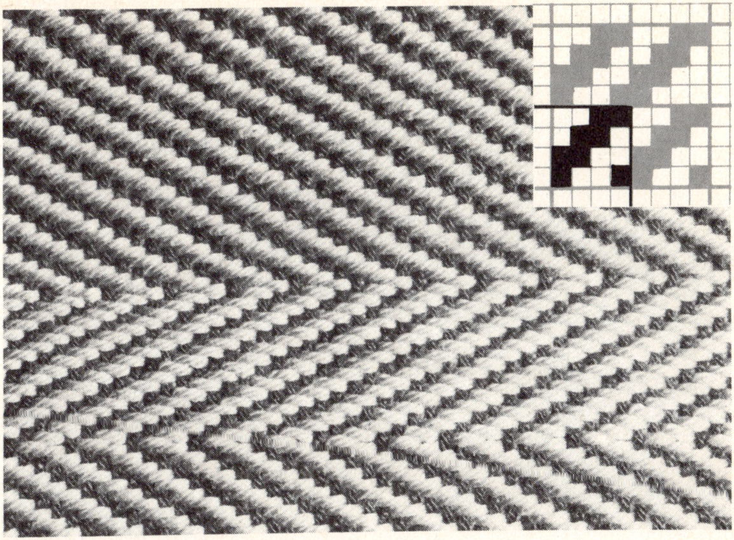

Köper

Atlas

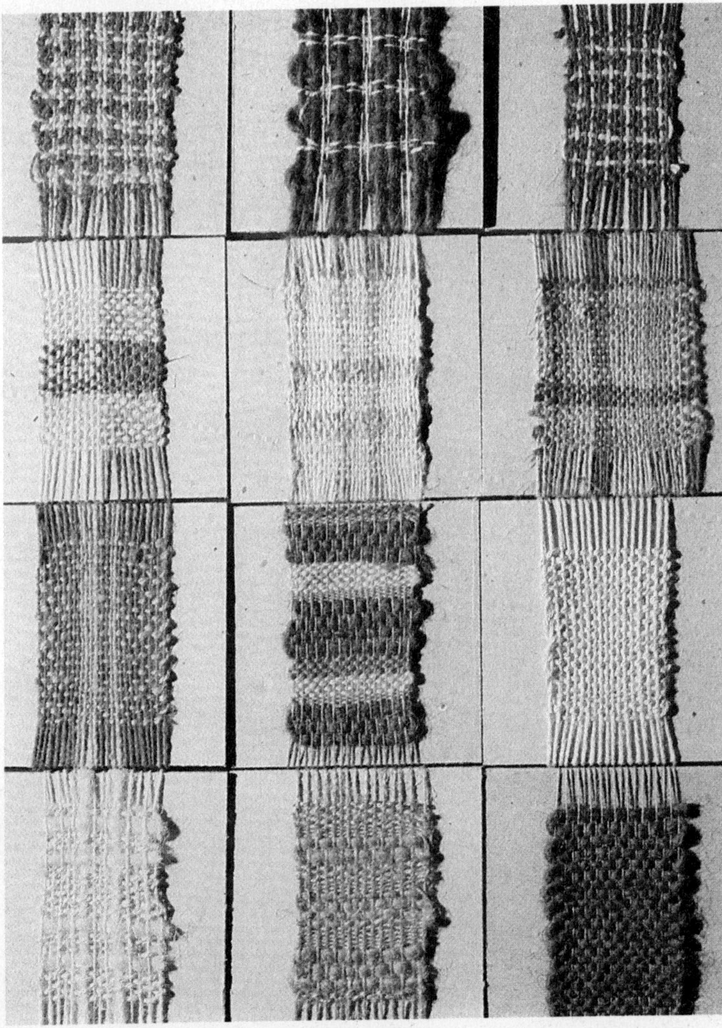

Oben: Musterproben zur Material- und Farbwirkung

Links: Musterung durch verschiedene Bindungen: Kett- und Schußkreuzköper

Material und Bindung

Bindungen können durch das Material hervorgehoben werden; umgekehrt können Bindungen die Materialwirkung unterstützen oder auch beseitigen.

Je ähnlicher Kett- und Schußmaterial sind, desto deutlicher dominiert die Bindung. Materialkontraste verdecken sie. Diese Effekte setzt man bei der Gestaltung gezielt ein! Wichtig ist in diesem Zusammenhang auch die Wahl der Kett- und Schußdichte. So verliert z. B. ein gerauhter Mohairfaden seine Wirkung vollständig, wenn er in eine zu dichte Kette fest eingeschlagen wird.

Von der Wirkung der Farbe

Bei der Auswahl der Farben spielt natürlich der persönliche Geschmack eine große Rolle, weil jeder Mensch eine Vorliebe oder Abneigung gegen bestimmte Farben hat. Das subjektive Farbempfinden reicht jedoch oft nicht aus, um für ein Gewebe eine stimmige und ausgewogene Farbgebung zu finden. Einige Regeln sollen hier helfen:

☐ Verschiedene Fasern haben auch dann ein unterschiedliches Farbbild, wenn sie in der gleichen Farbe gefärbt wurden, denn jede Faser reagiert auf die Farbe anders. Zudem verändern Struktureigenheiten, wie Glanz oder Mattheit, Rauheit oder Weichheit, die Farbwirkung.

☐ Einfarbige Flächen wirken daher interessanter, wenn man verschiedene Fasern gleicher Farbgebung verarbeitet.

☐ Setzen wir wenigstens drei klar voneinander zu unterscheidende Farben nebeneinander, ist die Wirkung bunt. Die reinen Farben Rot, Gelb und Blau erzeugen die stärkste Wirkung, Orange, Grün und Violett eine schwächere.

☐ Schwarz – zwischen einzelne Farben gesetzt – unterstreicht die Wirkung der Farbe, Weiß schwächt sie ab.

☐ Die Verarbeitung von zwei Farben in Schuß und Kette kann an den Kreuzungspunkten den Eindruck einer dritten erwecken: Die Kombination von Rot und Gelb z. B. kann die Fläche orange erscheinen lassen, die Verbindung von Blau und Rot kann Violett erzeugen, die Überschneidung von Gelb und Blau einen grünlichen Effekt bewirken.

☐ Auch unser Auge selbst beeinflußt die Farbwirkung eines Gewebes: Es verlangt unbewußt zu Rot ein Grün, zu Gelb ein Violett, zu Blau ein Orange. Fehlt einem Vertreter dieser Farbpaare der Partner, so erscheint unserem Auge die Nachbarfarbe in der Richtung der Partnerfarbe verändert. So kann z. B. ein Blau einem nebenstehenden Rot einen orangefarbenen Stich geben, oder ein Violett das angrenzende Grün ins Gelbliche drängen. Verhindern können wir diesen Effekt, wenn wir Farben sehr unterschiedlicher Helligkeit benutzen.

□ Manche Farben geben uns ein Gefühl der Wärme. Zu ihnen gehören bestimmte Rot- und Orangetöne. Andere Farben wirken stolz, kalt oder abweisend. Blau und Grün verkörpern diese Eigenschaften am stärksten. Kalte und warme Farben direkt nebeneinander verstärken den Kontrast.

□ Das gleiche gilt auch für das Nebeneinander heller und dunkler Flächen: Helle Bereiche erscheinen neben dunklen Flächen noch heller, dunkle entsprechend dunkler.

□ Bei gleich großen Flächen wirken helle und warme Flächen größer als dunkle oder kalte Bereiche.

Farbe und Bindung

Da beim Gewebe sich immer zwei Fäden verkreuzen, bekommen wir nur dann eine einfarbige Fläche, wenn Kette und Schuß die gleiche Farbe haben. In allen anderen Fällen entstehen Farbmischungen. Von der Bindung hängt es nun ab, ob die Schußfarbe oder die Kettfarbe dominiert. Oft überspielt die Farbwirkung den Bindungseffekt. Vor allem bei kontrastierenden Farben tritt die Bindung in den Hintergrund, Farbstreifen und Karos bestimmen das Gewebebild (Abb. S. 219). Diesen Effekt kann man ausnutzen, um auch mit einfachen Bindungen raffinierte Farbmuster zu erzeugen.

Wir erproben Muster

Wie finden wir nun, wenn wir uns über den Schnitt und die Gebrauchseigenschaften des Stoffes im klaren sind, die gewünschte Struktur und Farbe? Die professionellen Designer fertigen eine große Zahl von Struktur- und Farbmustern auf speziellen Musterwebstühlen an, ehe ein guter Stoff in die Produktion geht. Für den Hobbyweber gibt es eine sehr einfache Methode, sich eine Vorstellung von der Wirkung verschiedener Materialien und Farben zu machen: Wir umwickeln ein selbstgefertigtes (6 × 6 cm) Pappkärtchen mit dem Garn, das für die Kette gedacht ist, in der vorgesehenen Kettdichte. Den Schuß stopfen wir mit einer Stopfnadel in der geplanten Bindung ein. Es ist ratsam, mit Proben zur Struktur in naturfarbenem Material zu beginnen. Ist die gewünschte Struktur gefunden, probiert man Farbkombinationen aus. Es kann jedoch vorkommen, daß die Farben das Aussehen des Gewebes wiederum so verändern, daß wir noch andere Materialkombinationen in die Erprobung mit einbeziehen. Auch die Proportionen farbig gestreifter Ketten lassen sich durch dichtes Umwickeln von Kartonkärtchen mit den ausgewählten Farben erproben.

Manchmal ist es sogar günstig, nach dem Kärtchenentwurf ein größeres Musterstück auf dem Webstuhl herzustellen, da wir nur so die beste Kett- und Schußdichte herausfinden. Dieses Verfahren ist vor allem dann ratsam, wenn wir mit teuren Garnen arbeiten. Zum Übertrag des Entwurfs auf die große Fläche kann auch eine Zeichnung mit Wachsmalstiften oder Wasserfarben hilfreich sein. Wir sollten uns nicht scheuen, auch einmal etwas nachzuarbeiten, wenn wir irgendwo eine Farbkombination gesehen haben, die uns gefällt. Anregungen geben die Natur, eine gute Fotografie oder ein Gemälde und nicht zuletzt die Kreationen der Modeschöpfer.

Anregungen

Dieses Kapitel möchte in Rezeptform Tips und Anregungen geben, was man sonst noch alles weben kann und welche Materialien für die verschiedenen Aufgaben besonders geeignet erscheinen.

Warmer Schal aus dicker Bouclewolle

Breite: 18 cm, Länge: 130 cm plus Fransen

Arbeitsanleitung für Webstuhl und für Webrahmen
Kettmaterial und Schußmaterial:
Wollbouclé (1200 m/kg), Mittelbraun
Wollbouclé (1200 m/kg) Dunkelbraun
dazu Schlingenmohair (2250 m/kg) Rost
Materialbedarf: Wollbouclé Mittelbraun 100 g, Dunkelbraun ca. 20 m; Schlingenmohair ca. 8 m

Blatt: Webrahmen 24/10 einfädig, Webstuhl 25/10 einfädig
Kettdichte: Webrahmen: 2,4 Fäden/cm, Webstuhl: 2,5 Fäden/cm
Schußdichte: wie Kettdichte
Kettlänge: Webrahmen: 1,90 m, Webstuhl: 2,10 m
Einstellungsbreite: 20 cm
Bindung: Leinwandbindung
Schärzettel:

Mittelbraun	9			12		1	1		12	35
Dunkelbraun		4	1					4		9
Rost			1		1	1			1	4
										48 Fäden

Warmer Schal aus Bouclèwolle

Schußfolge:
20 cm Mittelbraun
vier Schuß Dunkelbraun
5 cm Mittelbraun
zwei Schuß Dunkelbraun
bis zum Ende Mittelbraun

Abschlußarbeiten
Fransen knoten, Gewebe in nasses Tuch einwickeln, am nächsten Tag dämpfen.

Luftiger Schal mit Raffschlingen

Breite: 21 cm, Länge: 140 cm ohne Fransen

Arbeitsanleitung für Webrahmen
Kettmaterial: G. Picaud, Kali Mousse Bouclé (Wolle, 2900 m/kg), Farbe Nr. 76
G. Picaud, Alpaka (3600 m/kg), Farbe Nr. 54
Schußmaterial: Alpaka wie Kette
Anny Blatt – Smart Anny (Wolle-Mohair 2400 m/kg), Farbe Nr. 1048
Materialbedarf: Alpaka 50 g; Wolle-Mohair 50 g; Bouclé ca. 20 m

Blatt: 40/10, einfädig
Kettdichte: 4 Fäden/cm
Schußdichte: 4 Fäden/cm
Kettlänge: 2 m
Einstellungsbreite: 23 cm
Bindung: Leinwand und Kett-Raffschlinge
Schärzettel: (unregelmäßiger Einzug – es bleiben Stellen im Kamm frei)

Alpaka	1+6		1		2		4		5		1		6		3		1		4		4		1		2		2		4+1	46 + 2 Randf.
Bouclé		1								2								1				1						1		6
ohne Einzug				4		4		6				4		6		4				4				4		4				40

Schußfolge:
ein Schuß Alpaka
ein Schuß Wolle-Mohair

Streifenfolge:
I 2 cm in Schußfolge, endend mit Wolle-Mohair
II ein Schuß Kett-Raffschlinge (s. S. 82) mit Alpaka
ein Schuß Wolle-Mohair
ein Schuß Alpaka
ein Schuß Wolle-Mohair
ein Schuß Alpaka
ein Schuß Wolle-Mohair
ein Schuß Alpaka
ein Schuß Wolle-Mohair
ein Schuß Kett-Raffschlinge mit Alpaka
100 cm Schußfolge (Alpaka/Wolle-Mohair wechselnd)
dann II, dann I

Abschlußarbeiten
Fransen knoten, in nasses Tuch einrollen, am nächsten Tag dämpfen.

Muster durch Farbverflechtung – Schal in Hahnentritt

Breite: 22 cm, Länge: 130 cm ohne Fransen

Arbeitsanleitung für Webrahmen und Webstuhl
Kettmaterial: Rauma-Finullgarn (7/2, 3300 m/kg), Farbe Nr. 438
Roros-Tweed Lamullgarn (12/2 entsprechen 5800 m/kg), Farbe Nr. 66
Schußmaterial: wie Kette, anstelle von Roros-Tweed kann Mohair „Fine" von Schewe (5000 m/kg), Farbe Nr. 5538, genommen werden.
Schlingenmohair: Rest
Materialbedarf: je 50 g für Webrahmen
für Webstuhl: 100 g Rauma-Finullgarn; 50 g Roros-Tweed; 50 g Mohair

Blatt: 40/10 einfädig für Webrahmen, 50/10 einfädig für Webstuhl
Kettdichte: 4 Fäden/cm auf dem Webrahmen, 5 Fäden/cm auf dem Webstuhl
Schußdichte: 4 Fäden/cm auf dem Webrahmen, 5 Fäden/cm auf dem Webstuhl
Kettlänge: 1,90 m (Webrahmen), 2,10 m (Webstuhl)
Einstellungsbreite: 23,5 cm
Bindung: Leinwand
Schärzettel: abwechselnd zwei Fäden Rauma-Finullgarn; zwei Fäden Lamullgarn; endend mit zwei Fäden Rauma-Finullgarn; Randfäden doppelt

Luftiger Schal mit Raffschlingen

Schal in Hahnentritt

Fadenzahl:
Für Blatt 40/10: 48 + 2 = 50 Finullgarn, 46 Lamullgarn
Für Blatt 50/10: 60 + 2 = 62 Finullgarn, 58 Lamullgarn
Schußfolge:
25 cm mit Lamullgarn oder Mohair
85 cm zwei Schuß Finullgarn
zwei Schuß Lamullgarn oder Mohair
25 cm mit Lamullgarn oder Mohair

Abschlußarbeiten
Fransen knoten, in nasses Tuch einwickeln, dämpfen.

Schal aus Alpaka mit großen Farbflächen

Breite: 20 cm, Länge: 130 cm ohne Fransen

Arbeitsanleitung für Webrahmen und Webstuhl
Kettmaterial: Alpaka Georges Picaud (3600 m/kg), Farben Nr. 55 und Nr. 56
Schlingenmohair (2250 m/kg) Zürcher, Farbe 8768
Schußmaterial: wie Kette
Materialbedarf: Alpaka, von jeder Farbe 50 g
Rest: Mohair, von Jackenstoff S. 204
für Webstuhl: 100 g vom grünen Alpaka

Blatt: 40/10 einfädig für Webrahmen, 50/10 einfädig für Webstuhl
Kettdichte: 4 Fäden/cm auf Webrahmen, 5 Fäden/cm auf Webstuhl
Schußdichte: 4 Fäden/cm auf Webrahmen, 5 Fäden/cm auf Webstuhl (genau beachten!)
Kettlänge: 1,90 m für Webrahmen, 2,10 m für Webstuhl
Einstellbreite: 21 cm
Bindung: Leinwand
Schärzettel:

Grün	1+48			3		51+1 Randfaden
Beige		3			29	32+1 Randfaden
Mohair			1			1
						84+2 Fäden

Schußfolge:
25 cm Grün
drei Schuß Beige
ein Schuß Mohair
ein Schuß Grün
42 cm Beige
drei Schuß Grün
ein Schuß Mohair
drei Schuß Beige
42 cm Grün
drei Schuß Beige
ein Schuß Mohair
drei Schuß Grün
25 cm Beige

Abschlußarbeiten
Fransen knoten, über Nacht in feuchtes Tuch einschlagen, dämpfen.

Tischläufer mit Durchbruchtechniken

(Entworfen und gewebt von Brunhilde Huß)

Breite: 30 cm, Länge: 100 cm ohne Fransen

Arbeitsanleitung für Webrahmen und Webstuhl
Kettmaterial: Ramie
Schußmaterial: Ramie
Leinen Tow-garn (Nel 4) Rost
Baumwolle Schewe Cotton Flammé
Farbe Nr. 5176 (Braun)
Materialbedarf: Ramie 200 g, Leinen und Baumwolle je 50 g

Blatt: 40/10 für Webrahmen und Webstuhl (das Webrahmenblatt muß große Löcher haben, da das Ramiegarn unregelmäßig versponnen ist)
Kettdichte: 4 Fäden/cm
Schußdichte: 3 bis 4 Fäden/cm
Kettlänge: 1,50 m für den Webrahmen, 1,70 m für den Webstuhl
Einstellungsbreite: 32 cm
Bindung: Leinwand; Panama; verschiedene Durchbruchtechniken: Raffschlinge vgl. S. 82; Spanische Spitze vgl. S. 81 und Dreher vgl. S. 84. Diese Bindungen müssen beim Webstuhl wie beim Webrahmen von Hand gefertigt werden.

Schal aus Alpaka mit großflächiger Farbverteilung
Rechts: Tischläufer mit Durchbruchtechniken

Schärzettel: 128 Fäden + 2 Fäden Randverstärkung = 130 Fäden

Fertigungspatrone:

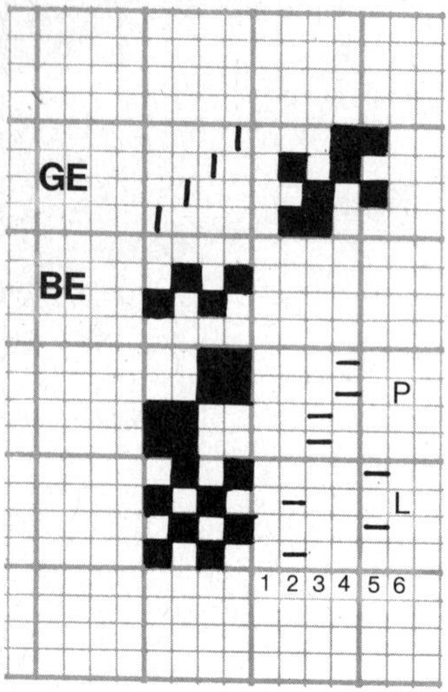

Schußfolge:
Leinwandbindung = L
Panama = P

2 cm Ramie L
zwei Schuß Rost L
zwei Schuß Braun L
2 cm Ramie L
vier Schuß Braun P
2 cm Ramie
2 cm Spanische Spitze
2 cm Ramie L
2 cm Rost L
vier Schuß Ramie L
Schuß-Raffschlinge mit Braun
als Schlingfaden und
vier Schuß Ramie als Zwischenschuß
vier Schuß Ramie L
2 cm Rost L
Kett-Raffschlinge Rost
2 cm Rost L
2,5 cm Ramie L
2 cm Braun L
drei Schuß Braun P
2 cm Braun L
1 cm Ramie L
Schuß-Raffschlinge mit Rost als
Schlingfaden und
vier Schuß Ramie als Zwischenschuß
5 cm Ramie L
zwei Schuß Braun L
vier Schuß Rost L
zwei Schuß Braun L
3 cm Ramie L
Von hier ab gegengleich wiederholen
Dreher als Mitte

Abschlußarbeiten
Fransen knoten. Handwarm, ohne zu drücken, waschen, tropfnaß aufhängen und noch im feuchten Zustand dämpfen (wie Leinen).

Ein Poncho für die Kleinen

(Entworfen und gewebt von Ingrid Hermann)

Stoffbedarf für einen Kinderponcho (2 bis 3 Jahre): 1 Bahn von 57 cm Breite und 90 cm Länge

Arbeitsanleitung für Webrahmen

Kettmaterial: ungezwirnte Wolle (1100 m/kg), Hellblau
Mohair Ardilla bouquet, Farbe 2511 Weinrot
Schußmaterial: wie Kette, zusätzlich Mohair- und Boucléreste: Weiß, verschiedene Violettöne
Materialbedarf: ungezwirnte Wolle 250 g, Mohair Weinrot 25 g, Reste

Blatt: 24/10 einfädig (Gatter mit großen Löchern)
Kettdichte: 2,4 Fäden je cm
Schußdichte: 2,4 Fäden je cm
Kettlänge: 1,40 m
Einstellungsbreite: 59 cm
Bindung: Leinwandbindung
Schärzettel:

Blau	48	2	83	133
Rot		2	6	8
				141 Fäden

Die ungezwirnte Wolle verarbeiten wir sehr vorsichtig, denn sie reißt leicht. Man kann an ihrer Stelle auch einen Bouclézwirn gleicher Stärke verwenden. Das gerauhte Mohair ziehen wir nur sparsam als Effekt in die Kette ein, die Fäden kleben leicht aneinander!

Schußfolge:
6 cm Blau
1 cm Reste
drei Schuß Rot (doppelter Faden) über 2 und unter 1 Kettfaden eingelesen. Zweite und dritte Schußreihe genauso, aber um je einen Kettfaden versetzt (Köper)

2 cm Reste
9 cm Blau
1 cm Reste
9 cm Blau
1 cm Reste
9 cm Blau
2,5 cm Reste
1,5 cm Blau gegengleich weiterweben!

Kinderponcho

Discotasche

Halsausschnitt
Ca. 33 cm nach Webbeginn die Arbeit in der Mitte teilen und über 25 cm einen Schlitz für den Kopf arbeiten. Danach das Gewebe in einem Stück beenden.

Abschlußarbeiten
Kettreste zu Fransen knoten! Den Stoff in ein nasses Tuch wickeln und einige Stunden darin ruhen lassen, dämpfen. Die Fransen auf ca. 3 cm abschneiden.

Discotasche in Rips

(Entworfen und gewebt von Marion Wehmer)

Länge: 20 cm, Breite: 16 cm
Schnittmuster S. 237: (Zahlen in Zentimetern)

Arbeitsanleitung für Webrahmen und Webstuhl
Kettmaterial: Bergå Visby (1600 m/kg), Farbe 135
Schußmaterial: Bergå Visby, Farbe 135
Bergå Hårgarn (ca. 1100 m/kg), Farbe 2526 Violett, Farbe 1733 Rotbraun, Farbe 70 Dunkelbraun, schwarzes Garn gleicher Stärke ca. 3 m
Materialbedarf: je Farbe 100 g
Blatt: 20/10 einfädig für Webrahmen und Webstuhl
Kettdichte: 2 Fäden/cm
Schußdichte: 5 bis 6 Fäden/cm
Kettlänge: 1,10 m für Webrahmen, 1,25 m für Webstuhl
Einstellungsbreite: 17,5 cm
Bindung: Scheinrips: Wir weben Leinwandbindung, legen den Schuß aber bogig ein und erzielen durch geringe Kettdichte einen Scheinrips. (Wird das Gewebe während des Webens schmaler, wurde zu wenig Schußmaterial eingelegt.)
Schärzettel: 35 Fäden einfarbig (Randfaden einfach)

Die Spitze webt man am besten nach einem Papierschnitt; wir führen den Schuß dabei über immer weniger Kettfäden, lassen also nach einer bestimmten Schußhöhe an jeder Seite einen Faden unverwebt.
Beginn: Beidseitig einen Kettfaden unverwebt stehenlassen. Nach drei Schuß wieder je einen Kettfaden stehenlassen. Diesen Arbeitsgang dreimal wiederholen.
Nun nach fünf Schuß auf jeder Seite einen Kettfaden stehenlassen. Diesen Arbeitsgang sechsmal wiederholen.

Nun nach drei Schuß auf jeder Seite einen Kettfaden stehenlassen. Dies viermal wiederholen.
Nun nach zwei Schuß je einen Kettfaden unverwebt stehenlassen. Einmal wiederholen.
Als Rest bleiben drei Fäden.

Schußfolge:
2 cm Hellbraun
1,5 cm Dunkelbraun
3,5 cm Violett
1,5 cm Dunkelbraun
vier Schuß Schwarz
1 cm Violett
1,5 cm Dunkelbraun
0,5 cm Hellbraun
2 cm Violett
1,5 cm Dunkelbraun
vier Schuß Schwarz
1 cm Violett
vier Schuß Schwarz
1,5 cm Dunkelbraun
3,5 cm Violett
0,5 cm Hellbraun
1,5 cm Dunkelbraun
gegengleich wiederholen

zum Schluß die Spitze:
0,5 cm Hellbraun
1,5 cm Dunkelbraun
3,5 cm Violett
1,5 cm Dunkelbraun
1 cm Schwarz

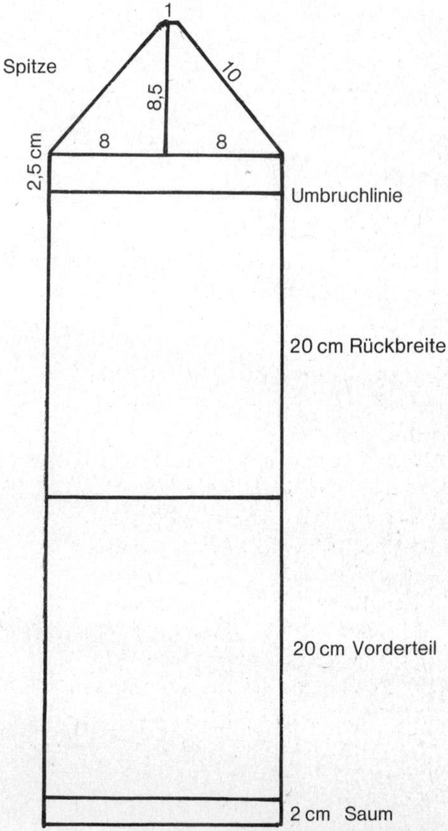

Abschlußarbeiten
Gewebe vom Webstuhl nehmen, rechten äußeren Kettfaden der Umschlagspitze nicht abschneiden, sondern möglichst lang lassen, Kettfäden zurückstopfen (s. S. 85). Mit den rechten äußeren Kettfäden die Spitze mit Kettmaschen oder festen Maschen abhäkeln, an der Spitze eine Schlaufe bilden. Durch den Häkelrand bekommt die Spitze eine gerade saubere Kante. Dann den Saum umschlagen und festnähen, Vorder- und Rückenteil links auf links aufeinanderlegen und mit Überwendlingssti-

chen zusammennähen. Für die Kordel 4 m lange Fäden abmessen und verdrehen. Die Tasche damit einfassen: Wir beginnen an der linken oberen Ecke – der Anfang wird in der Seitennaht innen vernäht –, führen die Kordel um die Tasche und vernähen das Ende dort, wo wir angefangen haben.

Warmer Wollstoff für einen Poncho

(Entworfen und gewebt von Arlette Wehmer-Filiatre)

Bei dem abgebildeten Poncho handelt es sich um ein Gewebe, dessen Bindung eine Abwandlung des Köpers ³⁄₁ bzw. ⅓ ist und das den Eindruck eines damastartigen Stoffes vermittelt, der beidseitig zu benutzen ist (Double-face). Die Kette wird in zwei Partien über je drei Schäfte ein-

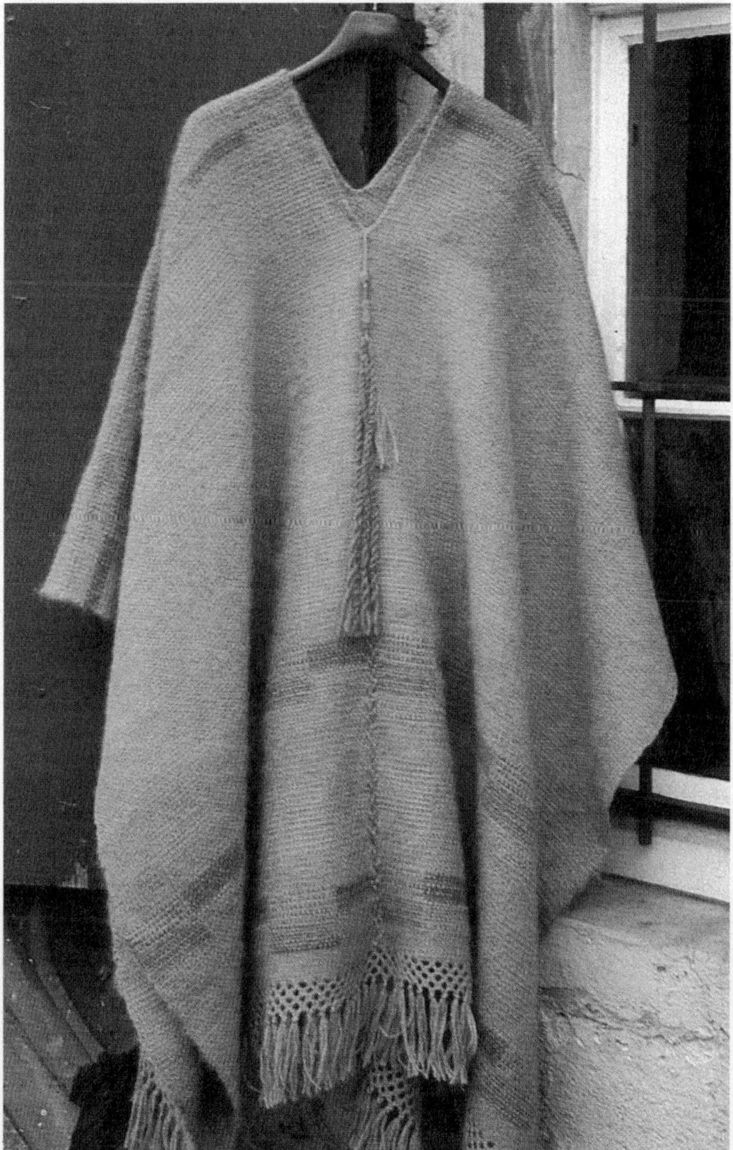

Warmer Poncho

gezogen, den Schuß webt man abwechselnd mit zwei Farben. Durch Schnürung und Trittfolge dominiert beim Weben die erste Schußfarbe in einer Partie, die zweite Schußfarbe in der anderen Partie. Beim Wechseln der Trittfolge kehrt sich die Musterwirkung um. Da sich die Schußfäden ziemlich dicht zusammenlegen, entsteht ein dicker Stoff, der, mit Wolle gewebt, auch für einen Mantel oder eine Decke gut geeignet ist.
Stoffbedarf für den abgebildeten Poncho (Gr. 44/46, Körpergröße ca. 1,76 m): zwei Bahnen zu 70 cm Breite und 2,04 m Länge, zusätzlich je 15 cm Fransen an jeder Seite.
Zunächst sollte man mit einem Papierschnitt die individuell günstigste Breite und Länge des Ponchos ermitteln und die Planung des Stoffs darauf abstellen. Ist die Webstuhlbreite groß genug, kann man auch in einer Bahn weben. Man läßt dann einen Schlitz für den Halsausschnitt in der Mitte frei.

Arbeitsanleitung für den Webstuhl

Kettmaterial: Zwirn Wolle-Mohair (Nm 7/2 – nicht gerauht)
Farbe: Senf
Schußmaterial: Zwirn Wolle-Mohair (wie Kette), Senf
Mohair, aufgerauht, Farbe Biche
Harmonieuse Laine Plassard (Wolle-Mohair 800 bis 1000 m/kg) in Violett, Gelb und Cognac
Materialbedarf: Zwirn Wolle-Mohair (Nm 7/2) 1 kg; Mohair 500 g; Harmonieuse je Farbe 75 g

Blatt: 50/10 einfädig
Kettdichte: 5 Fäden/cm
Schußdichte: 5 bis 7 Fäden/cm
Kettlänge: 5,20 m
Einstellbreite: 72 cm
Bindung: Köperabwandlung (Double-face)
Schärzettel: 360 Fäden + 2 Randfäden einfarbig Senf
Zwirn Wolle-Mohair

Abschlußarbeiten

Fransen knoten, Stoff in feuchten Tüchern über Nacht ruhen lassen, dämpfen. Beide Stoffbahnen zusammennähen (s. S. 86), dabei einen genügend großen Schlitz für den Halsausschnitt offenlassen. Durch Umsäumen der Webkante eine Ausschnittspitze formen. Naht eventuell durch einen Zierstich überdecken.

Fertigungspatrone:

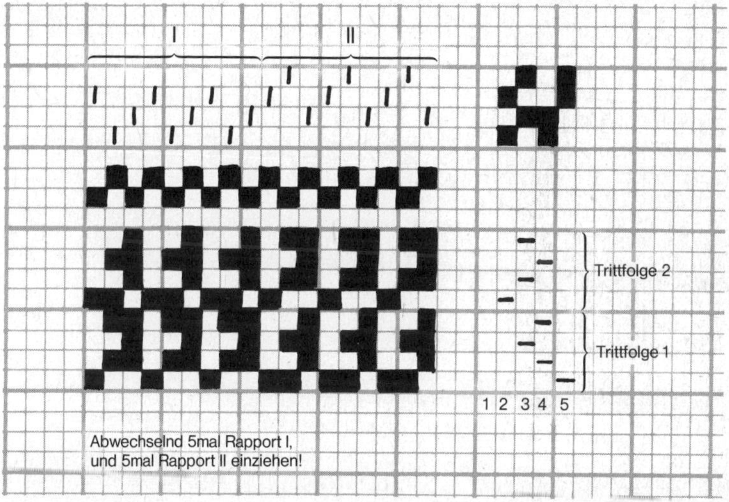

Schußfolge:

I	2 cm	Biche	
	3,5 cm	Biche + Harmonieuse Violett im Wechsel	Trittfolge
	3,5 cm	Biche + Cognac im Wechsel	1
	5 cm	Biche	2
	9 cm	Biche + Wolle-Mohair im Wechsel	1
	5 cm	Biche	2
	3,5 cm	Biche + Harmonieuse Gelb im Wechsel	1
	3,5 cm	Biche + Violett im Wechsel	2
	3,5 cm	Biche + Cognac im Wechsel	1
	5 cm	Biche	2
	9 cm	Wolle-Mohair + Biche im Wechsel	1
II	35 cm	Wolle-Mohair	2
III	9 cm	Biche + Wolle-Mohair im Wechsel	1
	4 cm	Biche	2
	2 cm	Biche + Harmonieuse Gelb im Wechsel	1
	2 cm	Biche	2
	2 cm	Biche + Harmonieuse Violett im Wechsel	1
	2 cm	Biche	2
	2 cm	Biche + Harmonieuse Cognac im Wechsel	1
	4 cm	Biche	2
	9 cm	Biche + Wolle-Mohair im Wechsel	1

Sportliche Weste

Stoffbedarf für die abgebildete Weste: 1,70 m, 53 cm breit (für Größen 38/40)
Schnitt: Vogue Nr. 7156, Modell A, Gr. 12

Arbeitsanleitung für Webrahmen und Webstuhl
Kettmaterial und Schußmaterial: Rauma Finullgarn (Nm 7/2 entsprechen 3300 m/kg), Farbe 406 und Farbe 464
Materialbedarf: Farbe 406 Beige: 150 g, Farbe 464 Braun: 300 g

Blatt: 24/10 Webrahmen zweifädig, für Webstuhl: 50/10 einfädig
Kettdichte: 5 Fäden/cm
Schußdichte: 5 Fäden/cm
Kettlänge: 2,30 m Webrahmen, 2,50 m für Webstuhl
Einstellungsbreite: 59 cm
Bindung: Panama

Schärzettel Webrahmen:
139 Doppelfäden = 278 Fäden
(davon 184 Braun und 94 Beige)
Schärrapport:
2 Fäden Beige }
4 Fäden Braun } 46mal
2 Fäden Beige zum Schluß
Die Fadenfolge sehr korrekt aufbäumen, darauf achten, daß sich die Fäden nicht verdrehen.
Schärzettel Webstuhl:
296 Fäden (= 49 Rapporte + 2 Fäden Beige)

Fertigungspatrone:

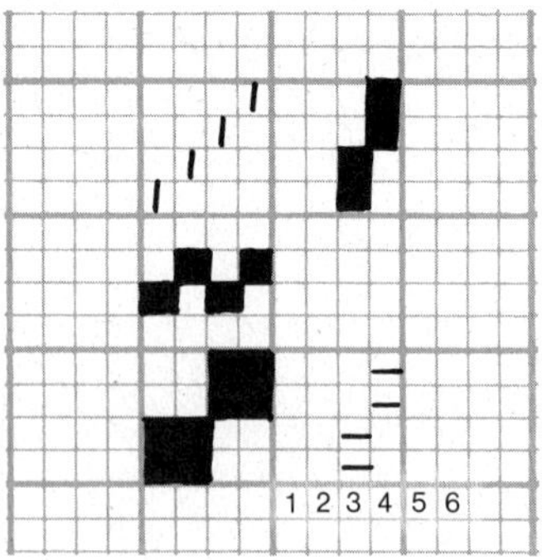

Schußfolge:
drei Schuß Braun
ein Schuß Beige
mit doppeltem Faden: Weben mit Doppelschützen oder zwei einzelnen Webnadeln oder Schützen je Farbe.

Abschlußarbeiten
Stoff mit Zickzackstichen versäubern, in ein nasses Tuch einwickeln und mehrere Stunden ruhen lassen, dämpfen. Nun kann er nach einem Schnitt verarbeitet werden.

Sportliche Weste

Stichwortverzeichnis

Anschlaggabel: Gabelartiges Gerät zum Anschlagen des Schußfadens ans Gewebe beim Bild- und Teppichweben.
Atlasbindung: Grundbindung, loseste Verflechtung von Kette und Schuß, die Bindungspunkte berühren sich nicht. Es sind wenigstens fünf Schäfte notwendig.
Ausrüstung: Nachbehandlung des Gewebes, wie Waschen, Dekatieren, Walken.
Bäumen: Aufwickeln der Kette auf den Kettbaum in der erforderlichen Spannung und Breite.
Baumwolle: Samenhaare der Baumwollpflanze.
Bindung: Art der Verkreuzung von Kette und Schuß.
Blatt: Webkamm zum Anschlagen des Schußfadens und zur Einhaltung der Webbreite.
Blattlade: Vorrichtung zur Aufnahme und Führung des Blattes. Es gibt je nach Befestigungsart am Webstuhl Hänge- oder Standladen.
Blattstechen: Einziehen der Kettfäden in das Webblatt.
Breithalter: Gerät zum Einhalten der Webbreite.
Brettchenweben: Weben von Bändern mit quadratischen Plättchen.
Brustriegel: Feststehender Querbalken an der Vorderseite des Webstuhls, über den der fertige Stoff zum Warenbaum läuft (wenn drehbar, Brustbaum).
Doppelgewebe: Gewebe aus zwei Stofflagen, d. h. mit 2 Kett- und 2 Schußsystemen.
Durchbruchtechniken: Dreher, Spanische Spitze, Raffschlinge. Es entstehen Lochmuster im Gewebe.
Einarbeitung: Kürzerwerden des Gewebes durch Einweben, Aufhebung der Kettspannung und durch die Ausrüstung.
Einsprung: Verschmälerung des Gewebes durch Einweben und Ausrüstung.
Einstellbreite: Warenbreite plus Zugabe für Leisten und Einsprung.
Einteilungsschnur: Hält bei einfachen Webgeräten die Kettfäden in gleichem Abstand.
Fach: Öffnung zwischen gehobenen und gesenkten Kettfäden zum Eintragen des Schußfadens.
Fadenkreuz: Kreuzweise Lage der Kettfäden beim Schären zur Sicherung der Reihenfolge.

Fertigungspatrone: siehe Patrone.
Flachweben: Weben auf einem Webstuhl mit waagerechter Kettlage.
Flor: Aus dem Gewebe herausragende Fäden oder Schlingen.
Flottung: Überspringen mehrerer Kettfäden durch den Schuß (Schußflottung) oder Überspringen mehrerer Schußfäden durch die Kettfäden (Kettflottung).
Garn: Ungezwirnter Faden, wird umgangssprachlich im Sinne von Faden gebraucht.
Garnnumerierung: Angabe der Garnstärke.
Gatterkamm: Holzbrett mit Löchern und Schlitzen zur Fachbildung beim Bandweben und bei Webrahmen.
Gerüst: Vorrichtung des Webstuhls, die zur Aufnahme der Einzelteile und zur Stabilisierung dient. (Meist vier Stuhlsäulen und vier Längsriegel.)
Geschirr: Gesamtzahl der Schäfte im Webstuhl.
Gobelinnadel: Spule zum Aufwickeln von feinem Schußgarn bei der Bildweberei.
Gobelintechnik: Bildwebtechnik in Schußrips, bei der aneinandergrenzende Farbflächen verbunden werden.
Grundbindungen: Leinwandbindung, Köper, Atlas, von denen sich die meisten anderen Bindungsarten ableiten lassen.
Harnisch: Gerät beim Zugwebstuhl, das ein Ausheben jedes einzelnen Kettfadens erlaubt.
Hebelwebstuhl: Webstuhl, bei dem das Fach durch Hochziehen oder Hochdrücken der Schäfte entsteht.
Hochweben: Weben an der senkrecht stehenden Kette.
Karton: Entwurf für ein Bildgewebe in natürlicher Größe.
Kelim: Webtechnik in Rips, bei der die Farbflächen unverbunden nebeneinanderstehen.
Kettbaum: Walze zum Aufrollen der Kette.
Kette: Alle Fäden im Gewebe, die in Längsrichtung laufen.
Knieriegel: Feststehender Balken bei großen Webstühlen, über den die Kette zum Warenbaum geführt wird, sorgt für Kniefreiheit beim Treten der Tritte. Eine drehbare Vorrichtung heißt Kniebaum.
Köper: Grundbindung mit stufenförmig (Grat) angeordneten Bindungspunkten.
Kontermarschwebstuhl: Webstuhl, bei dem die Fachbildung durch gleichzeitiges Heben und Senken von Kettfäden erfolgt.
Kreuzstäbe: Holzlatten zur Aufnahme des Fadenkreuzes beim Geschirr- und Blatteinzug.
Längerschnüre – Längertuch: Verbindung zwischen Waren- bzw. Kettbaum und Längerstab oder Peitsche.

Längerstab: Stab zum Befestigen der Kette am Warenbaum (oft auch Nutenstab genannt).
Leinen: Faser aus den Stengeln der Flachspflanze.
Leinwandbindung: Grundbindung mit der engsten Verflechtung von Kette und Schuß. Die Bindungspunkte liegen schachbrettartig.
Litzen: Garn- oder Metallschlingen mit einer Öse zur Aufnahme des Kettfadens.
Litzenstab: Stab zur Fachbildung mit Schlingen, die eine Hälfte der Kettfäden führen.
Litzenwebgeräte: Geräte, die das Fach mit Trenn- und Litzenstab bilden.
Patrone: Schematische Zeichnung der Bindung (Bindungspatrone). Die Fertigungspatrone enthält zusätzlich noch alle Angaben zur Herstellung des Gewebes: Geschirreinzug, Blatteinzug, Trittfolge und Schnürung.
Peitsche: Metallstab zur Aufnahme des Kettendes, an dem eine Schnur zur Sicherung des Gangkreuzes angebracht wird.
Puschel: Garnwickel, in Achterbögen um Zeigefinger und Daumen einer Hand gewickelt.
Querschemel: Holzlatten zur Verbindung der Schäfte mit den Tritten.
Rapport: Kleinster sich wiederholender Teil einer Bindung.
Reihhaken: Haken zum Einziehen der Kettfäden in die Litzen.
Reihkamm: Gerät zum Verteilen der Kette auf Bäumbreite.
Riet: Zwischenraum zwischen den Stäben eines Blattes.
Rollenwebstuhl: Webstuhl mit einer Fachbildung über einen Rollenzug.
Schären: Abmessen der Kette in der benötigten Länge, Fadenzahl und in der richtigen Reihenfolge (oft auch Zetteln genannt).
Schärgeräte: Hilfen zum Schären oder Zetteln: Schärklammern, Schärbrett, Schärrahmen.
Schaft: Holzrahmen oder -stäbe zur Aufnahme der Litzen.
Scheibenspule: Spule mit Randbegrenzung zur Aufnahme größerer Garnmengen.
Schnürung: Art der Verbindung zwischen Schäften und Tritten.
Schützen: Gerät zur Aufnahme der Spulen beim Einlegen des Schußfadens.
Schuß: Alle rechtwinklig zur Kette verlaufenden Fäden.
Spule: Konische oder zylindrische Hülse zur Aufnahme des Garns.
Spulengatter: Gestell zum Aufstecken der Spulen beim Schären.
Spulmaschine: Gerät zum Aufwickeln des Garns auf eine Spule.
Seide: Spinnfaden der Seidenspinnerraupe.
Streichriegel: Feststehender Querbalken über dem Kettbaum (wenn drehbar, dann Streichbaum genannt).

Struktur: Plastische Oberfläche des Stoffes.
Trennstab: Hilfsstab zur Fachbildung bei Litzenwebgeräten.
Tritte: Fußpedale zum Bewegen der Schäfte.
Trittfolge: Reihenfolge, in der die Tritte beim Weben zu bewegen sind (vgl. Patrone).
Trittwebstuhl: Webstuhl, bei dem das Fach durch Benutzung von Tritten gebildet wird.
Trumm: Teile der Kette, die nicht verwebt werden können.
Warenbaum: Walze zum Aufwickeln des fertigen Stoffes.
Webnadel: Eingekerbtes Holzbrett zum Aufwickeln von Schußgarn und Einlegen des Schusses.
Webrahmen: Einfacher Rahmen zum Spannen der Kette.
Wippen: Holzleisten zur Schaftaufhängung.
Wolle: Tierhaare – in erster Linie vom Schaf – zur Herstellung von Textilien.
Zugwebstuhl: Webgerät, bei dem die Litzen einzeln durch Ziehen an Zugschnüren bewegt werden.
Zwirn: Faden, der durch Zusammendrehen von zwei oder mehr Garnen entsteht.

Literatur

Ackermann, Ph.: Persische Textilien, Ciba-Rundschau 112, 1953
Anquetil, J.: Le tissage, Paris 1977
Aubin, H. und W. Zorn: Handbuch der deutschen Wirtschafts- und Sozialgeschichte, Bd. 1, Stuttgart 1971 und Bd. 2, Stuttgart 1976
Ausstellungskatalog des Roemer-und-Pelizaeus-Museum Hildesheim: Das Land am Nil, Mainz 1979
Bahti, T.: Southwestern Indian Arts and Crafts, Las Vegas 1973
Beckwith, J.: Koptische Textilien, Ciba-Rundschau 145, 1953
Bildwirkerei: Ciba-Rundschau 3, 1973
Boser-Sarivaxévanis, R.: Textilhandwerk in Westafrika, Basel 1972
Broudy, E.: The Book of Looms, New York 1979
Bühler, A.: Handwerk und Weben bei Naturvölkern, Ciba-Rundschau 25, 1938
Bühler, A. und andere: Patola und Gĕringsing, Basel 1975
Bühler-Oppenheim, K.: Materialsinn und Handwerk bei Naturvölkern, Ciba-Rundschau 37, 1947
Creager, Cl.: Weben, Bonn 1979
Debétaz-Grünig, E.: Web- und Knüpftechniken, Bonn 1978
De Francisco, G.: Venezianische Seiden, Ciba-Rundschau 42, 1939
Deruisseau, L. G.: Die Moden der italienischen Renaissance, CibaRundschau 17, 1937
Deutch, Y.: Weben und Spinnen, Ravensburg 1977
d'Harcourt, R.: Peruanische Textiltechniken, Ciba-Rundschau 148, 1960
Dittmer, R.: Kunst und Handwerk in Westafrika, Hamburg 1966
Driessen, A.: Aus der Geschichte der textilen Gewerbe Hollands, Ciba-Rundschau 61, 1943
Edler de Roover, F.: Die Seidenstadt Lucca, Ciba-Rundschau 92, 1950
Erdmann, K.: Siebenhundert Jahre Orientteppich, Herford 1966
Falke, O. von: Kunstgeschichte der Seidenweberei, Tübingen 1956
Flemming, K.: Das Textilhandwerk, Tübingen 1957
Gallottí, J.: Weben, Wirken und Färben in Nordafrika, Ciba-Rundschau 18, 1937
Gardi, R.: Unter afrikanischen Handwerkern, Graz 1974
Gardi, R.: Die Totenbänder der Doayos, Kosmos 12, 1958
Gewebetechnik: VEB Fachbuchverlag, Autorenkollektiv Leipzig 1978
Görlich, F.: Lehrbriefe für Handweberei, Sindelfingen IGH, Selbstverlag
Gutmann, A.: Der Gobelin, Ciba-Rundschau 3,1936

Gutmann, A. L.: Die Tuchmacherei in Flandern, Ciba-Rundschau 14, 1937
Habert, J. und J. P.: Gewebte Handarbeiten, Frankfurt 1978
Heichelheim, F. M.: Byzantinische Seiden, Ciba-Rundschau 84, 1949
Heitz, G.: Ländliche Leinenproduktion in Sachsen, Berlin 1961
Horn, P.: Gobelinweberei – Entwurf und Ausführung, Textilkunst März 1979
Hubel, R.: Ullsteins Teppichbuch, Frankfurt 1972
Itten, J.: Kunst der Farbe, Ravensburg 1975
Itten, J.: Gestaltungs- und Formenlehre, Ravensburg 1978
Joliet, M. und H.: Brettchenweberei, Bern 1975
Juvet-Michel, A.: Der altorientalische Knüpfteppich, Ciba-Rundschau 15, 1937
Kaiser, U.: Kreatives Sehen und Werken, Ravensburg 1980
Kircher, U.: Schöpferisches Weben, Marburg 1976
Kircher, U.: Weben auf Rahmen, Marburg 1979
Kircher, U.: Weben mit vier Schäften, Marburg 1979
Köller, I. und M. Kunze-Groß: Form – Muster – Rapport, Baltmannsweiler 1980
La Baume, W.: Die Entwicklung des Textilhandwerks in Mitteleuropa, Bonn 1955
La Baume, W.: Die Entwicklung des Textilhandwerks in Westeuropa, Bonn 1953
Lammèr, J.: Freies Weben, Ravensburg 1974
Latour, A.: Textile Künste der nordamerikanischen Indianer, Ciba-Rundschau 87, 1949
Lanckoronska, M.: Wandteppiche für eine Fürstin, Frankfurt 1965
Leadbeater, E.: Handspinning, London 1977
Leix, A.: Vom Weben und Färben in Altägypten und Babylonien, Ciba-Rundschau 2, 1937
Leix, A.: Die spätantiken und frühchristlichen Textilien Ägyptens, Ciba-Rundschau 56, 1942
Lenz, Ch.: Brettchenweben, Ravensburg 1976
Linder, A.: Spinnen und Weben – einst und jetzt, Frankfurt 1967
Lüthy, H.: St. Gallener Leinwandindustrie, Ciba-Rundschau 89, 1950
Lundell, L.: Das große Webbuch, Bern 1978
Maier, M.: Elementare Entwurfs- und Gestaltungsprozesse Bd. 3, Stuttgart 1977
Nervermann, H.: Die Indo-ozeanische Weberei. Mitteilungen aus dem Museum für Völkerkunde, Hamburg XX, 1938
Niggemeyer, H. und K. Hahn-Hissink: Baststoff und Gewebe, Frankfurt 1966

Pianzola, M. und J. Coffinet: Die Tapisserie, Genf 1971
Pigger, L.: Webmuster für Handwebrahmen, Wolfenbüttel 1967
Reinhard, U. und V.: Notizen über türkische Webteppiche, Baessler Archiv Bd. XXII, 1974
Rilke, R. M.: Die Dame mit dem Einhorn, Inselbücherei 1001, Frankfurt
Schäfer, G.: Der Webstuhl, Ciba-Rundschau 16, 1937
Schlabow, K.: Der Thorsberger Prachtmantel, Veröffentlichung des Fördervereins Textilmuseum Neumünster Heft 5, Neumünster 1965
Schlabow, K.: Die Kunst des Brettchenwebens, Neumünster 1978
Schlabow, K.: Gewebe und Gewand der Bronzezeit, Neumünster 1977
Schlabow, K.: Trachten der Eisenzeit, Neumünster 1967
Schreiner, K.: Kreatives Arbeiten mit Textilien, Köln 1977
Schreus, Th. und M. Braun-Ronsdorf: Die Technik der Damastweberei, Ciba-Rundschau 120, 1955
Schuette, M.: Brettchenweben, Ciba-Rundschau 128, 1956
Schwab-Felisch, H. und W. G. Siedler: Gerhart Hauptmann – Die Weber, Frankfurt 1963
Seiler-Baldinger, A.: Systematik der textilen Techniken, Basel 1973 (Basler Beiträge zur Ethologie Bd. 14)
Snow, M. und W.: Brettchenweben, Bonn 1977
Stokar, W. von: Spinnen und Weben bei den Germanen, 1938
Tidow, K.: Aus den Amtsbüchern der Neumünsteraner Tuchmacher von 1620 bis 1800, Neumünster 1972
Tidow, K.: Die Leinenweber in und um Neumünster, Neumünster 1976
Tidow, K.: Die Wollweberei im 15. bis 16. Jahrhundert, Neumünster 1978
Tidow, K.: Schleswig-Holsteinische Beidergewandgewebe, Textilkunst 3, 1978
van der Schaaf-Broeze, G.: Bandweben, Bonn 1976
Varron, A.: Die Lyoner Seidenindustrie, Ciba-Rundschau 8, 1936
Varron, A.: Der europäische Teppich, Ciba-Rundschau 21, 1938
Vatter, A.: Textilkunde, Bad Homburg 1977
Vogt, E.: Geflechte und Gewebe der europäischen Stein- und Eisenzeit, Ciba-Rundschau 166, 1946
Wartenweiler, A.: Webrahmen, Webstuhl und Spinnrad selbst gebaut, Köln 1980
Weben: Schneiders fröhliche Freizeit-Bücher, München 1980
Webereitechnik: AUWI-Schriftenreihe, Frankfurt 1979
Westheim, P.: Altmexikanische Textilkunst, Ciba-Rundschau 78, 1948
Wheat, G. B.: Three centuries of Navajo Weaving, Arizona Highways 7
Wielandt, F.: Das Konstanzer Leinengewerbe aus: Konstanzer Stadtrechtsquellen, Konstanz 1950
Znamierowski, N.: Weben, Ravensburg 1978

Handweb Design
Walburga Klein
Brunnenstr. 15
4800 Bielefeld Tel 0521
174110/173090

Bezugsquellen

Bei den folgenden Händlern kann man Webmaterialien bestellen. Wir haben uns bemüht, diese Liste sorgfältig nach unseren Unterlagen zu erstellen; da uns aber auch nicht jeder Hersteller oder Lieferant bekannt ist, erhebt diese Liste keinen Anspruch auf Vollständigkeit.

Walter Kircher, Postfach 1608, 3550 Marburg
(Webstühle, Handspinnwolle, Pflanzenfarben) – Webkurse

Effekta-Wollspinnerei, Birkenweg 9, 8940 Memmingen
(Rohwolle, Wollgarne)

Papst und Reuchel, Hauptstraße 31, 5252 Engelskirchen-Ründeroth
(Schwedische Webwollgarne und Leinengarne, Baumwolle, Glimåkra-Webstühle) – Webkurse

Friedrich Traub, 7065 Winterbach-Manolzweiler
(Rohwolle, Standard-Webgarne, Webzubehör)

Axel Seehawer, Sonnhalde 9, 7400 Tübingen 1
(Kardwolle, Rohwolle, handgesponnene Wolle)

Textilkunst-Webatelier A. Wehmer-Filiatre, Herrenstraße 32, 7800 Freiburg
(Leclerc-Webstühle, Webgarne, Rohwolle, Pflanzenfarben)
Webkurse

Textilwerkstatt Beatrijs Sterk, Friedensstraße 5, 3000 Hannover
(Finnische Leinen- und Wollgarne, Glimåkra- und Varpa-Webstühle)
Webkurse
Verschickt Anschriften von Einzelhändlern und Kursveranstaltern

Ricon Hobby und Basteln, ~~Aminhauser Straße 17~~ Grille 74, 4950 Minden
(Webwolle von Rauma, Levard-Webstühle)

twenty-fingers, Lehmweg 49, 2000 Hamburg 20
(Spinnräder, Leclerc- und Tomtex-Webstühle, Webgarne)

Die Spindel, Oberbilker Allee 6, 4000 Düsseldorf 1
(Glimåkra-Webstühle, Webgarne) – Webkurse

Huesmann + Benz Verlag, Hegaustr. 46, 7703 Rielasingen
(Geräte zum Brettchenweben)

Werkladen Textil, A 3,5, 6800 Mannheim
(Webgarne von Bergå u. a. Herstellern, Fachliteratur, Bergå-, Leclerc-, Levard-Webstühle)
Webkurse

I. Uhlmann, Schwarzwaldstraße 123, 7290 Freudenstadt
(Glimåkra-Webstühle)
Webkurse

Saco S. A. dépt. Mapla, Matières premières pour loisirs artisanaux,
Ch. Valangines 3, Case postale 100, CH-2006 Neuchâtel

Spinnstube, Schmiedegasse 6, CH-8048 Biel
(Rohwolle, Seidengarne, Pflanzenfarben)

Webschule des Schweizer Heimatwerks „Mülene", CH-8805 Richterswil
(Wolle zum Spinnen, Teppichwolle, Wollgarne, Baumwolle, Leinen)
Webkurse von 1 und 3 Monaten, 14-tägige Sommerkurse

Zürcher & Co. Handwebgarne, CH-3349 Zauggenried
(Wollgarne, Teppichwolle, Baumwolle, Leinen, Glimåkra-Webstühle)

Rüegg Handwebgarne, Tödisstrasse 52, CH-8039 Zürich
(Wollgarne, Baumwolle, Leinen, Seide, deutsche und schwedische Webstühle und Webrahmen)

J. Strübin, Textilrohstoffe, Dornacherstrasse 93, CH-4000 Basel
(Wolle und Seide zum Spinnen, Spinnräder, Seidengarne)

Lewolaine, Alexander Fluck, CH-1315 La Sarraz
(Handgesponnene Wolle, Walliser Wolle, Kammgarn Miracle)

W. Arm, Webereiartikel, CH-5507 Biglen
(Herstellung von Webstühlen und Zubehörteilen)

Ausrüstung:
Dekatur A. Jeanrenaud, Malzstr. 19, CH-8045 Zürich

Patronenpapier:
Ernst Korff + Petersen, Prinzenstraße 5, 5600 Wuppertal 1